राजा जो बना रानी

(जीवन मिथ्या)

राजा जो बना रानी

(जीवन मिथ्या)

सतरंगी वाणी

होशांग मर्चेंट

अनुवाद

रेयाज़ुल हक़

वाणी प्रकाशन

प्रकाशन के उत्कृष्टतम 63 वर्ष

सजिल्द पहला संस्करण : 2026

vaniprakashan.com

वाणी प्रकाशन

4695, 21-ए, दरियागंज, नयी दिल्ली-110 002

फ़ोन : + 91 11 23273167, 23275710

शाखाएँ

अशोक राजपथ, पटना-800 004, बिहार

कॉफ़ी हाउस कैम्पस, महात्मा गांधी मार्ग, प्रयागराज-211 001, उत्तर प्रदेश

महात्मा गांधी अन्तरराष्ट्रीय हिन्दी विश्वविद्यालय, वर्धा-442 001, महाराष्ट्र

sales@vaniprakashan.in
vaniprakashan@gmail.com

Raja Jo Bana Rani
by Hoshang Marchent
Translated by Reyazul Haq

ISBN : 978-93-7348-625-3
Autobiography

मूल्य : ₹ 525

आर. टेक ऑफ़सेट, दिल्ली-110 032 में मुद्रित

वाणी प्रकाशन का लोगो मक़बूल फ़िदा हुसैन की कूची से

अनुक्रम

I

नो मैन्स लैंड

जवानी : भारत, 1947-1968

हम सभी हत्यारे और वेश्या हैं–चाहे कोई किसी भी संस्कृति, समाज, वर्ग, राष्ट्र से ताल्लुक रखता हो, चाहे कोई ख़ुद को कितना भी सामान्य, नैतिक या परिपक्व समझता हो।

आर.डी. लेंग

पॉलिटिक्स ऑफ़ एक्सपीरियंस

इसके बाद इन दोनों को (जिन्हें इब्ने सीना ने कोरेसीन कुतिया और आर्मेनियाई कुत्ता कहा है)...ताबूत में साथ रखे जाने के बाद, दोनों ने एक-दूसरे को बेरहमी से काट खाया, और अपने तेज़ ज़हर और बेतहाशा ग़ुस्से में, उन्होंने एक-दूसरे को तब तक नहीं छोड़ा...जब तक कि उनके जिस्म का एक-एक हिस्सा उनके ज़हरीले लार और जानलेवा चोटों से भर नहीं गया; और आख़िरकार उन्होंने एक-दूसरे की जान ले ली और मरने के बाद एक बदलाव हासिल करते हैं, अपने पतन और सड़ांध में अपने पहले कुदरती रूपों को खो देते हैं, ताकि उसके बाद वे बस एक नया, नेक और बेहतर जिस्म हासिल कर सकें।

एक कीमियाई किताब

क्या तुम अपने दोस्त के सामने नंगे जाना चाहते हो?...जो अपना राज़ बचा कर नहीं रखता वो दूसरों में ग़ुस्सा जगाता है : नंगेपन से डरने के लिए इतनी वजह है तुम्हारे पास! अगर तुम भगवान होते तो तुम अपने कपड़ों से शर्मिंदा हो सकते थे!

—नीत्शे

दस स्पोक जरथुस्त्र

अपनी माँ के बारे में मेरी सबसे पहली याद यह है कि मैं बीमार पड़ा हुआ था और वे मेरे कमरे में टहल रही थीं। उनके बाल कमर तक लम्बे थे। उन्होंने एक हरा किमोनो पहन रखा था।

अपनी पहली तस्वीर में मैं पड़ोस की एक 'दादी' की गोद में बैठे हुए दिखता हूँ। मैंने मुँह चढ़ा रखा है, मेरा चेहरा मेरी हथेलियों में छुपा हुआ है। पीले छाप की पोशाक मेरी पसन्दीदा थी। (मेरी दादी को मेरे माँ-बाप की शादी नामंज़ूर थी, क्योंकि मेरी माँ तलाक़शुदा थीं।) पिता ने वह तस्वीर दोपहर बाद की धूप में ली थी। मैं नाना की गोद में बैठता और उनकी दाढ़ी खींचता। एक बार जब उनकी आँख लग गयी थी तो मैंने पुरोहितों वाली उनकी टोपी पहन ली थी।

सलाखों वाली वह खिड़की अभी भी है, जिसे स्कूल भेजे जाते समय मैं ज़ोर से पकड़ लेता था ताकि मुझे जाना न पड़े। क्लास में मैं अपनी बड़ी बहन के साथ बैठता। पिता दूर-दूर रहते : मलेरिया बुखार के दौरान मेरे पालने के ऊपर से झाँकता हुआ एक नौजवान चेहरा। मुझे एक 'लाइलाज' खुजली थी। पैदाइश के वक़्त कटी हुई मेरी नाल से घण्टों ख़ून बहता रहा था। एक बार एक कीड़े ने मेरे लिंग पर काट लिया था : माँ ने पीट-पीट कर मुझसे कुछ 'क़बूल' करवाने की कोशिश की थी, पिता उठाकर मुझे एक डॉक्टर के पास ले गये थे। बाल कटवाते हुए मैं रोता और मुझे शाहजीरे की मिठाइयाँ दी जातीं। मुझे बोर्डिंग स्कूल से इतनी नफ़रत थी कि मैं चौबीस घण्टे लगातार रोता रहा और डैडी आकर मुझे घर ले गये।

नये बच्चे का आना : पिता ने काजल, गुलाबजल, चावल, चाँदी का एक सिक्का, एक दीया, ज़रथुस्ट्र की एक तस्वीर, कलम, स्याही और काग़ज़ 'पूजा' की थाल में रखे। सौभाग्य की देवी नये जन्मे बच्चे का भविष्य लिखेंगी। मैं अपनी बहन के पालने में बैठकर उसे बोतल से दूध पिलाता। माँ अस्पताल में फ्लॉक्स की ख़ुशबू के बीच पड़ी हुई थीं। तब हमने नन्हे-से उस बच्चे के साथ उन्हें अकेला छोड़ दिया था, और वहाँ पड़े हुए वो अपने पति को बहुत याद करती थीं।

स्कूल में मैं अकेला लड़का था। माँ ने ठान लिया था कि मैं गालियाँ नहीं दूँगा और बेअदब बच्चों जैसा नहीं बनूँगा। मैं गाता, नाचता, खाना बनाता और

सिलाई करता। मैं सूई में धागा नहीं लगा पाता था। मुझे अंग्रेज़ी से नफ़रत थी लेकिन इतिहास बहुत पसन्द था। घर पर मैं साड़ी पहनता और अपनी बहन के साथ चेरी के पेड़ के नीचे गाता और नाचता। मेरे माँ-बाप को यह पसन्द नहीं आता। एक दिन एक आदमी अपनी गरदन में टिन का एक बक्सा लटकाए हुए आया। बक्से के ऊपर कपड़े की एक गुड़िया थी जिसके हाथों को वह अपने अँगूठे में बँधे तार से घुमा रहा था। एक-एक आना देकर बच्चे उसके इस जादुई बक्से की दो खिड़कियों में आँखें लगाकर तमाशा देख सकते थे :

दिल्ली का दरबार देखो
आगरा का ताज महल देखो
कठपुतली का नाच देखो
वैजयन्तीमाला देखो
देखो बच्चे देखो

बस उसकी जादुई लालटेन में दिखने वाली तस्वीरों और उसके गाने में कोई मेल नहीं होता था।

सात साल की उम्र में मैं ज़रथुष्ट्री बन गया। मेरे नाना, मेरी माँ की एक मौसी (उनकी माँ निधन के वक़्त पागल हो चुकी थीं), भगवान के 101 नाम। गुलाबी गालों वाले एक आदमी के सामने मैंने जोशीली प्रार्थनाएँ पढ़ीं, जिनकी सुनहली लटें उन पर साँपों की तरह लिपटी हुई थीं। उनकी पगड़ी मेरे नाना की तरह थी। मैं स्कूल जाता, वापस लौटता, और रात के खाने के बाद प्रार्थना करता और फ़ौरन सो जाता। अगियारी में ज़रथुस्ट्र की बड़ी-सी तस्वीर में मैं सिर्फ़ उनके पाँव देखता। 'नेकी को बदी से अलग करने के लिए,' मैंने अपनी कमर में एक पारसी जनेऊ बाँध रखा था जिसे कुस्टि कहते हैं।

हम अपने दो कमरों वाले अपार्टमेंट को छोड़कर समन्दर किनारे एक बड़े-से बंगले में रहने चले गये, जिसमें फर्न और जंगली बाँस के बगीचे थे। घर हरे रंग का था और एक पहाड़ी पर आड़ा बना हुआ था। भाटे में जब लहरें उतरतीं तो मैं पानी से बाहर निकली हुई चट्टानों को देखता। मैं खोये हुए महादेशों के सपने देखता। कई-कई दिन बारिश होती रहती थी। पपीहा, मोगरा, पुराने झाड़फानूश से चमकते शीशे गिरा करते जिसे हम चुन लेते।

हर सुबह स्कूल पहुँचाते हुए पिता बाज़ार में रुककर दवाखाने वाले आदमी, धुलाई करती लड़कियों, दुकानदारों के साथ दुआ-सलाम करते चलते। वे अपनी छह-सिलिंडरों वाली मॉरिस के लिए मशहूर थे, जिसकी लाइसेंस प्लाट ग्रेट ब्रिटेन की थी। अपने रवायती समय पर वे देर से दफ़्तर पहुँचते जहाँ उनके लिए दरवाज़े खोले जाते। कारखाने की छपायी, पैमाईश और रंगाई वाले विभागों से गुज़रते हुए वे सुस्त मज़दूरों को फटकारते चलते, उनके ग़ुस्से के दौर और गालियों से टिन की छतें गूँजती रहतीं। फिर उन्हें नाश्ता परोसा जाता। मक्खन में तले अंडे, मिर्च के बिना। मेस में दोपहर का खाना खाकर वे एक नीची कुर्सी पर झपकी लेते। एक मालिशिया रोज़ उन्हें ज़मीन से छह इंच ऊपर लटकाता था। इसके बाद वे बेहतर महसूस करते।

उसके बाद ख़ास तौर से बने हुए शावर में वे नहाते और फिर गर्मी से निज़ात पाने के लिए धुले हुए रूमाल को कोलोन से तर कर लेते। फिर मज़दूरों की मुश्किलों को हल करने के लिए वे कचहरी लगाते जिसमें दोषियों को तमाचे लगाये जाते थे। इसके बाद कम्पनी के बाग़ से फूल आते। कार्नेशन, कैन, गुलाब, जिन्हें शाम की चाय के लिए माँ करीने से सजा देती थीं। लेकिन इस कामयाबी को हासिल करने के लिए पिता को कड़ी मेहनत करनी पड़ी थी। अपनी खानदानी विरासत ठुकरा देने के बाद उन्होंने दोबारा 75 रुपये महीने पर रंगों के ड्रमों की धुलाई का काम शुरू किया था। वहीं अब उन्हें रंग-रोगन के डीलरों की तरफ़ से मेहरबानियों के बदले पैसे मिला करते हैं।

पूना में गर्मी की छुट्टियों के दौरान हमने बड़ौदा की पूर्व-महारानी चिमनाबाई गायकवाड़ को बंड पर 30 के दशक की रोल्स रॉयस में घूमते हुए देखा। उन्होंने शिफॉन और मोतियाँ पहन रखी थीं। 5 मील प्रति घण्टे की रफ़्तार से चलती हुई उस कार में हमने एक भावहीन और सफ़ेद, झुर्रियों में लिपटे हुए चेहरे को देखा। उनका भारतीय शोफर भी उतना ही भावहीन था। वह उन्हें सूरज डूबने तक घर वापस पहुँचा देता। माँ ने हमें बताया कि रानी ने गायकवाड़ के वारिस को ज़हर दे दिया था, ताकि उसके अपने बेटे का रास्ता खुल सके।

एक पुराने महल के अपने दौरे में हमने शाही बिस्तर देखा, जिस पर एक कुत्ते ने टट्टी कर दी थी।

मेरे माँ-बाप झगड़ते। नाज़ायज़ धन्धा करने वालों को भगाने के लिए तैनात एक पुलिसकर्मी अक्सर बीच में दख़ल देता। नाना पिता का पक्ष लेते, मर्द-मर्द एकजुट हो जाते।

अदालत का मुंशी माँ के दस्तख़त लेने के लिए एक काग़ज़ लेकर आया। वे रोयीं। पिता घर पर नहीं थे। उन्होंने तलाक़ की अर्ज़ी दी थी। जन्नत हमारे हाथ से निकल गया। हमें छह-सिलिंडर वाली मॉरिस में भरकर वकील के पास ले जाया गया। क्या हम अपने माँ और बाप में से एक को चुन सकते थे? माँ-बाप ने सुलह कर ली। माँ ने गुलाबों के लिए क्रिस्टल और ज़ेवरात में बिठाने के लिए एक पन्ना ख़रीदा, पापा ने ग्रामोफ़ोन के साथ डांस के संगीत का रेकॉर्ड ख़रीदा।

मैं लड़कों के स्कूल जाता था। मैं क्रिकेट नहीं खेलता था। लेडी टीचर मुझे पसन्द करती थीं, और जेसुइट भी। मेरे लिए एक फ़ोन कॉल आया : 'तुमने बोर्डिंग स्कूल जाने के लिए हामी क्यों भरी?' पिता ने दूसरी बार तलाक़ के लिए अर्जी दी। उस छुट्टी में मैं ख़ास तौर से अकेला था। पिता जब मुझे बोर्डिंग स्कूल ले जाने के लिए आये तो मैंने मना कर दिया। मैं 14 किमी दूर स्कूल जाने के लिए ट्रेन लेने लगा था। जज के सामने देने के लिए तैयार भाषण मैं दोहराया करता था : 'अगर मुझे अपनी माँ से अलग किया गया तो मैं मर जाऊँगा।'

मेरे माँ-बाप ने फिर से सुलह कर ली। मैंने उन्हें एक-दूसरे को चूमते देखा। पिता को दफ़्तर में परेशानियाँ आ रही थीं।

ट्रेन पर, एक अजनबी ने मुझे भीड़ में 'बचाया'। भीड़ जब कम हुई तब भी उसने मुझे नहीं छोड़ा। मेरे दोस्त ने जब मुझे बताया कि अजनबी की मंशा क्या थी, तो मैंने उसकी बात का यक़ीन नहीं किया।

लड़कों का एक समूह प्लेब्वॉय पत्रिका के बीच वाले पन्ने के चारों तरफ़ जमा हुआ है, जिसमें लाल पर्दे में एक नंगा जिस्म है। मुझे इसमें कोई दिलचस्पी नहीं थी। क्लास के सबसे तगड़े लड़के ने अपना लिंग दिखाया। झुण्ड को जेसुइट ने तितर-बितर किया। मैंने माँ के सामने कबूल किया। सपने में मेरा वीर्य निकल आया था। मैंने एक नया शब्द सीखा–'ओवरफ्लो'। माँ को यक़ीन नहीं आया।

हर शनिवार को पिता मुझे लंच के लिए ले जाते : फ्रूट सलाद, और आइसक्रीम। एक लड़की भी हमसे आ मिलती। मैं उसे पसन्द करता था क्योंकि मैं हमेशा अकेले ही रहा करता था। मैं किसी आंटी, अंकल, कज़िन, दादा-दादी को नहीं जानता था, न ही मेरा कोई साथी हुआ करता था। माँ ने उस लड़की को लेकर मुझसे सवाल किया। क्या वह जवान थी? क्या वह गोरी थी? मैंने क़िस्से गढ़कर सुनाये, मैं लड़की के बारे में माँ की सबसे बुरी आशंकाओं के साथ खेलने लगा। यह अफ़सोस और नाराज़गी की बात थी कि माँ की शायद कोई प्रतिद्वन्द्वी भी थी। वह लड़की हमें फिर कभी नहीं दिखी।

स्कूल में मैं शर्मीला था। गणित से मुझे नफ़रत थी। मुझे मेमरीड्रॉइंग पसन्द थी। कला सिखाने वाले मास्टर ने एक बार मुझे छुआ लेकिन मैं परे हट गया। मैंने नाटक विषय लिया। औरतों के सारे किरदार मुझे मिलते : क्रिसमस पेजेंट में मार्था, अमाह्ल एंड नाइट विजिटर्स में माँ, दीज़ कॉर्नफील्ड्स में बीवी, जिसका किरदार मैंने ऐसे अदा किया मानो वह बुर्के वाली लेडी मैकबेथ हो, क्योंकि विग और नकली मेकअप लगाना बुरा माना जाता था। एक जोरू के गुलाम पति के किरदार के लिए मुझे एक पुरस्कार मिला था। तब मेरी दाढ़ी निकल रही थी।

माँ को गठिया था। अब वो लाचार थीं और बैसाखी के सहारे चलती थीं। नर्सिंग होम में एक चूहे ने सोते हुए उनको कुतर लिया था। वे किसी और जगह रहने का ख़र्च नहीं उठा सकती थीं। पिता ने फिर से उन्हें छोड़ दिया था। केस नंबर 36 ऑफ़ 1963। चीज़ें मेरी समझ से बाहर थीं।

माँ को घर से बाहर करके पिता ने ताला लगा दिया था। उन्होंने शीशे का दरवाज़ा खोलने में अपनी बाँह को ज़ख़्मी कर लिया। उन्होंने अपना बचाव करते हुए पिता के माथे पर एक पत्थर दे मारा। पहली बार मैंने पिता को रोते हुए देखा। एक नौकर ने उनकी ख़ातिरदारी की। नौकर ने ही माँ को समन्दर में जाकर डूब जाने से रोका। मेरी माँ को शाप था कि हर मुबारक मौक़े पर उन्हें गमज़दा होना ही था। खाने को फ़र्श पर फेंक दिया गया था। हम हैरान-परेशान बिस्तर में से निकले, बत्तियाँ फिर से जलीं, माँ पड़ोसियों से मदद के लिए रात भर चीखती रहीं। सोने के कपड़ों में ही मैं अपनी माँ के साथ पुलिस के पास गया। मुझे नहीं पता था कि मेरे माँ-बाप ने क्यों शादी की थी, न ही स्कूल के साइकियेट्रिस्ट को पता था जिसने मुझे क्यूरेटर बनने के लिए कहा था।

मेरी छोटी बहन और मैं एक-दूसरे का ख़ून निकालते रहते। जब अपना ही ख़ून देखकर मेरा जी ख़राब हो जाता तो मैंने फ़ैसला किया कि मैं सर्जन नहीं बनूँगा। बचपन में, बड़ी बहन और मैंने अपनी छोटी बहन को 'जन्नत' से निकाल बाहर कर दिया था। वह ख़ूबसूरत और ख़ुशकिस्मत ज़रूर थी, लेकिन हम कहते कि वह 'दाग़दार' थी।

बड़ी बहन और मैंने तय किया कि हम 'घर-घर' खेलेंगे। हम घर के किसी हिस्से को घेर लेते और माँ को ग़ुस्सा दिलाने के लिए एक तख़्ती लगा देते 'हिप्पो, अन्दर आना मना है'। माँ जब-तब हवादानों में से झाँककर देखती रहतीं। हम खाने पर 'छापा' मारते। घर के भीतर हमारा घर बहुत दिनों तक नहीं चला। पिता ने मुझ पर बहन के साथ सोने की तोहमत लगाई।

मेरा जनानापन पिता को नागवार लगता। उनके झगड़ों के दौरान मैं माँ और उनके बीच आ खड़ा होता। मर्दानगी की इस किस्म की निशानी से बेचैन होकर उन्होंने मेरे गुप्तांगों को निशाना बनाया।

वह मैं था जिसने ट्रेन वाले उस मर्द को छुआ था। पायजामे में ही उसका वीर्य निकल आया। वह मुझे एक बढ़ई की दुछत्ती में ले गया। लकड़ी के बुरादों के बीच उसने मुझसे सम्भोग किया। मुझे दर्द का और खोने का अहसास हुआ। उसने मुझे एक कैंडी दी।

शनिवार की दोपहरियों के लिए एक आदमी खोजते हुए : मैं हर सुबह आठ बजे रेलवे स्टेशन पर पुल के नीचे लोगों को उतरते हुए देखने के लिए खड़ा होता। सबसे पहले मैं उनके पाँव देखता, फिर जाँघों के बीच, फिर धड़, फिर चेहरा–इसी क्रम में।

एक बिखरी हुई लट, एक पस्त नज़र, फैली हुई नाक, एक तोंद–कुछ तो ऐसा हो जो आकर्षक लगे। जब कोई ऐसा दिखता, मैं उसके पीछे-पीछे भीड़ भरे डिब्बे में जाता। संयोग से होने वाले शुरुआती टकरावों और रगड़ावों के बाद मैं उसके गुप्तांग अपने हाथों में ले लेता। कई दिनों तक बिना कुछ कहे-सुने हर सुबह यही होता रहता। आख़िर में मुझे घर पर बुलाया जाता। किसी-किसी वक़्त, शाम को ट्रेन से घर लौटते हुए, हम समन्दर के किनारे चले जाया करते। मैं सोचता था कि मुझे शाप है कि मेरे जीवन में कभी भी चरम अनुभूति नहीं मिलेगी। मैंने शब्दकोश में 'होमोसेक्सुअल' (समलैंगिक)

का मतलब देखा। हंगामे के डर से मैं कभी भी एक मर्द के साथ दो बार नहीं सोया। लेकिन मेरा राज़ खुल चुका था। मैंने अपनी बहन को सच बता दिया था, जिसने माँ को बताया, जिन्होंने पिता से शिकायत की, जो समन्दर के आगे रोये, मुझे एक थेरेपिस्ट के पास भेजा और मुझसे कहा कि मैं एक मर्द बनूँ।

फिर उन्होंने मुझ पर नर्मी आजमायी। मुझे स्कूल के आख़िरी साल में एक क्लासमेट से प्यार हो गया था। मैंने उसके लिए ख़ुद को अछूता रखा था, एक डायरी लिखनी शुरू की, उसके साथ भाग जाने और हमेशा-हमेशा के लिए साथ रहने के सपने देखे। ऐसा कुछ नहीं हुआ। मैंने ख़ुदकुशी की कोशिश की, गोलियाँ खायीं। कुछ नहीं हुआ। आजिज आ चुके और मलाल में डूबे हुए पिता ने पूछा कि क्या हमने ज़रथुष्ट्री जन्नत के 'चिनवत' पुल के बारे में नहीं सुना जिसे ख़ुदकुशी करने वाले कभी पार नहीं कर सके। दीना (जमीर), जो मेरी माँ का नाम भी था, मेरे पास आती और कहती, 'मैं बदसूरत हूँ क्योंकि तुम्हारी करतूतों ने मुझे ऐसा बना दिया है।' वह एक गोरी कुमारी हुआ करती थी।

कॉलेज के मेरे दोस्त को मेरी बहन से प्यार हुआ। बहन से मैंने सीखा कि जुदाई में कैसे आहें भरते हैं, झगड़ते हैं, झूठा ग़ुस्सा दिखाते हैं, लुभाते हैं और अन्त में मान जाते हैं। लड़के के पिता मेरी ऑफ़ द माउण्ट के मेले में फ़ेरिस झूला चलाते थे। हर सितम्बर हम उन दुकानों को पार करके माँ के साथ मेरी के चर्च पर चढ़ते, जहाँ वेदी पर चढ़ाने के लिए मोम के मन्नत के हाथ, पाँव, यहाँ तक कि बच्चे भी बिका करते थे। कहा जाता था कि मेरी समन्दर से निकली थीं। वे साँप के भेष में शैतान को कुचलतीं, या फिर नये चाँद के ऊपर तिरती फिरतीं। आवे मारिया। तब माँ का जन्मदिन आता : पूर्वजों के लिए पाँच दिनों वाले त्योहारों का पहला दिन, जो ज़रथुष्ट्री लोगों की कटाई की रस्मों के पहले आया करता था। एक बच्चा खोने के बाद माँ को सपने में मेरी ने अनेक बच्चों का वादा किया था। अब माँ की टांगें बेकार हो गयी थीं, पिता जा चुके थे। हम अकेले थे। मैं भगवान को खो चुका था।

पिता ने हमें किशोरों वाली सलाह दी : 'हस्तमैथुन मत करना प्यारे बच्चों, इससे तुम अन्धे हो जाओगे।'

'एक दरिया है जिसका पानी कभी धरती पर नहीं गिरना चाहिए, एक दरख़्त है जिसकी जड़ें आसमान में हैं और जिसके फलों को गिरना नहीं होता।' (यह योग साधना का हवाला था, जिसमें यौन करते हुए जोड़े में से स्त्री चरमोत्कर्ष पर पहुँचती है लेकिन पुरुष वीर्य को स्खलित होने से रोके रखते हैं।)

अछूत कहे जाने वाले लोगों ने पीढ़ियों से शौचालय साफ़ किया है। जो औरत हमारे घर आती, उसे रिवाज़ के मुताबिक खिड़की से भीतर आने की इजाज़त होती, जिस पर चढ़ने के लिए एक छोटी-सी लकड़ी की सीढ़ी लगाई गयी थी। माँ पहली शख़्स थीं, जिन्होंने उसे सामने के दरवाज़े से घर में अन्दर आने दिया। कभी-कभार वह माँ के साथ अपने परिवार के बारे में बातें करती थी, वह फ़र्श पर बैठ जाती और चीनी-मिट्टी के टूटे हुए प्याले से चाय पीती रहती, जिसे उसके लिए निकालकर अलग रख दिया गया था। बम्बई में सब लोगों की तरह वह भी फ़िल्म उद्योग में रातोंरात अमीर बनना चाहती थी। उसके सपनों का पसन्दीदा किरदार एक शराबी का था—शायद वह अपनी झुग्गी में वह शराब बनाती थी। उसके पास जो भी दौलत थी, उसे वह पहन कर चलती थी—सोने की दो बालियाँ जो इतनी भारी थीं कि उन्होंने उसके कान की लवों को काट दिया था।

दूसरा नौकर उत्तर भारत का एक ब्राह्मण था। उसके सिर पर चुटिया थी और देह पर जनेऊ—ये उसकी जाति की पहचान थे। वह ख़ुद एक शाकाहारी था लेकिन हमारे घर पर माँस बनाने में मदद करता था। वह कारखाने का एक मज़दूर था जिसे पिता घर ले आये थे। माँ को सन्देह था कि वह एक जासूस था; कि इसमें कोई शक नहीं था कि वह भाड़े पर काम करने वाला आदमी था। लेकिन शाम ढलते समय वह पानी के घड़े भरते समय ज़ोर-ज़ोर से तुलसी रामायण गाता था, ये पुराने गीत अनगिनत पैदाइशों, शादियों और मौतों से होकर उस तक पहुँचे थे।

माँ मुझे लेकर सख़्त रहतीं। मैं उनके कमरे में नहीं जा सकता था, न उनकी कंघी इस्तेमाल कर सकता था, न ही उनकी कुर्सी या बिस्तर। मुहाँसा कामुक था, माँ ऐसा सोचती थी। माँ ने पिता को भी माफ़ नहीं किया। वे बिगड़े हुए इन्सान थे; उनके नाना उन्हें रण्डियों के पास जाने के लिए पैसे दिया

करते थे; कामुकता उन पर सवार थी। 'होमोसेक्सुअल' होना 'उभयलिंगी' या 'हिजड़ा' होने के बराबर था। माँ कमज़ोर आदमियों को 'हिजड़ा' कहतीं।

हिजड़ा औरतों के कपड़े पहनते, झुण्ड में निकलते और गा-गा कर भीख माँगते। उनका सीना सपाट होता, लेकिन उनमें से कुछ एक माँ की तरह दिखने के लिए शिशुओं को लिए रहते। उनकी आवाज़ें गहरी होतीं, हाव-भाव फूहड़, वे ऐसे दिखाते मानो उनके अभिनय पर मिलने वाली बख़्शीश काफ़ी नहीं थी। उनमें से कुछ को देवी-माँ के मन्दिर में पूजा-पाठ करके बधिया बनाया गया होता, ताकि वे औरतों के सामने टिके रह सकें, ताकि वे ख़ुद देवी बन सकें। शुक्रवार दिन से, गर्भ से जुड़ी रस्मों, शादियों और पैदाइशों से उनका रिश्ता माना था।

मैं बम्बई में दूर-दूर तक पैदल चलता। फुटपाथ फेरीवालों से भरे हुए थे। पीले सेलोफेन में लपेटकर पोर्नोग्राफ़ी बेची जाती थी और आम तौर उसका नाम कामसूत्र होता–यानी कला भी और विज्ञान भी। मैं फ्लोरा फाउंटेन के पास दफ़्तरी इमारतों के नीचे आर्केड्स में टहलता, काले घोड़े पर सवार किंग जॉर्ज की मूर्ति से होकर गुज़रता, अपोलो पिएर पर पानी तक जाता, जहाँ कबूतर प्रिंस ऑफ वेल्स की टोपी से दाना चुगा करते थे।

एक जैन ने मुझे 'कर्म' के बारे में समझाया। मेरा सब्र टूट गया। एक बार मैंने अपनी माँ का कन्धा पकड़कर झकझोर दिया था, जिससे वे अपना सन्तुलन खो बैठीं और गिरकर अपने कूल्हे का जोड़ तुड़ा लिया, जिससे वे कभी उबर नहीं पायीं। यही मौक़ा था जब मैंने ख़ुदकुशी की कोशिश की।

अदालत का मुक़दमा दिन-ब-दिन नज़दीक आने लगा। पिता ने छोड़ जाने का आरोप लगाया, माँ ने बेरहमी का। मैंने पिता की अलमारी से प्रेम-पत्र चुराए। 'मैं भागती हुई आयी।..'। बहन को वे ख़त बिस्तर में मिले। 'प्यार करना गुनाह नहीं है,' ख़त में लड़की रो रही थी। बाद में बहन ने उस पिता के ख़िलाफ़, जिसे वह प्यार करती थी, गवाही देने के बजाये ख़ुदकुशी करने की कोशिश की। उस लड़की में न अक्ल थी, न तहज़ीब थी, न सूरत थी। पिता ने क्या देखा था उसमें?

माँ कभी जानदार और हुनरमन्द हुआ करती थीं। वे गाती और सितार बजाती थीं, ऐसा करने वाली वे शुरुआती रईस लड़कियों में थीं, क्योंकि पुराने

भारत में नाच और संगीत मन्दिरों में देवदासियों के लिए थे। आज़ादी के आन्दोलन के दौरान वे हाथ से बुना खद्दर पहनतीं। वे हमसे नक्षत्र और आने वाले प्रभु की बातें करती थीं। फिर उन्होंने यह सब क्यों छोड़ दिया था? कभी वे ख़ूबसूरत थीं। एक पुराने सन्दूक में हमें उनका छोटा-सा स्विमसूट मिला। किसी वक़्त उन्हें एक फ़िल्मी रोल का ऑफ़र मिला था, कम-से-कम वे हमें ऐसा बताती थीं। उनके पिता ने डाँट-डपट कर उनकी महत्त्वाकांक्षा को कुन्द कर दिया था। पड़ोस में रहने वाली मूक फ़िल्मों की एक स्टार के पास, जो एक हादसे में अपाहिज हो गयी थी, अपनी जवानी के फ़ोटो थे। माँ इतनी गरीब थीं कि शादी के समय की तस्वीर का ख़र्च भी नहीं उठा सकी थीं।

सुकून भरे दिनों में माँ हमें अपने पास बिठातीं और द फॉरसेकन मर्मेन सुनातीं और रोतीं। उनकी चिट्ठियों में हमें एक छोटी-सी बच्ची की तस्वीर मिली जिसे हम नहीं जानते थे। माँ ने हमारी वजह से इस लड़की को छोड़ दिया था। बरसों बाद हमने उस लड़की को देखा, जो अब एक औरत थी, कमर तक लम्बे बालों और बड़ी-बड़ी आँखों वाली एक औरत। माँ को अपनी बेटी की शादी में शरीक होने की इजाज़त नहीं थी।

शादी की रस्म : एक पर्दा है दुल्हन और उसके दूल्हे के बीच, आदमी और औरत के बीच, जिस्म और रूह के बीच। एक धागा उन्हें जीवन भर के लिए एक-दूसरे से जोड़ता है, जिससे सात घेरे लगते हैं, मन्त्रों से बँधा शादी का बन्धन। उन पर चावल बिखेरे जाते हैं।

बहन नाना के आगे झुकती है। सफ़ेदी और सोने में लिपटी हुई बहन की आँखों में आँसू हैं।

मेरी माँ को अपने पति और बच्चे से जुदा होने का अपराधबोध है। बर्मी जादू में माहिर एक ज़रथुष्ट्री को मेरी दादी ने ज़िम्मा दिया था कि वह मेरे पिता को मेरी माँ से अलग कर दे। मन्त्र से लड़ने के लिए मन्त्र : मन्त्र तभी काम करता है अगर पीड़ित को पहले से बता दिया जाये।

बचपन में मुझे सिनेमाघर जाने की इजाज़त नहीं मिलती थी, इसलिए मैं सारी पुरानी फ़िल्में देखने लगा जिन्हें मैंने नहीं देखा था। मुझे ख़ासकर नरगिस की याद है, मुनरो की तस्वीरें, पिकनिक में नौजवान नोवाक, द चिल्ड्रन्स आर: 'देखो! मैं हूँ छह उँगलियों वाली अजूबा!' बांग्ला जाने बिना मैंने सत्यजित राय

की सारी फ़िल्में देखीं। मैंने बम्बई के कई सितारों की निजी शख़्सियत और पर्दे की शख़्सियतों के बीच फ़र्क पर गौर किया। हमारी एक पड़ोसन कल्पना पर्दे के बाहर असली ज़िन्दगी में ज़्यादा ख़ूबसूरत दिखती थी। मेरी हैरान आया ने ऐलान किया कि फ़िल्मी स्टार की छातियाँ फोम रबर की होती थीं। मैं कथक देखने जाता, कविताएँ लिखता।

भारतीय लोग चौदह भाषाओं में चौदह बार बँटे हुए हैं। मैंने अपनी मातृभाषा सबसे पहले पढ़ी। स्थानीय स्कूलों में अंग्रेज़ी को 'सामान्य ज्ञान' के विषय के तहत पढ़ाया जाता था। हिन्दी बम्बइया फ़िल्मों की ज़ुबान है। स्कूली किताबें विक्टोरियन कविता से लदी हुई थीं। बाबुओं की अंग्रेज़ी रोज़मर्रा के काम की भाषा थी। मेरी उम्र के पश्चिमी पढ़ाई वाले भारतीयों के पास अंग्रेज़ी के अलावा किसी और ज़बान की कोई याद नहीं होती है। अगर 'ब्लैक' समुदाय की अंग्रेज़ी अब चलन में है, तो विदेशों में पढ़े हुए भारत के अभिजात तबके के पास इसके लिए कोई भाषा ही नहीं है। यह सच है कि मैं गुजराती में गालियाँ देता हूँ, लेकिन यह भी उतना ही सच है कि मैं अंग्रेज़ी में सपने देखता हूँ। अंग्रेज़ी में लिखने वाले एक भारतीय लेखक के लिए भारतीय भाषाओं का अभाव उतनी बड़ी कमी नहीं है, साहित्यिक गद्य भारतीय लेखक की कमज़ोरी है।

एक दिन एक छोटी-सी बेडौल बूढ़ी औरत मेरे पिता के पीछे-पीछे घर में आयी। माँ अस्पताल में थीं। उस बूढ़ी औरत के पीछे एक जवान औरत थी। वे मेरी दादी और बुआ थीं। मैंने उन्हें पहली दफा अट्ठारह की उम्र में देखा। अब उन्होंने पिता को माफ़ कर दिया था, जब उनकी शादी न सुधरने की हालत तक टूट चुकी थी। नौजवानी में ही विधवा हो गयी मेरी दादी एक पढ़ी-लिखी औरत थीं। अब उम्र के चलते वे झुक गयी थीं। पच्चीस वर्षों से उन्होंने पिता को माफ़ नहीं किया था, क्योंकि उनके अपने 'उसूल' थे। मैंने उन्हें एक बार और देखा, तब वे कह रही थीं : 'अमेरिका! अमेरिका! अंग्रेज़ी पढ़ने।' मैंने उन्हें तब दूसरी ही बार देख रहा था। वे मेहर बाबा की भक्त थीं। बचपन में पिता जब बीमार पड़ते तब उनकी माँ, जो एक फिजिशियन की बेवा थीं, उन्हें इलाज के लिए बाबा के पास ले जातीं। उनकी जान बच पायी तो सिर्फ़ एक आपातकालीन ऑपरेशन की वजह से बचपन में इस रहस्यमय बाबा को

लेकर मुझे डर लगता था, सोने से पहले मैं उनके डरावने सपने देखा करता था। मैंने सलाखों वाली वह गुफा देखी थी, जहाँ वे ध्यान लगाते थे। मेरी दादी, जो गहनों के एक कारोबारी की बेटी थीं, बाबा के नाम अपनी विरासत छोड़ने वाली थीं। पिता को माफ़ी नहीं मिलने वाली थी।

सुनवाई शुरू हुई। मैं माँ के साथ बम्बई उच्च न्यायालय जाता : मुण्डेरों पर बैठे कबूतरों की बीट से भरी हुई गहरे रंग की पत्थर की इमारत, ब्रिटिश राज के जाने के बाद के वर्दीधारी दरबान, चोगा पहने हुए वकील और उनके शैतान। रसूख़ और सिफ़ारिश के आरोप, शादी में छल और तलाक़। सभी पुरानी चोटों और घावों की तस्वीरें लेकर, उनके कैटलॉग बनाकर, फाइलों में बन्द करके, अब भाड़े के वकीलों के हाथों में खेलते हुए। माँ ने अदालत से बाहर समझौता करने से इनकार कर दिया। वे 'इन्साफ़' चाहती थीं, वे चाहती थीं कि उन्होंने जो मुश्किलें उठायी थीं, दूसरे लोग भी उसको देखें और स्वीकारें। पिता अपने अपराधबोध से सार्वजनिक मुक्ति चाहते थे, वे मर्दानगी की ताक़त का प्रदर्शन करना चाहते थे। चुपचाप रोते रहने वाले मेरे बूढ़े नाना को दूर भेज दिया गया। मेरी नानी को उन्होंने पागल करार दिया था, जंजीरों से उन्हें पीटा गया ताकि उनके भीतर से शैतान को खदेड़ा जा सके। इन ताक़तों ने एक बार पहले भी मेरी माँ को क़सूरवार ठहराया था। उनका यह क़सूर यह था कि जिस आदमी के साथ उन्हें पारम्परिक शादी करने के लिए मजबूर किया गया था, उसको छोड़ देने का उन्होंने साहस किया था। वही ताक़तें अब कह रही थीं कि वे मर्दों को बस बर्बाद करती हैं। कि वे पागल थीं, अपने पति की दौलत चुराने वाली और कर्तव्यों से लापरवाह एक बीवी थीं। उनका दोष यह था कि अपने को पीटने वाले आदमी को वे पलटकर पीट देती थीं। मैंने माँ के पक्ष में गवाही दी। इतनी सारी दौलत होते हुए हम इतने ग़रीब हो गये थे कि हमें खाना नसीब नहीं होता था। मेरे माँ-बाप जिन्होंने पचहत्तर रुपयों में शादी की थी, अपने तलाक़ पर हज़ारों ख़र्च कर चुके थे। मुक़दमा मेरी माँ के वजूद का सवाल बन गया था : बरसों बरस वे अर्जी दर अर्जी लिखती रहीं थी। एक साल बाद उन्होंने दम तोड़ दिया।

ड्रामा क्लब की मीनू ने माँ पर एक नाटक लिखने की ख़्वाहिश जताई।

मैं भाषा और इतिहास पढ़ाता। मेरे छात्रों की माँयें दिलचस्प थीं : एक की माँ अपने देवर से प्यार करती थी; दूसरी ने, जो एक बैरनेट की पत्नी थी, घुड़दौड़ में अपनी हार के पैसे चुकाने के लिए विरासत में मिला चीनी हाथी दाँत बेच दिया था–उसका घर मूर्तियों के ख़ाली पेडस्टल से भरा हुआ रहता था। एक तीसरी ने, जो एक यहूदी थी, एक हिन्दू फ़िल्म निदेशक के साथ शादी कर रखी थी, पिछली शादी से उसकी एक बेटी थी जो फ़िल्मों में करियर बनाने के सपने देखती थी; एक कामयाब एक्ज़ीक्यूटिव की एक बेरोज़गार बीवी ने एक स्टेवार्डेस के रूप में अपनी ज़िन्दगी बनायी।

मेरी दोस्त लड़कियाँ या मर्द जो भी मेरे घर पर फ़ोन करते थे, माँ उन्हें डाँट लगाती थीं।

उन्नीस की उम्र में मैं प्लेसिड से मिला, पच्चीस की उम्र का, काँसे की रंगत वाला, एक मंझोली काठी का कसरती बदन वाला, हल्की आँखें और गाल पर एक बड़ा-सा तिल। वह एक आणविक भौतिकविज्ञानी था। हमारी मुलाकात ट्रेन में हुई थी और फिर हर मंगलवार सुबह को हम मिलने लगे थे। बाहर के बच्चों की आवाज़ें कमरे में तैरती रहतीं। अपने बदन पर सिर्फ़ कमर में एक तौलिया लपेटे वह मेरा इन्तज़ार करता, और अपने एक कमरे के घर में ज़रा-ला दरवाज़ा खोलकर मुझे अन्दर बुला लेता। मैं उसके लिए कविताएँ लिखता; उसके चन्दन के तेल की ख़ुशबू कई दिनों तक मेरे साथ बनी रहती। एक बार जब वह अपने परिवार से मिलने दक्षिण भारत गया था, मैं उसके घर पर चला गया और मुझे उसके एक चचेरे भाई ने देख लिया। बाद में प्लेसिड ने मुझे बुरी तरह फटकारा।

मेरी भेंट एक खानसामे से हुई। मानसून आ गया था। मेरा दोस्त रेनकोट पहनता था और बातें करते हुए बोगार्ट की तरह मुँह के कोने पर एक सिगरेट दबाये रखता था। हम कैब लेकर समन्दर तक जाते और साँझ ढलने का इन्तज़ार करते। हम प्यार करते : गला, सीना, नाभि, जाँघ। आसमान घूमने लगता : 'क्या हुआ?' टैक्सी वाला दीवार पर बैठे सारा मन्जर देखता। मैं बीस का था, मैं चौदह की उम्र में उस आदमी से ट्रेन में मिला था।

माँ ने कश्मीर में छुट्टियाँ मनाने की बात कही। तोहफ़ों की दुकान चलाने वाले एक कश्मीरी ने अपने दफ़्तर में मुझे बन्द करके पीटा, और पूरे वक़्त वह

मुझे 'इंडियन' कहता रहा क्योंकि उसका सामान देखते हुए मैंने एक चीज़ को दुर्घटनावश खुरच दिया था। तब मुझे इसका अहसास नहीं हुआ था, लेकिन जब मैंने अपनी माँ की सारी तकलीफ़ें उठाते हुए देखा था, तब पीटे जाने का मज़ा मेरे भीतर रच-बस गया था।

एक बार अकाल के दौरान राशन के लिए घण्टों तक कतार में लगे रहने के बाद जब मेरी बारी आयी, मुझसे ब्लैक मार्केट का दाम माँगा गया। 'अपने बाप से पूछो वे कैसे अमीर हुए थे,' अनाज बेचने वाले ने कहा था।

मैंने माँ से कहा कि वह अपने काग़ज़ मेरे पास छोड़ जाये। उन्होंने मना कर दिया : 'तुम मुझे कोसोगे।'

मैंने माटाशिन सोसायटी के अमेरिकी समलैंगिकों के बीच मुक्ति आन्दोलन के बारे में पढ़ा। स्पेनी भाषा में माटाशिन का मतलब होता है 'कठपुतली'। कैलिफॉर्निया के एक कॉलेज में दाख़िला मिलने के बाद पिता और मैंने एक करार किया : एक साल की फीस के बदले में मुझे उन्हें हर चीज़ सौंप देनी थी। आधे घण्टे तक मैं दस्तख़त करता रहा। मुझे आज़ादी का अहसास हुआ। मैंने सोचा कि मैं कभी लौटकर नहीं आऊँगा।

मैंने छोटी-सी एक चोरी के लिए एक लड़के की ख़बर पुलिस को दी। लड़का नौकर था। थाने में जब वे उसे पीट-पीट कर क़बूल कराने की कोशिश कर रहे थे, मैं वहाँ बैठकर उसकी चीखें सुनता रहा।

माँ बैसाखी लिए दरवाज़े पर हाज़िर हुईं : "मत जाओ। मैं मरने वाली हूँ।"

मुहब्बत खोने के ख़ौफ़ में जीने का नाम है
घर को खोना दुनिया को खोने की शुरुआत है।

II

मृत सागर

शिक्षा : अमेरिका, जर्मनी, 1968-1976

कैम्पस में रहने वाली बर्ड ऑफ़ पैराडाइज़ ख़ूबसूरत थीं। धुन्ध आजिज कर देती। बहन मिशिगन से रोज़ दूर से फ़ोन करती थी। कैंटीन में ख़ाना खाने के लिए हमें क़तार में लगना पड़ता। हर चीज़ से एंटीसेप्टिक की बू आती। रवि शंकर, गांजे और मर्दों के बीच सेक्स को मुक्तिकारी माना जाता। एक चादर को टोगे की तरह लपेटे हुए एक फुटबॉल खिलाड़ी ने मुझे बिस्तर में बुलाया। एक भारतीय ने अपनी प्रेमिका को एक बंगाली दुल्हन की तरह चन्दन के लेप में सजाया और उससे साथ में नहाने को कहा।

उसने इसे नाम दिया, 'कैलिफॉर्निकेशन'। पिता ने एक दिन मुझे एक ख़त लिखा और मुझसे बहन के प्रेमियों की जानकारी माँगी। आख़िरकार मैंने जवाब लिखा। टॉम ब्रैडली एक ब्लैक मेयर बनने की पहली दौड़ हार गये। पता चला कि कैलिफॉर्निया के माज्दापरस्त लोग मागियन पोशाकें पहने हुए ईसाई थे। वेस्टवुड के डॉ. बोड ने वादा किया कि पिता को सन्तुष्ट करने के लिए वे बहन के दोस्त का धर्मान्तरण करा देंगे।

बहन जिस दोस्त से बचने की कोशिश कर रही थी, उसने फ़ैसला किया कि वह उसके पीछे-पीछे कैलिफॉर्निया तक आयेगा। डेविड कभी पुरोहित हुआ करता था। एक बार जब मैंने शीशे की खिड़की से उन्हें बिस्तर में साथ देखा, मैंने देखा कि बहन किसी भ्रूण की तरह मुड़ी हुई लेटी थी।

क्रिसमस के दौरान भारत में रहने वाली बहन ने ख़ुद को गोली मार ली। अब क्या बड़ी बहन सबकुछ छोड़कर पिता के साथ रहती? पिता ने जब ख़ुदकुशी की धमकी दी थी, तब छोटी बहन ने पिता से वह हथियार छुपा लिया

था। और फिर जब वह पूरी तरह अकेली थी, उस पल में उसने उस हथियार का अपने ऊपर इस्तेमाल किया। 'मैंने उसे मौत के मुँह से खींचकर निकाल लिया,' माँ ने लिखा।

डेविड और मैं सन फ्रांसिस्को गये। छुट्टियों के पूरे मौसम में बारिश होती रही। शहरी जीवन में रहते हुए मैंने समन्दर से एक बार फिर से जुड़ने की कोशिश की, लेकिन नाकाम रहा। डेविड ने फ़ोनबुक की मदद से अपने पिता को तलाशने की कोशिश की, जिनसे वो पहले कभी नहीं मिला था। उसकी माँ ने बताया था कि वे सिंफनी में ट्रम्बो बजाते थे। डेविड उन्हें खोज नहीं सका। एक रात बिस्तर में मैं अपनी बहन के प्रेमी के प्रति आकर्षित हुआ।

कार्मेला : माँ के उलट उसने उस आदमी को तलाक़ दिया था जिससे जवानी में उसने शादी की और डूबकर प्यार किया, और जिसकी बुराइयों से उसे कोई तकलीफ़ नहीं उठानी पड़ी। वह हाई स्कूल ग्रेजुएशन से एक हफ़्ता पहले भाग गयी थी। उसमें एक इतालवी जोश था। जॉन ने उसकी माँ की मौत के वक़्त उसका बहुत साथ दिया, जिसके प्रति उसमें एक अपराधबोध दिखायी देता था। पासाडेना में उनका एक ख़ूबसूरत स्प्लिट लेवल घर था, जिसे उसने छोड़ दिया था। उसे तलाक़ के बाद कोई वजीफ़ा नहीं मिला। उसने अपने बच्चों के किशोर उम्र की मुश्किलों में उनका ध्यान रखा। टोनी को कोई होश नहीं रहता था; अलेक्स एक होनहार बच्चा था, जो अवसादग्रस्त बच्चों के लिए बने घर में भेजे जाने के बाद चमकीले रंगों के साथ अपने इर्द-गिर्द एक झीनी-सी दुनिया रचता; लीज़ा ने वेनेजुएला में पढ़ाई की थी और तब हार्वर्ड लॉ स्कूल से ग्रेजुएट एक लड़के के साथ रह रही थी; नन्ही विक्टोरिया बड़ी होकर एक लेडी बनी। वह एक उदारवादी थी और वह अलेक्स को रोजमेरीज़ बेबी फ़िल्म दिखाने ले गयी। यह फ़िल्म दुनियावी कामयाबी के लिए अपनी बीवी को शैतान के हाथों में सौंप देने के बारे में है। जब मैंने उससे बेरुख़ी के साथ पूछा कि क्या वह मेरे लिए टाइप कर पायेगी, तो उसने मना कर दिया। कार्मेला को याद है, मेरा चेहरा सफ़ेद पड़ गया था। लेकिन हम दोस्त बन गये।

मैंने एक समलैंगिक रूममेट खोजा, क्योंकि मुझे एक मार्गदर्शक की ज़रूरत थी। पहले दिन हमने फ़र्श पर सारे दिन प्यार करते हुए बिताया। हम लिविंग रूम से स्टडी में गये, उसके बाद किचन में, और आख़िर में बेडरूम

में। माइकेल को मुझसे प्यार हो गया था। वह मुझे मेरे पहले हॉलीवुड गे बार में लेकर गया। तेज़ रफ़्तार डाँस के दौरान डाँस फ्लोर पर एक 'लड़की' की पिंग-पॉन्ग गेंद खो गयी, जिससे उसने अपनी छाती बनायी थी। माइकेल को ब्लैक आदमी पसन्द थे। वे लोग मुझे पसन्द करते थे, लेकिन मुझे उनसे डर महसूस होता। उन दिनों एक ब्लैक दोस्त का होना फ़ैशन में था। मैंने एक गे बार में पहली बार घण्टों तक चुपचाप इन्तज़ार किया। ख़ुद माइकेल यहाँ पहली बार बुराइयों के ख़िलाफ़ एक धार्मिक दौरे के सिलसिले में आया था।

स्कॉटी के यहाँ : स्कॉटी एक खिड़की से फीस लेता, तब यह 1.50 डॉलर थी। मेरा परिचय कराया गया। हम एक लॉकर रूम में गये और कपड़े उतारकर हमने तौलिये लपेट लिए। गलियारों को इस तरह भूलभुलैया की तरह बनाया था कि एक-दूसरे के पीछे भागने का रोमाँच बढ़ता जाये। उनमें कोठरियाँ बनी थी जिनमें दीवारों से लगाकर तख़्त ठुके हुए थे। वे बिस्तरों का काम देते। कुछ में आईने लगे थे, ताकि लोगों और उनकी हरकतों के बीच एक पर्दा रहे, या मज़ा दोगुना हो जाये। कभी भी असली नाम नहीं बताये जाते। स्कॉटी के यहाँ आने वाले लोग नौजवान थे। शेव किये हुए सीने वाला आदमी एंटियॉक कॉलेज से था और उसने मुझे बताया कि ईसा मसीह के बारह शिष्य उनके प्रेमी थे। टेलीविज़न रूम में पूरे कपड़ों में मैंने एक रात गुज़ारी। अगली सुबह माइकेल के साथ मेरा पहला झगड़ा हुआ।

हफ़्ते में तीन रातें मैं स्कॉटी के यहाँ जाता। उसके यहाँ मानो हम बाबा यूनुस की तरह व्हेल मछली के पेट के अँधेरे में क़ैदी थे। स्कॉटी एक नयी जगह पर चला गया, जिसमें साउना, शावर, गेम रूम और रेस्तरां थे। पहले कभी यह कोई बोर्देल्यो रहा होगा, जो चलन से बाहर हो गया था। सामूहिक सेक्स वाले कमरे में एक बड़ा-सा बेड था। ग्राहकों को आकर्षित करने की कोशिश करता हुआ मैं एक वेश्या था। किसी ने उन्माद में भरकर मुझे चूमा। बिना रोशनी वाले उस कमरे में चेहरे बड़ी मुश्किल से समझ में आते। मैंने सभी को सन्तुष्ट करने की कोशिश की। बड़े सब्र के साथ अपनी बारी का इन्तज़ार कर रहे सुनहरे बालों वाले एक लड़के ने अपना गर्म मुँह मेरी तरफ़ बढ़ाया। मिनटों में सब तमाम। मैंने उसकी तरफ़ हाथ बढ़ाया, लेकिन वह भाग गया। समलैंगिक जीवन का एक रूपक कायम हो चुका था। एक बार दो सूमो पहलवान बिस्तर में थे : मल और वैसलीन की बदबू बर्दाश्त से बाहर थी।

ईस्टर पर हम माइकेल के माँ-पिता से मिलने गये। मिशेल को सिफलिस की बीमारी थी और मुझे इसे राज़ रखने की कसम दी गयी। उसके पिता हमें सामुदायिक हम्माम में ले गये। मुझे यह बात अजीब लगी कि पिता अपने बेटों के आगे नंगे बदन सामने आयें।

जब मैंने जेन की छातियाँ छुईं तो उसने मुझे हटा दिया। बाद में जब वह नंगी होकर मेरे सामने धूप सेंकने लगी, तब भी मेरे भीतर कुछ प्रतिक्रिया नहीं हुई। उसके माँ-पिता जॉन बर्च सोसायटी से जुड़े थे। उन्हें कम्युनिज़्म से नफ़रत थी, क्योंकि उन्होंने अपने बूते 'कामयाबी हासिल की' थी। उन्होंने सचमुच में ही अपना घर ख़ुद अपने हाथों से बनाया था। पेबल बीच पर रहने वाले उनके दोस्तों ने मुझे पाठ पढ़ाने की कोशिश की। वे ग्रेप बायकॉट आन्दोलन, और प्रवासी मज़दूरों के लिए बेहतर मज़दूरी की ख़ातिर सेसार शावेज़ के संघर्ष के ख़िलाफ़ थे। वे कहते, जिस फल की जन्नत में मनाही है, वही खाओ। यानी सेब नहीं, अंगूर। जब जेन की माँ ने उसकी डायरी पढ़ी, तो उसे एक साइकियेट्रिस्ट के पास भेज दिया और सियासत में सुकून हासिल करने की कोशिश की। एक सुबह मैंने उसे टॉयलेट पर पोर्टनोय और बोनबोन भकोसते हुए देखा, वह बाथटब में बैठे अपने पति को अश्लीलता पर भाषण दे रही थी।

एम्बार्कादेरो वाई : कैलिफॉर्निया में आख़िरी रात। सारी रात लिफ़्ट में नयी मंज़िलों में जाते, नये कमरे, शौचालय, और शावर लेते गुज़री; नये बेनाम लड़के। सुबह नहाने के बाद मैंने एक नौजवान जहाज़ी को प्यार किया। एक रिटायर्ड फौजी झुक-झुक कर मेरी जाँघ में हर्पीज़ के ज़ख़्म को चूम रहा था। वियतनाम में अपाहिज हुए नौजवान फौजी स्कॉटीज़ में ख़ास हुआ करते थे।

टॉपलेस/बॉटमलेस : काँच लगी एक टेबल पर नंगे बदन एक औरत की झलक, जिसको उम्रदराज़ मर्द देख रहे थे। पहली बार मैंने पकी उम्र की एक औरत को देखा।

विदा लेते हुए कार्मेला झुकी, जैसे हिन्दू करते हैं। मैंने गौर किया कि हवाई अड्डे के पक्के फ़र्श को घास के रंग में हरा रंगा गया था। कैलिफॉर्निया में आख़िरी रात मैंने एक गुस्सैल मकान मालकिन को सपने में पैसे माँगते देखा। उसके पति ने एक मुट्ठी ओले मुझे दिखाये। मैंने कहा, 'शीशा!'

माँ नहीं रहीं। उनका आख़िरी ख़त उनकी मौत की ख़बर के बाद मिला। बाक़ी मैंने जला दिये। 'अगर मैं मर जाता तो उसे ख़ुशी होती,' पिता ने मेरे बारे में बहन को लिखे ख़त में कहा था। बहन ने मुझे बताया कि माँ शादी के पहले गर्भवती हो गयी थीं; यही वो बच्चा था जो मर गया था।

मेरी माँ को एक पत्थर पर लिटाया गया। बुर्ज की चिड़ियों ने उसे खा लिया।

पर्डू यूनिवर्सिटी में मुझे जूँओं से निजात पाने के लिए अपनी पूरी साफ़-सफ़ाई करनी पड़ी। मेरे दोस्त पागलों की तरह अपना सबकुछ धो रहे थे।

एक उपन्यास में एक औरत के किरदार को बयान करते हुए कहा गया था, 'जब भी कोई आदमी उसके पास से गुज़रता उस औरत की पैंटियों में लार टपक जाती'। यह पढ़कर मुझे अपनी माँ की याद आ गयी। मेरा मानना था कि शेक्सपियर के लेखन में मिलने वाले प्यार को साबित करना ज़रूरी होता है।

वर्जिल में साहित्य को लेकर एक सीधा-साधा रवैया था। वह एक नौसैनिक था, जैज में ट्रम्बो बजाता, और वह एक गणितज्ञ भी था। उसने साहित्य में हॉलीवुड विषय पर लिखा था। उसके लिए मैं एक बेटे जैसा था।

रात में दस से दो तक मैं सड़कों पर फिरता रहता, नदी की दूसरी तरफ़ अदालत के इर्द-गिर्द। क्रोम और शीशे से भरपूर रिहाइश बहुत साफ़ थी, रात की घुमक्कड़ी मुश्किल थी, तकलीफ़, काम, अपनी बेख़बरी में वक़्त काटना, मस्ती। किसी ने चिल्लाकर कोई गन्दी बात कही। रात के एक महबूब की तलाश में हुए तजुर्बों ने मुझे बेपरवाह बना दिया था। लोग मेरी हक़ीक़त न जान लें, इसलिए मैं रेलवे लाइन के करीब बार में नहीं उठता-बैठता था। तलाक़शुदा मर्दों को मैंने मशविरे दिये, मैं मदहोश, निकम्मे लोगों को चुनता था। मुझे गलीज़ फ़ोन कॉल आते।

जाल और ज़ेनोबिया मुझे खाना देते, रहने को घर देते, सलाह, अच्छा संगीत, प्यार, लेकिन तब भी वे मुझे सड़कों से दूर न रख सके। जाल चुप-सा था, और ज़ेनोबिया ज़िन्दादिल। उसको जाल का ही सहारा था। वह किसी दूसरे आदमी के साथ कभी न रही। वह कभी जाल को बुरा-भला नहीं कहती, न धमकाती। एक दौलतमन्द पिता की ख़ौफ़नाक मौत के बाद शादी में जाकर उसे एक स्थिरता मिली थी। उसकी दुनिया एक महफ़ूज दुनिया थी और वह जिन दोस्तों पर जान छिड़कती थी उनके लिए उसके मन में दुआएँ होतीं। जब

वे दोनों मसरूफ़ होते तो मैं उनके बेटे का ख़याल रखता जो तब चार साल का था। बाप और बेटे दोनों ही कर्क राशि में जन्मे थे, वे अपनी माँओं की इबादत करते। लेकिन मुझे तो मस्ती की ख़्वाहिश थी। और यह मस्ती समाज में घुलने-मिलने से रोकती है।

स्कूल में नेविल को एस्किमो बुलाया जाता। वह गुजराती बोलने से मना करता। उसे करी भी नापसन्द थी। हर रात वह सोने से इनकार करता, क्योंकि इसका मतलब होता अपनी अम्मी से जुदाई। पहली बार वह किसी से तब जुदा हुआ था जब उसका दोस्त क्रिस दूसरे कस्बे में रहने चला गया। एक बार जब करी की बू उसके सिर पर चढ़ी, उसने धमकी दी कि वह घर छोड़कर भाग जायेगा। उसे जानवर पसन्द थे। एक बार उसने अपनी माँ से पूछा कि क्या वह मुझसे शादी करना चाहेगी, क्योंकि सारे मर्दों में मैं अकेला था जिसे उनके बेडरूम में दाख़िल होने की इजाज़त थी। एक सण्डे स्कूल से लौटा तो गन्धक, और दोज़ख़ की आग के बयानों की दहशत उस पर हावी थी।

आँखों में काजल लगाये हुए मैं एक दावत में गया। हर किसी को लगा कि मैं पागल हो गया था। मुझे सपने आते कि मेरा बधिया हो रहा है। कस्बे के दरिया को पार करना मानो स्टेक्स दरिया को पार करना था जिसे पार करके रूहें मौत के बाद एक दूसरी ज़िन्दगी में दाख़िल होती हैं।

कलाकारों में समलैंगिकता के लिए एक कशिश पायी जाती है, जिसे मस्ती के लिए उनकी कशिश से समझा जा सकता है। समलैंगिकता एक ऐसी मस्ती है जो इसके ख़िलाफ़ है कि औलादें पैदा करना मकसद बन जाये। लेकिन ज़िन्दगी को मज़े की तलाश होती है और मज़ा तो दर्दनाक होता है। प्रूस्त ने जिसे ज़िन्दगी कहा है, उसकी बेहतरीन मिसाल उस दूरी में मिलती है जो एक आदर्श ज़िन्दगी और सचमुच की जी हुई ज़िन्दगी के बीच में होती है।

एक रेसिंग कार ड्राइवर–'कॉल मी जो'–ने मुझे चुना। फिर उसने मुझे हुक्म दिया कि मैं उस पर चढ़ जाऊँ। वह भारी-भरकम था, कम-से-कम 200 पाउण्ड[1] अगस्त का चाँद उगा था। सुबह के पाँच बज रहे थे। ठण्डक थी। खेतों में जिस्म पर एक भी धागा नहीं। मुझे नींद आ गयी। 'सितारे! फैन्टम कॉमिक्स की तरह।'

1. क़रीब 90 किलो।

मैंने महसूस किया कि मुझे उठाया गया। और फिर कहीं रखा गया। मुझे होश नहीं था और जब मैं जगा तो मेरे नीचे एक मोटे गलीचे वाला फ़र्श था। 'अलिफ़ लैला!' चोटों से मेरा चेहरा सूज गया था। सुबह के आठ बजे थे, आदमी लोग मेरे जिस्म को फाँदकर काम पर जा रहे थे। उनके दरवाज़े के बाहर मैं बिना कमीज के पड़ा हुआ था। 'मेहरबानी करके दरवाज़ा खोल दो, लेडी।' **ख़ुदा एक परी है जो किमोनो पहनती है और अपनी भौंहें सँवारकर रखती है।**

'मैं सार्जेंट फ्लड। क्या मैं कहानी जान सकता हूँ?'

मैंने एक कहानी बनाकर सुना दी।

बलात्कार के अन्देशे में मेरी जाँच हुई।

'आपने जिस लेडी को बुलाया था वे आपके लिए दुआएँ कर रही हैं।'

एक फ्राइअर मुझे तसल्ली देने आया था जिसे मैंने अस्पताल के कमरे से बाहर खदेड़ दिया।

एनीस्थीसिया में सुन्न, ख़ामोश, अँधेरा, टाँके, फिर से रोशनी हुई। मैं ज़िन्दा क्यों हूँ?

यह मेरा जिस्म नहीं था, जिससे उन्होंने प्यार किया। जो कुछ भी हुआ, वह किसी और शख़्स के साथ हुआ।

एक दोस्त का ख़त : उस आदमी को छोड़ दो जो तुम्हें रफू करके फिर से मुकम्मल बना रहा है।

अपने नाटक पर पर्दा गिरा दो, मेरा किरदार था ब्लांश डु बुआ।[2]

दोस्त अब मुझे कभी दावतें नहीं भेजते :

- अगर नन्हे बॉबी ने पूछ लिया कि तुम क्या तो हम क्या कहेंगे?
- उसे सच्चाई बता दीजिए, मैम।

ज़ेन : यह वो कला है जिसमें आप हवास खोने, ख़ुदकुशी करने और एक अपाहिज बनने से बचते हैं।

थेरेपिस्ट में हमदर्दी थी, लेकिन वह एक दूरी भी बरतता था। एक बार वह एक बूढ़ी औरत के साथ सिनेमाघर गया।

क्या वो आपकी अम्मी थीं?

2. टेनेसी विलियम्स के नाटक अ स्ट्रीटकार नेम्ड डिज़ायर की एक किरदार।

नहीं, मेरी बीवी।

उसने मुझसे स्ट्रेट तरीक़ा अपनाने को कहा : 'सेक्सुअल डिस्फन्क्शन क्लीनिक में एक अनुभवहीन औरत तुम्हारा जोड़ा होगी। यह महँगा तरीक़ा है।'

'झूठ बोलने के लिए साँड के सिर वाली छड़ी से दस डण्डे; अपनी माँ को नापाक करने के लिए बीस; अपने आप को नापाक करने के लिए पचास।'–एक पहलवी किताब।

'मैं रिम्बो हूँ, बॉदलेयर हूँ, मैं ईसा हूँ।'–हार्ट क्रेन।

मैंने एक चिकानो मज़दूर को साथ लिया, जिसने मुझे लूट लिया और मेरी नाक तोड़ दी। एक थेरेपिस्ट ने मुझसे कहा कि मैं ख़ुद को पुलिस के हवाले कर दूँ। यह एक चीनी-अमेरिकन लड़की है। बाद में वह एक प्रोफ़ेसर के साथ भाग गयी, जिसकी एक बीवी और बच्चे थे।

एक क्राइसिस सेन्टर में एक जवान थेरेपिस्ट ने मेरी देखभाल शुरू की। वह बोली : 'तुम बीमार नहीं हो। तुम जाने के लिए आज़ाद हो।'

समलैंगिक मुक्ति। मैंने अपना नज़राना चुकाया। रेशमी रूमाल, ओवरऑल, नन्ही ब्लाउज़, बनियान, जेवर, आँख के मेकअप, वज़न घटाने वाला खाना, लम्बे बाल, रोज़ाना हज़ामत, गार्बो हैट्स, हील वाले जूते। जुलूस, लेक्चर, फुसलाना : तुम क्या बस नज़ारे देखकर मज़े लेते हो? दर्द में चीखते हुए : बिना अधिकारों वाला एक विदेशी। इंडियानापोलिस के ब्लैक लोगों के साथ डिस्को डांसिंग। कोई भी 'एक रानी' को नहीं चुनेगा।

लड़के सेक्स का पहला अनुभव लेने के लिए मुझे खोजते हैं।

एक बच्चों वाले शादीशुदा प्रोफ़ेसर ने आख़िरकार यह तय किया कि वह गे था। उसने यह पता लगाने के लिए अपनी बीवी को मुझसे बातचीत करने भेजा कि समलैंगिक लोग कैसे होते हैं। यह बात मुझे अच्छी लगी, मगर बीवी को नहीं।

मेरे जीवन का अकेला प्रेम पत्र एक साहित्य ग्रेजुएट ने लिखा था : 'मेरी ख़्वाहिश है कि तुम मेरे केन्द्र को बेध डालो...मैं चाहता हूँ कि तुम दायरों को नचाओ।' मैंने नचाया। इसी तरह चार पन्ने। हम सबको बड़ा मज़ा आया।

लेन ने मेरा एक न्यूड फ़ोटो लिया; नैन्सी का 'प्रॉप्स' वाला : गहरी सर्दियों में एक येरुसेलम चेरी के साथ।

लेन दक्खिन से था, वह तम्बाकू उगाने वाले एक परिवार से आता था। उसके तौर-तरीक़ों में दक्खिनी लाल मिट्टी का तीखापन, उसकी नाज़ुक घनी हरियाली और रहमदिल अन्दाज़ था।

मार्टी ने पेस्टल से कुहासों को आँका। 'उसकी पीठ पर कैसा पैटर्न था/उसके खाके को बनाया और दबाया गया था?' आधी रात को वह डिनर पर आया। मैंने एक के बाद एक कई सिगरेटें पीं और फिर एक के बाद एक कई बार ब्रश किये ताकि मेरी साँसों में एक ताज़गी आ जाये। अगर वह मेरे साथ सोया तो वह अपने 'मर्दाने' दोस्तों के बीच अपनी हैसियत खो देगा। मुझे उसे छोड़ देना पड़ा। उसने एक कारखाने की नौकरी के लिए पेंटिंग छोड़ दी थी। उसकी माँ ने इसका इल्ज़ाम उसकी प्रेमिका पर लगाया।

सड़कों पर चलते हुए मैं सुबह होने तक त्चायकॉव्स्की का वायलिन कॉन्सर्टो सुनता रहता। किसी वक़्त मैंने संगीत सुनने से मना कर दिया था। वह मेरे पिता की दुनिया थी। वे और मेरी बड़ी बहन जाग-जाग कर और अँधेरे में बैठकर मोत्सार्ट को सुनते रहते। यह एक ऐसी दुनिया थी जिसमें दाख़िल होने की मुझे इजाज़त नहीं थी। एक दुनिया जो पिता और बेटी की साझी दुनिया थी। मैंने बूलेज़ को डैफ्निस और क्लोई कन्डक्ट करते हुए सुना, मानो एक पाकीज़ा जगमग के ऊपर एक रूह फ़िक्रमन्द हो। माहलर एक जुनून बन गया। ऑपेरा भी। 'आह लूचिया ऑफ द फाउंटेन्स/वॉकिंग द ग्रास/अ स्टारलिंग इन ईच आयी।' (आह फ़व्वारों की लूचिया/चलते हुए घास पर/चमकती चिड़िया दोनों आँखों में)

लान्दिनी का 'लैमेन्ट ऑफ त्रीस्टन' मुझे उन गीतों की याद दिलाता जो मेरी अम्मी गाया करती थीं। शोपें को जिस तरह गिओमार नोवाएस ने बजाया, कोई और नहीं बजा सका। या मोफो ने जिस तरह गाया, या फिर काल्लास की तरह कोई पागल लूचिया नहीं बन सका। मैं दिन में सोता और रातों को संगीत सुनते हुए जागा करता। अ क्लॉकवर्क ऑरेन्ज देखने के बाद मैं सो नहीं सका। सुबह की पहली रोशनी के साथ मुझे नींद आ गयी और मैं दोपहर में उठा जब योसेफीन याकोबसन रेडियो पर बोल रही थीं : 'ऑल नीड इज़ ड्राई/रेन इज़ अ मेटाफ़र।' (हर ज़रूरत रूखी है/बारिश एक रूपक है।)

मुझे अपने शिक्षक बहुत पसन्द थे। वे एक कवि थे और मेरे लेखन की तारीफ़ करने वाले पहले शख़्स थे। एक बार जब मेरा उनसे मनमुटाव हो गया, मैंने सपना देखा कि मैं एक पुल तक पैदल गया, कपड़े उतारे, रेलिंग पर खड़ा हुआ, फिर फ़ैसला किया कि नदी में नहीं कूदूँगा, नीचे उतरा, कपड़े पहने, घर लौट आया। 'मुझे सिर्फ़ तुम्हारी मुस्कान चाहिए, अजीज दोस्त।'

पिता ने भारत से बहन को भेजा। 'ये शोफर के साथ सोने लगी है', उनका कहना था। उसने एक अमेरिकन से दोस्ती की और गर्भवती हो गयी। बड़ी बहन ने ज़ोर देकर उसका अबॉर्शन कराया। छोटी बहन को वापस पिता के पास भेज दिया गया। वही पिता जिन्होंने चुपचाप दोबारा शादी कर ली थी।

बड़ी बहन ख़ुद डेविड के साथ चार बरसों से रह रही थी। वह काम नहीं करता था, वेल्फेयर सेवाएँ भी कबूल नहीं करता। पिता ने पैसे देने बन्द कर दिये थे। इसलिए बहन अपना और डेविड का गुज़ारा करने के लिए खिड़कियाँ साफ़ करने पर मजबूर थी।

कार्मेला ने मदद की पेशकश की : उसी तरह जिस तरह क़ैदखाने में क़ैदी एक-दूसरे से सहानुभूति रखते हैं। मैंने बहन को 400 डॉलर भेजे।

कस्बे के ट्रांससेक्सुअल लोगों का एक दल आया : 'अब तुम्हारी बारी है।' मैंने जनाने कपड़ों को परे कर दिया, मर्दों की पोशाक पहनी। कोकोमो में उन्होंने एक ड्रैग शो रखा था, जहाँ वे मुझे लेकर गये। हम इंडियानापोलिस में एक ड्रैगक्लब 'द डोर' में भी गये, जहाँ एक ब्लैक तानिया टाइरेल को 'इंडियाना में पहली लाइव सेक्स-ट्रांस्प्लांट' के रूप में प्रचारित किया गया था। ऑपरेशन महँगा था। इसका ख़र्च ब्वॉयफ्रेंड्स ने भरा, जिनसे बाद में उसने रिश्ता तोड़ लिया, या फिर क्लब मैनेजरों ने, जिनको लड़कियों ने 'छोड़' दिया था ताकि वे एक तरह के बन्धन से बच निकलें।

'स्प्लाइस एंड पुश' ऑपरेशन से योनि बनायीं गयी। उम्मीद की गयी थी कि हॉर्मोन थेरेपी, सिलिकॉन ट्रीटमेंट, इलेक्ट्रोलिसिस और साइकोथेरेपी से 'एक मर्द में छिपी हुई औरत की रूह' में से एक बिल्कुल नयी औरत तैयार होकर निकलेगी। लेकिन दस वर्षों के तजुर्बे ने दिखाया कि यह नयी शख़्स पहले के मुकाबले कोई ज़्यादा ख़ुशहाल नहीं थी। तब पूरा मन्सूबा ही छोड़

दिया गया। एक नामौजूद बीमारी के इलाज के लिए नकली मर्दों और औरतों को बनाने का एक नकली तरीक़ा।

पाँच की उम्र से मार्क ने बाल सँवारने शुरू कर दिये थे। उसके पिता शराबी थे। उसकी माँ ने दोबारा शादी कर ली थी। उसकी दादी ने उसकी माँ को कभी माफ़ नहीं किया। मार्क अपनी दादी के साथ वक़्त बिताता जिनके पति और बेटों की मौत हो चुकी थी। उन्होंने मार्क को बाइबल पढ़ना सिखाया था। उसका एक भाई भी था जो गे था। वह एम्स्टर्डैम में समलैंगिक शादी करना चाहता था। मार्क समाज के ख़ौफ़ में जीता था लेकिन वह अपने ट्रांससेक्सुअल दोस्त माइकेल के साथ खड़ा हुआ जिस तरह वह मेरे साथ खड़ा हुआ। उसने अपने पूरे जीवन काम ही किया था। जिन लोगों को चाहिए था कि उसका ख़याल रखते उन्होंने उसकी कोई मदद नहीं की। तब मार्क ने आख़िरकार अपना अच्छा-ख़ासा पेशा छोड़कर ख़ुद को एक 'प्रेमी' के भरोसे छोड़ दिया।

संयोग से द डायरी ऑफ़ अनाइस निन हाथ लगी : 'अपने दर्द को दास्तानों में बदल दो।' अनाइस निन और मेरे बीच ख़तों का सिलसिला शुरू हुआ : 'जो लोग मुझ पर नारसिसिज़्म का इल्ज़ाम लगाते हैं वे इस शब्द का मतलब नहीं जानते। जिन औरतों की मैंने मदद की है, शुक्रिया कहते हुए लिखी गयी उनकी चिट्ठियों से इसकी उल्टी बात साबित होती है।'

डैनिएला फ़ोन पर मुझे अनाइस निन को पढ़कर सुनाती है : 'फरिश्ते आसमान में नहीं बल्कि समन्दर के तल में रहते हैं।' डैनिएला को 'गोल्डेन गर्ल डिजीज़' है–अनोरेक्सिया नेर्वोसा[3] उसके पति डैनिएल ने द क्लाउन पर लिखा है। डैनिएला को खाने को लेकर सनक थी, उसे स्मोक करने की ज़बरदस्त आदत थी, उसे हमेशा किसी-न-किसी बात की बेचैनी रहती थी, और वह एक खुले दिल वाली मेज़बान थी। उसके भीतर कविता को लेकर एक सहज और गहरा लगाव था। उसके पिता इंडोचाइना में मलेरिया से चल बसे थे। उसकी माँ ने फिर कभी शादी नहीं की। डैनिएला उनतीस की उम्र में कैंसर से चल बसी। 'मैं अन्दर से टूट गयी हूँ, अब मैं प्रार्थना नहीं कर सकती,'

3. इसके शिकार लोग मोटापे के डर से खाना कम कर देते हैं।

उसकी माँ ने मुझे लिखा। डैनिएला के पति मज़हबी हो गये। एक ईस्टर पर डैनिएल ने एक शोकगीत मुझे भेजा, जो मैंने उनकी बीवी की मौत पर पिछले गुड फ्राइडे को लिखा था। शायद सारी कला ऐसे ही यादों को बुलाने की एक कार्रवाई है, कब्र के उस पार एक पुकार।

एक दावत पर टेनेसी विलियम्स एक घण्टे देर से पहुँचे। बढ़ती उम्र वाले दो नौजवानों ने उन्हें सहारा दे रखा था। उन्होंने आउट क्राई नाम से एक भाई और एक बहन के बारे में एक नाटक किया। यह किसी पुराने नाटक पर आधारित दो किरदारों वाला एक नाटक था। उस शाम वे फर्स्ट ईयर में पढ़ रहे सुनहरे बालों वाले एक लड़के से बातें करते रहे ('मैं एक समलैंगिक नहीं हूँ') जिसको ग़लती से लगा कि वे द ग्लास मनैजरी के टॉम हैं, नाटककार टेनेसी विलियम्स नहीं। वह इतने नशे में थे कि बात भी नहीं कर पा रहे थे।

विलियम्स की आत्मकथा में एक बढ़ती उम्र वाली रानी की बर्बादी का बयान है। यह एक उदास क़िस्सा है।

एक फरिश्ते में बेख़ौफ़ मज़बूती होती है, लेकिन जब मौत क़रीब आती है तब मज़बूती विदा हो जाती है और ख़ौफ़ लगातार बढ़ता जाता है। सबसे बड़ी पाँच निशानियाँ ये हैं : किसी वक़्त बेदाग रहा लिबास गन्दा हो जाता है, फूलों की चोटी के फूल मुरझा कर गिर जाते हैं, काँख से पसीना बहने लगता है, एक बदबू देह को आगोश में ले लेती है, फरिश्ता अब अपनी वाजिब जगह पर ख़ुश नहीं रह जाता है।

एक बौद्ध ग्रन्थ

क्रूज़िंग : छोटी-छोटी कोठरियों (स्टॉलों) में पॉलिश किये हुए पत्थर के पैनल लगाकर टखनों के ऊपर से सिर की ऊँचाई तक ओट बनायी गयी थी। स्टॉलों के बीच में पर्चियों के ज़रिये सम्पर्क किये जाते थे। नौजवान जिस्मों की ख़्वाहिशें थीं और सबमें उन्हें पाने की होड़ थी। लड़के घुटनों के बल एक-दूसरे तक पहुँचते। चेहरे कभी नहीं दिखते। ऑर्गेज़्म के पल में सिर्फ़ खाली दीवार सामने होती। यही था दर्द, ख़ुशी, ग़म, निजात। बरसों तक लोग ऐसा ही करते रहते : मुख्य मंज़िल, पहली मंज़िल, तलघर, पाँचवीं मंज़िल।

वाइस स्क्वाड का सार्जेंट फ्लड लोगों को झाँसे देता, समलैंगिक लोगों की दुनिया के राज़ पूछता, दुकानों से चोरियाँ करने या नशीली दवाएँ लेने जैसे दूसरे अपराधों के लिए समलैंगिक लोगों पर मुकदमे चलाकर सज़ाएँ दिलाता। एक बार उसने मुझे भी बुलावा दिया लेकिन मैं उसके जाल में नहीं पड़ा। अपने समलैंगिक होने की बात दूसरों के आगे कबूल नहीं कर सके लोगों ने टॉयलेट की दीवारों पर सन्देश लिख छोड़े थे। उन्हें शोषण से ज़्यादा अकेलेपन की तकलीफ़ थी।

एक दूसरा रास्ता था प्रेमी खोजने का।

प्रेमी के रूप में वह एक चिड़चिड़ा शख़्स था : केन को साहित्य से, समाज से, ख़ुद से, और प्यार से नफ़रत थी। देखने में वह ख़ूबसूरत था और मैं भीतर तक उसकी ख़्वाहिश से भरा हुआ था। उसे तैरते और शावर लेते देखना मुझे पसन्द था। लेकिन उसे अपने भीतर की औरत से नफ़रत थी, इसलिए मेरे भीतर की औरत से भी। वह कल्पना करता कि उसके भीतर जो जज़्बात हैं वे असल में दूसरों में भी हैं। उसे अपने आप से जो नफ़रत थी, उसके नतीजे में वह दूसरों के भीतर बनी अपनी छवि को भी तोड़ता रहता था। उसे अपनी जड़ों से नफ़रत थी। उसके माँ-बाप ईमानदार, मेहनती मध्यवर्ग से थे। कामकाज को लेकर उनका नैतिक नज़रिया केन के चिड़चिड़ेपन, आलस और कामयाबी को लेकर झूठे मूल्यों के साथ मेल नहीं खाता था। जीवन को सहारा देने वाले भ्रमों से उसको नफ़रत थी और दूसरे लोग जिस तरह के वहम रचते रहते थे वह उन्हें तोड़ना पसन्द करता था। लेकिन वह ख़ुद फर, महँगे कपड़ों, परफ्यूमों, मेकअप, और यहाँ तक कि प्लास्टिक सर्जरी कराने की फन्तासियों में जीता था। उसके ख़याल में औरत होने का मतलब था एलिज़ाबेथ टेलर होना। वह मेरे साथ नहीं सोता। मैंने कोशिश की कि मेरे मन में इस बात पर जलन न हो : "तुम दूसरों को जो देते हो वह हमसे छीनकर नहीं देते", लेकिन वह मेरे कमरों में चोरी छिपे लड़के लेकर आता। मैं उसका ख़र्च उठाने के लिए काम करता था, और वह क्रूज़िंग करता था। दुकानों से सामान चुराने के इल्ज़ाम में सार्जेंट फ्लड ने उसे जेल भिजवा दिया। मैंने कोशिश की कि उसे छुड़ा लाऊँ।

केन मेरे भारतीय तौर-तरीक़ों की नकल करता था। मेरी कविताएँ वह अपने दूसरे प्रेमियों को दे देता। अपने पुराने प्रेमियों से उनके क्रेडिट कार्ड चुरा लेता। मैंने केन को सात महीनों तक रहने दिया। मैं निजात की तलाश में था, रूह की निजात की तलाश। मुझे इस बात का कसूरवार होने का अफ़सोस होता था कि मैंने अपनी मदद करने वाले दोस्तों को दग़ा दिया था। मुझे इसके लिए सज़ा मिलनी चाहिए थी, उसी तरह जैसे मैंने अपनी अम्मी पर हमले के कसूर की सज़ा ख़ुद पर हमले के ज़रिये पायी थी। मुमकिन है कि मैं डेविड के साथ अपनी बहन के रिश्ते, और पिता के साथ अम्मी के रिश्ते को दोबारा जी रहा होऊँ। मैंने केन में अपने किशोर जीवन को देखा और उसे दुनिया से बचाने की चाहत मुझमें थी। लेकिन वह एक चिड़चिड़ा इन्सान था क्योंकि उसका वजूद किसी ठोस बुनियाद पर नहीं टिका था। मुझे साहित्य में भरोसा और लगाव था, इसलिए उसने अपनी ज़िन्दगी को एक परीकथा बना दिया। तब मुझे फ्रॉयड में यक़ीन हुआ करता था, इसलिए उसने अपनी बेरहमी को जायज़ ठहराने के लिए काल्पनिक दर्द और मानसिक तकलीफ़ों की कहानियाँ गढ़ीं। वह एक खोया हुआ इन्सान था। उसने अपने माँ-बाप के आगे मेरा भेद खोल दिया था। उसके पिता ने मेरी तौहीन की, हालाँकि उसकी अम्मी ने उन बारीक नज़रियों और समझ की तारीफ़ की जो उन्हें मुझमें दिखी थीं। वे एक बहादुर औरत थीं। वे कोयला खदान मज़दूरों के परिवार से आती थीं। मैं उन्हें जो किताबें भेजता वे पढ़तीं और साइकोथेरेपी कराने को भी तैयार थीं। एक तकलीफ़ में डूबी हुई मैडोना के मेरे किरदार को केन जैसा एक माकूल विरोधी मिल गया था।

कविताएँ एक ख़ूबसूरत वहम की बात करती हैं। आर्तुरो विवान्ते ने मुझे दान्ते को पढ़कर सुनाया : 'जिसने ख़ुद मुहब्बत से प्यार किया हो, वह माफ़ी पसन्द करता है।'

ब्रिजपोर्ट में भरी थी समन्दरी चिड़ियों की आवाज़ें, वहाँ की पुएर्तो रिको की आबादी, उसका शेक्सपियर फेस्टिवल, और न्यूयॉर्क से आया हुआ एक अभिनेता डैनियल। वह न्यूयॉर्क की ज़िन्दगी जीता था। सेंट्रल पार्क में बच्चों का रंगमंच, साउना में अलौकिक ध्यान, रंगमंग की महफ़िलें, सेक्स के बदले में

नाटकों में भूमिकाएँ, उसके जिस्म के लिए पैसों की पेशकश, हाइड्रोप्लेन्स की यात्राएँ जिन्हें वह टाल देता। निजी मीटिंगें सार्वजनिक काम बन जाते। अंकल वान्या में हमने जूली क्रिस्टी और लिलियन गिश को देखा : 'प्यारे अंकल, हम साथ रहेंगे और काम करेंगे। काम।' सोनिया का अन्तिम दृश्य। सुज़ेन नाम की शिकागो की एक नौजवान अभिनेत्री भी डैनियल के इश्क में थी लेकिन वह इसकी अनदेखी कर रहा था। उसे गिश पसन्द आयी और हम बैकस्टेज़ पर गये। उस बुज़ुर्गवार अभिनेत्री में चिड़ियों के परों जैसी एक पाकीज़गी थी जो दूसरों में नहीं मिलती थी। एक नन्ही क़मीज़, जूड़े और अपनी छोटी-सी कद-काठी में जूली क्रिस्टी उससे काफ़ी अलग लग रही थी जब उसने अपने लम्बे से स्कर्ट और बूफेंट विग में हेलेना का किरदार अदा किया था।

5 नवम्बर को मेरा छब्बीसवाँ जन्मदिन था, जिस दिन हमने एक मीटिंग तय की। सारी सुबह सुज़ेन बोलती रही। अपने गर्भपात के बाद वह अभिनय नहीं कर पायी, उसमें एक करियर के लिए माँ की भूमिका को ठुकरा देने का कसूरवार होने का अहसास था। उसके एक दिन पहले मैंने सार्वजनिक रूप से पहली बार अपनी कविताएँ पढ़ी थीं। उसके बाद हम देर तक दावत में मशगूल रहे। सुज़ेन जानती थी कि वह मेरी पहली औरत थी। वह बेहद सहनशील थी और उसने ख़ुशमिज़ाजी बनाये रखी। मैं एक ऐसा मसख़रा लग रहा था जो किसी ड्रैगन को मारने का दम भर रहा हो। आख़िरी पल को मैं जितनी देर टाल सकता था, मैंने टालने की कोशिश की। सुज़ेन ख़ुद भी मस्ती के लम्बे दौर की कला जानती थी। उसने कपड़े उतारने में तीन घण्टे लगाये। होज़, स्कर्ट, कमीज़, पैंटीज़। उसके साथ प्यार करने के बाद मैं रोया। हमने साथ नहाया। उसके बाद वह सो गयी, और मैंने एक कविता में सुज़ेन में सराबोर होता रहा। औरत, अभिनेत्री, लड़की, देवी, एक मन्दिर, धरती में एक दरार, अमेरिका। अभी-अभी हासिल हुई मेरी ज़मीन।

इबादत दूरी में बदल गयी, और दूरी नफ़रत में। आख़िरकार आयी बेपरवाही। सुज़ेन को जब मैंने अन्तिम बार कॉल किया, वह एक यहूदी अभिनेता के साथ रह रही थी और उसने एक और गर्भपात कराया था।

विक्टोरिया एक यूनानी सिटी काउंसिलमैन की बेटी थी। उसने अपनी ब्रेसरीज़, इयर रिंग्स और एक फेज़ पहने हुए नाचने के लिए अपने कमरे में

बुलाया। क़ायदा यह था वह मुझे हाथ नहीं लगाती लेकिन मुझे इसकी इजाज़त थी कि मैं बाक़ायदा उसे ऑर्गेज़्म का अहसास कराऊँ। मेरे जिन दोस्तों ने हम दोनों को साथ में देखा उन्होंने मुझे बताया कि वह ऐसे पेश आ रही थी जैसे वह मेरे प्यार में हो, लेकिन मुझे इसका पता नहीं चला। एक महफ़िल में उसने अपने सभी मेहमानों पर कोलोन की बारिश की। उसके यूनानी पिता ने उसे यूनान बुला लिया।

ख़ूबसूरत फ्रांसेस भी एक पिता की ही औलाद थी। वह सख़्त मर्दों से आजिज़ आ गयी थी और इसलिए उसे मेरे साथ दोस्ती की ख़्वाहिश थी। उसने मेरी इबादत और मेरी कविताओं को क़बूल किया, लेकिन प्यार करने से उसने मना कर दिया। उसका प्रेमी एरिजोना से उसके पीछे-पीछे आया और फ्रांसेस अपनी शादी की ख़ुशी में डूब गयी। लड़कों को परेशानियों से बचा लिया गया। लेकिन जब शादी के बाद उसने मुझसे दोस्ती करनी चाही तो वर्जिल ने मुझे सावधान रहने की सलाह दी।

मैं जब 'ट्रॉपिक्स ऑफ कैंसर' पढ़ा रहा था तो 'डीन ऑफ वुमेन' (एक पूर्व नौसेना अधिकारी) के पास मेरे एक छात्र की माँ ने शिकायत की। आनन-फानन में मेरे छात्रों को मुझसे छीन लिया गया। मेरे सहकर्मियों ने विरोध जताया। लिटरेचर डिपार्टमेंट के अध्यक्ष मेरी बात सुनने को राज़ी हुए। मैंने दलील दी कि विज्ञान में नाकाम रहने वाले वैज्ञानिकों की तारीफ़ होती है, लेकिन साहित्य और शिक्षाविज्ञान में नाकाम प्रयोगों को बस ख़ारिज ही कर दिया जाता है। मैंने साफ़-साफ़ यह भी कहा कि मैं ऐसा कुछ भी नहीं पढ़ा सकता हूँ जिसे मैंने अपने जीवन में सच नहीं पाया हो। 'कोई भी बनी-बनायी चीज़ मेरे काम की नहीं है। मुझे हर चीज़ को ख़ुद बनाना पड़ा।' राहत की बात, मुझे मेरे छात्र वापस मिल गये।

एक प्रोफ़ेसर की बीवी ने मुझसे अपने पति की बेवफ़ाई के बारे में बात की। मगर क्या मैंने इस बीवी को अपने पड़ोसी के यहाँ आते-जाते नहीं देखा था, जो एक लेखक था? नहीं, मैंने नहीं देखा था। उसके पति ने लिटरेचर डिपार्टमेंट में प्यार पर मेरी चर्चा को दबाने की कोशिश की थी। उनके दो बेटे थे, बड़ी उम्र के। बीवी एक ऐसी शादी को प्रतिबद्धता से निभाये जा रही थी जिसमें बीस

बरसों में उसे कोई जिस्मानी सुख नहीं मिला था। मैंने उसे सलाह दी कि वह तलाक़ ले ले। वह मेरी साहस की कद्र करती थी कि मैं एक छोटे से कस्बे में इस तरह खुलेआम बेधड़क रहता था। उसके दोस्तों ने शारीरिक जाँच के लिए उसे भेजा (वही पुराना गुनहगार-मेनोपॉज़)। और फिर एक मनोवैज्ञानिक के पास। किसी ने भी यह नहीं सोचा कि ये सुझाव पति को भी दिये जा सकते थे। वह एक उदारवादी था। लेकिन उसने धौंस का इस्तेमाल करते हुए अपनी बीवी को शादी में अपने साथ रहने को मजबूर किया था। मैंने उस औरत को अपनी कविताएँ सार्वजनिक रूप से पढ़ने का हौसला दिया। मेरे पड़ोसी लेखक ने अपने प्यार के बारे में एक कहानी प्रकाशित करायी। लोगों में चलने वाली कानाफूसी और चर्चाओं ने एक पनपते हुए रिश्ते को शुरू होने से पहले ही कुचल दिया। उस औरत ने मुझे एक कविता लिखकर भेजी :

फुर्तीले साँवले हाथ
सुलझाने लगते हैं उलझी हुई इबारत
कमनिगाही की शिकार हमारी दुनिया
इसे देना है एक मोड़
नयी शुरुआतें
हमारी मुड़ी हुई हथेलियों में
और रोना है बार बार, हर साँझ
मनाना है पूरब को कि हमारे लिए लेकर आये सवेरा
और रोशनी को दे एक गोल चेहरा
अगर रात फिर से आये
हौले से, अब हम झूमेंगे
समन्दरी घास या हंसों के सिरों की तरह

कुछ साल पहले ब्रेन ट्यूमर से उसके पति की मौत हो गयी और उसने मेरे साथ अपनी दोस्ती ख़त्म कर ली। वर्जिल की प्रेमिका को और उसको मैं बदलाव से गुज़र रही अमेरिकी औरतों की निशानी मानता हूँ।

वर्जिल की प्रेमिका मेरी ज़िन्दगी में संगीत लेकर आयी थी। अपनी ज़िन्दगी को उसने काम से भर रखा था। उसने तय कर रखा था कि वह मौज-मस्ती

कम करेगी और अकेले रहेगी। एक ईस्टर को उसने मेरे दरवाज़े पर लाकर राशन-पानी रख दिया : 'अब तुम और अनाइस इश्क का त्योहार मनाओ।'

मेरी बहन अब डेविड से अलग हो गयी थी, जो अब एक सफल बैंकर बन चुका था। वह पॉल के साथ रहती थी, लेकिन उसका इरादा उससे शादी करने का नहीं था। यह वैसा ही था मानो आरियाद्ने थीसियस और डायोनिसियस तथा अपने सच्चे पति मिनोटावर के बीच में तय नहीं कर पा रही हो। लेकिन उसने अपनी राह देख ली थी। वह भूलभुलैये से बाहर आ गयी थी। मैं उसके लिए ख़ुश था। लेकिन उसके पहले उसे बीमारी की तकलीफ़ झेलनी पड़ी। (उसकी बीमारी के वक़्त मैं उसके पास नहीं था।)

मेरी बहन ने मेरा हौसला बढ़ाया कि मैं एक प्रेमी से मिलने के लिए स्विट्ज़रलैंड हो आऊँ। इस प्रेमी को मैंने न्यूयॉर्क रिव्यू ऑफ़ बुक्स में 'पर्सनल्स' में से चुना था। कुछ समय से मैं द एडवोकेट में समलैंगिक विज्ञापनों के बड़े जोश-ख़रोश के साथ जवाब लिखा करता था। हस्तमैथुन पर जीने वाले कई लोगों ने दूर-दूर से जवाब भी लिखे। मुझे इस तरह के जवाब मिले। लॉस एंजेलेस में एक अकाउंटेन्ट ने मातहत बीवी बनने की पेशकश की, ब्लू आइलैंड (शिकागो) में हिन्दू दर्शन, वाउकेगन में एक पोर्नोग्राफ़िक प्रेमालाप, और एक बर्कले प्रोफ़ेसर ने एक पैसिफ़िक पनाहगाह की तस्वीर दिखायी। 'मैं जब लिख रहा होता हूँ, मेरी खिड़की के सामने से व्हेलें गुज़रती हैं।' मैंने स्विस को चुना, जो एक छोटा-मोटा डिप्लोमैट था जिसने देखने के बाद मुझे 'एक मैन्ड्रेक' कहा। उसका दावा था कि वह सदी की सबसे बड़ी (फौजी साज-सामान) की बिक्री में लगा हुआ था और ठीक एक दिन के बाद उसने अपने होटल के कमरे से मुझे निकाल-बाहर कर दिया।

III

उपद्रव महासागर

1976-1979

मुझे वेस्ट बैंक, इज़रायल के एक कॉलेज में पढ़ाने की एक नौकरी की पेशकश की गयी। अमेरिका में मेरी ज़िन्दगी ख़त्म हो चुकी थी। मैं साहित्य की ज़िन्दगी जीते-जीते थक चुका था। मैंने बिना डिग्री लिए ही देश छोड़ दिया। नीन पर किताब भी अभी शुरू नहीं हुई थी। वर्जिल ने कहा, "मुझ पर भी गोलियाँ दागी गयी थीं और मैंने भी गोलियाँ दागीं। मैं बेवकूफ़ों के साथ रहा हूँ। अभी भी मेरे पास उन जापानियों के पर्स में मिली पारिवारिक तस्वीरें हैं, जिन्हें लड़ाई में मैंने मारा था।"

दूसरों के बारे में सोचो।

मैं जेरुसलेम के लिए रवाना हुआ।

मैं एक ऐसे वतन को जा रहा था जो किसी हुकूमत की ज़मीन नहीं थी। मृत सागर। महासागर चन्द्रमा पर उपद्रव।

बोईंग 747 में जड़ों से उखड़े हुए बेघर लोगों को बड़ी विलासिता से एक से दूसरी जगह ले जाया जा रहा है।

परमिट और वीज़ा हिब्रू में लिखे जाते हैं ताकि अरब लोग उन्हें पढ़ न पायें। अर्जी देने वाला हरेक इन्सान संदिग्ध है। पहले आप दरवाज़े के बाहर से फ़ोन से बात करते हैं, फिर उसके बाद डेस्क पर बुलाये जाते हैं जो बुलेटप्रूफ़ ग्लास के पीछे है। आप कोन्सुल को देख नहीं सकते। एक बार इत्तिफ़ाक़ से कोन्सुल के अपने सीधे फ़ोन नम्बर पर उससे बात हुई। अगर आप उससे बच

भी जायें, सरहद पर गश्ती दल तैनात हैं। उनके पास बन्दूकें हैं लेकिन उनके आला अफ़सर भी नज़रों से छुपे हुए हैं। कभी-कभी वे भारी भरकम दोस्ताना लगने वाले कुत्ते छोड़ते हैं जो डाक टिकट की गोंद से लेकर खुली चायपत्ती तक को सूँघकर पता लगाते हैं। वे फैंटेसी के जुर्म में भी लोगों को विदेशी सरकारों के हवाले कर सकते हैं।

नहीं। किसी ने कहा कि नहीं। 'आपके पास 30 डॉलर कम हैं। आप जेरुसलेम नहीं जा सकते।' अब मेरा भटकना शुरू हो चुका था।

एक आदमी ने रेगिस्तान में मुझे पानी पिलाया।

जेरश, मुर्दा शहर। सुर्ख लाल पत्थरों का रंगमंच। किसी वक़्त यहाँ काफ़ी पानी हुआ करता था। कहा जाता है कि वीनस साइप्रस में समन्दर से निकली थी। पेनेलोपे ने जायरे में एक प्लान्टेशन खो दिया था, किरेनिया में एक घर और निकोसिया में एक होटल चलाती थी। उसके पति की योजना सपनीले घर बनाने की थी।

दूध पिलाती हुई माँ फैनेरोमेनी एक मशहूर निशानी बन गयी थी।

मुफस्सिल का क़स्बा : कलाकारों ने मुझे ख़ारिज कर दिया। अपने पति, दोस्त और बच्चों के बीच कवि कैथलीन स्पिवाक मुझे लेकर रहमदिल थीं : 'मैं तुम्हारी दुनिया में दाख़िल हो सकती हूँ।' आर्तुरो मदद नहीं कर सका।

मेरे स्कूल की एक दोस्त और एक पेंटर एन अब जिम के साथ रह रही थी जो थोड़ी-बहुत शोहरत रखने वाला एक पुराना कलाकार था। एन के पिता चल बसे थे और वह नौजवानों से आजिज़ आ चुकी थी। जिम पूर्णिमा के चाँद को रेशमी पर्दों पर उकेरने के लिए मशहूर था। उन्हीं दिनों एक दुर्लभ चन्द्रग्रहण हुआ और उसे देखने के लिए वे डून्स गये। एन मोनेट में कुछ नयी बातें देख पा रही थी और उसने मुझसे कहा कि मैं एक पोर्ट्रेट के लिए उसके साथ बैठूँ। वह इंडियाना से अपने साथ अपनी बिल्ली मैगी ले आयी थी और जिम ने बड़ी लगन के साथ उसके लिए पट्टियों वाली एक खिड़की बना दी थी ताकि जब भी उसका जी चाहे वह स्टूडियो से बाहर जा सके। बेशक उसमें भी पूरे चाँद बने हुए थे।

मेरी ज़िन्दगी उन कमरों का इतिहास बन गयी जिनमें मैंने अपने दिन गुज़ारे थे। पूरा घर जिसे मैं इसलिए छोड़ने को तैयार था क्योंकि वह पूरा हो गया था, निकोसिया का होटल का कमरा जहाँ मैंने यूनानी फ़ौजियों का मनबहलाव किया, समन्दर किनारे लकड़ी की तख्तियों का ठण्डा कमरा जहाँ मैंने रैगी संगीतकारों के कोड़े लगने के सपने देखे, एक दोस्त का कमरा जो एक नाव की मानिन्द ज़्यादा था, जिसके चारों ओर पानी था और जिसमें शीशे की खिड़कियाँ लगी थीं, गलीचों से सजी हुई मेरी अरब ख़्वाबगाह, बेलब्वॉय वाले होटल अल्बाट्रोस, एथेंस के कमरे, हीथ्रो के पास एक बॉक्स रूम जहाँ मुझे जलते हुए हवाई जहाज़ों के बुरे सपने आये।

लन्दन में मैंने यूरोपीय कवियों के अनुवाद पढ़े। मैंने ब्लेक्स के प्रिंट देखे, ब्रांकुसी का मूर्तिशिल्प देखा, ब्रिटिश म्यूज़ियम में मैंने अंग्रेज़ कवियों की जीवनरेखा देखी। यह ममियों का अजायबघर नहीं था। पोर्ट्रेट गैलरी में नौजवान वर्जीनिया वुल्फ थीं। 'पार्थेनॉन के बारे में क्या कह सकती हूँ? कि मेरा भूत मुझसे मिलने के लिए आया। तेईस साल की एक नौजवान लड़की जिसकी सारी ज़िन्दगी उसके सामने थी।' नायक टी.ई. लॉरेंस, दुबला और सूखा हुआ; रिचर्ड द्वितीय, उलझन और भ्रम में घिरा हुआ, जीवन्त और टीबी का शिकार डी.एच. लॉरेंस। अनाइस निन और दोस्तों के साथ मैंने केनेथ एंगर की फ़िल्में देखीं। फ़िल्म का साउंडट्रैक विवादास्पद था, इसलिए फ़िल्म उसके बग़ैर दिखायी गयी। इसकी वजह से उसे देखकर लगा कि हम एक धीमी साइलेंट फ़िल्म देख रहे थे। 'कौन था जिसे मैंने अपनी नींद में डूबते हुए सुना?'

वेर्साई से ज़्यादा अच्छा मुझे अनाइस निन का लुवेसिएन्नेस लगा। मैंने सपना देखा कि अनाइस मेरे हाथ को थामती और हम घास पर हौले-हौल उड़ते फिरते। एक-दूसरे सपने में वह एक अमेरिकी पिकनिक बेंच पर बैठी हुई, पीछे लहराते लम्बे दामन और लिबास पहने हुए, 'टु मेक' (बनाना) क्रिया के रूप बना रही थी। उसके और मेरे बीच एक बारिश थी जिसने उसे छुपा लिया।

नोट्रे डैम में मुझे ईश्वर से अपना अलगाव महसूस हुआ। पिछले कई बरसों में पहली बार मैं किसी चर्च में दाख़िल हुआ था।

सेंट पीटर में युवा ईसा की लाश को लिए मरियम की मूर्ति ने मुझे अपनी बहन के दर्द में डूबे चेहरे की याद दिला दी।

पेरिस : ऑरेन्गरी गैलरी में महारानियाँ। **ऐरोगारे :** बुढ़ाते कारोबारी मर्द बुढ़ाते लड़कों के लिए अपने लिबास उतारते हैं, लम्बी पपनियों वाले अल्जीरियाई हस्तमैथुन करते हुए चरम पर पहुँचते हुए, एक नन्हा मज़दूर जिसकी जेब में एक छेद है जो सीधे उसके लिंग तक पहुँचाती है, एक बदबूदार मुँह वाला नर्म आदमी मेरे जिस्म पर अपनी ज़ुबान फिराता है, एक नौजवान लड़के के साथ एक गिगोलो 'लेडीज़' में गायब होता है। 'तुम्हें ऑर्गेज़्म नहीं होता?'

प्राइवेट्स जो बोगार्ट जैसे दिखते थे! पिएर मुझे घर ले गया जहाँ अपने चूतड़ों को सामने किये एक कसरती नौजवान की तस्वीर लगी थी। वह मुझे बैरकों के पास के रेलवे स्टेशनों के बारे में बता रहा था जो छुट्टियों में नौजवान सैनिकों के घर चले जाने के बाद भुतहा लगते थे। मैंने सपना देखा कि मैं एक बारीक-सा बिन्दु था जो एक अँधेरी जगह में बस गिरता जा रहा था।

जेनीन ने एक कॉमिक्स स्ट्रिप इलस्ट्रेशन बनाने वाले से शादी की थी। उसके पति का शिक्षक जेनीन को प्यार करता था, जिसने शिक्षक की मरती हुई बीवी की बड़े लगन के साथ सेवा की थी। उसके पति ने उसके कहने पर जेनीन की पुर्तगाली दोस्त लड़कियों में से एक को चुन लिया। जब जेनीन अपने पति के पास लौटी, वह अपने नये प्यार में पूरी तरह सराबोर था हालाँकि लड़की वापस लौट गयी थी, लेकिन रिश्ते का मिज़ाज बदल चुका था। जेनीन ने एक स्टीरियो ख़रीदा और टैप डांसिंग सीखने की कोशिश करने लगी।

हाइडेलबर्ग में गढ़ की जगह उसका बाहरी ढाँचा भर था। यह अवास्तविक लगता था : हक़ीक़त असली है। हक़ीक़त अवास्तविक है। हक़ीक़त असली भी और अवास्तविक भी।

रेने को मुझसे प्यार हो गया। ब्रुसेल्स में उसका एक प्रेमी था : 'अपने प्यार को हमेशा दो में बाँटकर रखो, जो तुम्हें चोट से बचा सकता है।' जहाँ तक मेरी बात थी, मुझे रेने के दोस्त यूर्गेन से प्यार हो गया, जिसको मैं पसन्द नहीं आया।

मुझे जर्मन नहीं आती थी और मैं रातों को व्हिस्की–अ-गो-गो में डांस करने जाता। साम्बा पा ती की धुन पर मैं लेस्बियन ट्राउटे के साथ नाचा करता।

नौजवान जर्मनी में अकेले नाचना अच्छा माना जाता है। एक फ़िल्म से मैंने एक जर्मन बात सीख ली। 'हाबेन ज़ी आइन आइनहोर्न गेज़ेहेन?' (क्या आपने यूनीकॉर्न देखा है?) मैंने सेक्स पर पसोलिनी के दर्शन पर बनी फ़िल्म सालो देखते हुए साढ़े तीन घण्टे बिताये। फ़िल्म जर्मन में थी। मुझे कास्पार हाउज़र पसन्द आयी जो एक खोये हुए लड़के की कहानी है जिसकी माँ उसके प्रति अपनी जिम्मेदारी नहीं निभा पाती।

मैनफ्रेड ने मुझे बर्लिन के बाइसेक्सुअल लोगों के बारे में बताया। वे काजल लगाते थे और ख़ुद को 'सॉफ्टी' कहते थे। मैनफ्रेड से मैं ब्रिजपोर्ट पर मिला था और वह मेरी उम्र का पहला दोस्त था जो समलैंगिक नहीं था। वह क़ानून में पी एचडी कर रहा था, कार्लो स्पोन्ती नाम से एक ग़ैर-विचारधारात्मक वामपन्थी अख़बार निकालता था (कार्लो यानी कार्ल मार्क्स का कार्ल और स्पोन्ती यानी स्पॉन्टेनियस, स्वत:स्फूर्त), वह संजीदगी से आधुनिक फ़िल्मों का अध्ययन करता, जर्मन और प्रवासी मजदूरों को उनके अधिकारों के बारे में सलाह देता। उसने मुझे नौकरी देने वाले इन्सान के साथ बात की जिसने मुझे मेरे काम सम्बन्धी काग़ज़ात नहीं दिये थे। उसकी माँ हमें केक और खाने-पीने की चीज़ें भेजती रहती।

मॉर्गन दर्शन पढ़ाता था और कान्ट के बारे में किताब लिख रहा था। किसी वक़्त वह समलैंगिक हुआ करता था। वह एक लोकप्रिय शिक्षक था। उसका काफ़ी शोषण हुआ था। वह बहुत कम तनख़्वाह पर घण्टों-घण्टों काम किया करता था। उसने अपनी स्क्रीम थेरेपी करायी थी। एक चीनी औरत विनी उसको प्यार करती थी, जिसे अभी-अभी एक जर्मन ने छोड़ दिया था। और वे आपस में ख़ुश थे। विनी का प्रेमी एक ईरानी लड़की पर फ़िदा हो गया था, इसलिए वह शुरू-शुरू में मुझे लेकर शक किया करती थी, लेकिन मैंने जल्दी ही उसको भरोसा दिला दिया। जब उसका जर्मन प्रेमी लौट आया, विनी उसके साथ पेरिस चली गयी और मॉर्गन अमेरिका वापस चला गया।

मेरा एक थाई छात्र बैंकॉक के एक बार में अपने एक जर्मन दोस्त से मिला। जब साइगॉन का पतन हुआ तब मेरे छात्र ने अपने दोस्त को बचाया।

बदले में जब थाईलैंड में छात्रों के हिंसक प्रदर्शन शुरू हुए जर्मन ने थाई लड़के को जर्मनी बुला लिया। उन्होंने मुझे दिखाया कि एक समलैंगिक दोस्ती क्या हो सकती है।

डीटर भी यूर्गेन पर फ़िदा था। जब वह अपने दोस्त का ब्योरा मुझे बता रहा था, तब एकबारगी मैंने महसूस किया कि वह उसी आदमी का ब्योरा दे रहा था, जिससे मुझे प्यार था। लेकिन मुझे लगा कि कहीं इस बात से उसे दर्द न हो, इसलिए मैंने उसे यह नहीं बताया। हमने प्यार किया। उसको मेरी वजह से अपने एक एंग्लो-इंडियन दोस्त की याद आती थी जो कोलोन में रहता था। वह जिस कम्यून में रहा करता था, उसने मुझे उसमें बुलाया। ट्राउटे के साथ एक सुनहरे बालों वाला, चश्मे पहनने वाला, लम्बे बालों वाला हिप्पी रहा करता था। वे कम्यून भर के 'माँ-बाप' थे। उलि नर्म दिल वाला एक शराबी था। वे सभी ओल्ड एज होम में अपने मरीज़ों को उनके लालची रिश्तेदारों से बचाया करते थे। वे डिलन और थियोदोराकिस को सुनते। उन्होंने मुझे अफ़ग़ानिस्तानी काजल दिया। लेकिन एलएसडी देने से मना कर दिया।

रेने मुझे बाडेन-बाडेन में सिम्बॉलिस्ट रेट्रोस्पेक्टिव लेकर गया : बॉकलिन का 'आइल ऑफ़ द डेड', सुनहरा रेडॉन, क्लिम्ट का 'द किस'।

मुझे जर्मन काग़ज़ नहीं मिले।

इन्सानों ने एक-दूसरे को और ख़ुद को नापसन्द करना शुरू किया। हमारी खाल से एक जिस्मानी गन्ध निकलती जिसे हम और दूसरे जरा भी बर्दाश्त नहीं कर पाते।

फिर से निर्मित जर्मनी : जंग में ज़ख़्मी लोगों के जंग में ज़ख़्मी बच्चे, रेने उनमें से एक था। जब वह पाँच साल का था तब उसके पिता युद्धबन्दी शिविर से वापस लौटे थे, इस बात को वह कभी नहीं माफ़ कर पाया।

हिप्पियों ने मुझसे यूनान चलने को कहा। मुझे समन्दर के क़रीब जाना था।

आस्तिपालेआ : ओह थलस्सा! हर खिड़की में समन्दर है। जहाज़ की बगल से और उसके पिछले हिस्से से लड़के चिल्ला रहे थे 'दोल्फिनो!' चौखटों में बैठे ऊँघते हुए पति, सफ़ेद दीवारों वाले घरों के सामने काले हिजाबों में औरतें।

कोस : हिप्पोक्रेट्स का प्लाटेन पेड़, एजियन। पनाघिया, पतझड़ के मौसम में मरियम का पर्व, जो कभी कई स्तनों वाली एफेसियन डायना हुआ करती थी। नृत्य करते हुए जुलूस का एक अन्तहीन सिलसिला, ख़ुद इन्सानियत एक मेहराबदार गुफा से बाहर निकल कर आगे बढ़ती हुई जिसका कहीं अन्त नहीं लगता। तुर्की के ख़िलाफ़ मुस्तैद सिपाही। वायलिनों की करुण धुन। शिफ्टेटेली का नृत्य, जॉर्ज के साथ एक तुर्की हरम-नृत्य। सैटर की क़दमचाल के साथ शुरू होते हुए यह हाथों के पतंगे के पंखों की जैसी हरकतों में बदल जाता है। इसका अन्त कूल्हे की एक लचक पर जाकर होता है।

यूनानी चर्च।

पाउला ने अपने तम्बू में मुझे अपने पति के सामने बुलाया। यह बात मैंने मान तो ली लेकिन बाद में मुझे अफ़सोस हुआ। मुझे एक द्वीप पर लोगों के साथ रहने का सलीका सीखना पड़ा।

पॉम्पेई का विला देस मिस्तेरेस। नेपल्स संग्रहालय में एक सैटर जैसा दाढ़ी वाला डायोनिसस। ज्वालामुखी और सेरेन खाड़ी।

किस जज़्बे से, किस दिल से,
किस चाहत और जुनून से
हमने जीया अपना जीवन : एक ग़लती!
इस तरह बदल डाला अपना जीवन।

सेफेरिस, 'द डेनायल'

'जब कोई शख़्स जीवन के एक नये दौर में दाख़िल होता है, जैसे एक वयस्क के रूप में वह दुनिया से जुड़ता है, तब वह ख़ुद को नाकारा महसूस करता है और ताक़त के लिए वापस परिवार की पनाह में चला जाता है। इस दौर में अपने माता-पिता या भाई-बहनों के साथ सोने के सपने देखना आम है।'

एस्थर हार्डिंग

भारत। अम्मी गुज़र चुकी थीं। मैंने उनकी तलाश करने की कोशिश की। उसी खिड़की पर फिर से रोया। उनके किमोनो, साड़ियाँ, पोल्का डिज़ाइनों वाले

रूमाल, जूते, बैसाखियाँ, बालों का ब्रश, हाथ का आईना, सब कुछ हटा दिया गया था। हर कमरे में अम्मी की एक तस्वीर और एक दीया। इससे रूहें वापस नहीं आतीं। जो ज़िन्दा हैं उनको अपराधबोध से छुटकारा दिलाने के कुछ और तरीक़े। बाहर का समन्दर। चिड़ियाँ अब भी हरे घर में भटकती हैं। आम के पेड़, पुराना जंग लगा हरा गेट, साँप के केंचुल। माली और पहरा देने वाला कुत्ता गुज़र चुके हैं। सूरज ढलता है और साँझ को तोतों के झुण्ड हाज़िर होते हैं। एडेन का एक हिस्सा बदल चुका है और बदल कर भी नहीं बदला है। एक सुबह मैंने समन्दर के एक ही हिस्से में चाँद को डूबते और सूरज को उगते हुए देखा। गर्मी थी और नमी भी।

पिता समन्दर के किनारे एक-दूसरे बीच पर रहते थे। वे ताले बनाया करते थे। जिन मज़दूरों ने उनके कारखाने में लड़कों के रूप में काम करना शुरू किया था, वे अब बड़ी उम्र के आदमी बन चुके थे। वे अब भी वही काम कर रहे थे। एक बार मैं जब अपने पिता की ग़ैरमौजूदगी में उनके घर गया तो उनके नौकर ने मुझे घुसने से मना कर दिया। पिता ने अपनी प्रेमिका से शादी कर ली थी। गुड़ियों के एक घर में एक गुड़िया। मैंने उनके बीच में कोई एहसास की झलक नहीं देखी। वह मीन राशि की है। उसने मुझे अपने जीवन के बारे में बताया। उसने बिना पिता वाले अपने परिवार के गुजारे के लिए ख़ुद सिलाई सीखी। मेरे पिता ने उसे पढ़ना-लिखना सिखाया। उसे एक बच्चे की हसरत थी। वह बाँझ हो चुकी थी। एक गर्भपात के बाद किसी ओझा ने उसे फॉर्मल्डिहाइड से दाग़ दिया था। इन सबके बावजूद उसने मेरी बहन पर ज़ोर डाला कि वह अपनी नन्ही बेटी को छोड़ दे। मेरे पिता ने अपनी सारी दौलत उसके नाम कर दी थी। मेरे पिता चाहते थे कि मेरी बड़ी बहन उनके और उनकी नयी बीवी के बीच के झगड़ों में मध्यस्थता करे, जैसा कि हमने अपनी अम्मी के साथ किसी वक़्त किया था। वे अपनी नयी बीवी को उन्हीं सारे नामों से बुलाते जो वे अम्मी को बुलाते थे। मर्दों में औरतों को लेकर कितनी नफ़रत होती है। पिता ने अपनी दौलत अगियारियों, टावर ऑफ़ साइलेंसेज़ और मुर्दों के कुओं में सफ़ेदी पुतवाने में ख़र्च कर दी। उनकी पत्नी एक वैवाहिक अदालत की डेलिगेट थी। उन्होंने मुझे घर पर ही रोके रखने के लिए डाक से आये मेरे सर्टिफिकेटों को चुरा लिया। उन्होंने कहा कि मैं शादी

कर लूँ। कैथलीन स्पिवाक ने भारत के परिवारों में होने वाली साजिशों को 'बैज़ेन्टाइन' कहा है।

मेरी सबसे छोटी बहन मीन राशि की है, वह सोलह की थी जब माँ मरने की कगार पर थीं। वह उनके साथ अकेली थी। वहम में अम्मी ने अपने बेटे को पुकारा, उन्होंने अपने पति को पुकारा। पूरे दिन भर फ़ोन करते रहने के बाद पिता आये और बरामदे में बैठ कर 'रोज़ी, रोज़ी' पुकारते रहे, जैसे हमारा एक पड़ोसी अपनी नौकरानी को पुकारता था। उन्होंने फ़ौरन अम्मी को अस्पताल ले जाने की कोई कोशिश नहीं की। फिर यह सबसे छोटी बहन ही थी, जिसने हमारी बहन को ख़ून में लथपथ पाया जब उसने बाथरूम को खोला। हमारी उस बहन ने बाथरूम में ख़ुद को बन्द कर ख़ुदकुशी की कोशिश की थी। अम्मी की मौत के बाद पिता ने बहनों का हौसला तोड़ने के लिए उन्हें भूखा रखना शुरू कर दिया था। सबसे छोटी बहन एक के बाद एक झाँसे देती। उन्होंने ईरान में एक लड़का खोजा था, जिस पर वह राज़ी हो गयी, लेकिन बाद में सगाई तोड़ डाली।

मेरे पिता ने मेरे जीवन के चलते मुझे नकार दिया।

प्लेसिड का फिर से कहीं पता न था। उसने मुझे अपना पारिवारिक नाम ग़लत बताया था और घर बदल लिया था।

मेरी बुआ ने अपनी माँ के बारे में बताया। वे इक्कीस बच्चों में से एक थीं, जिन्हें गोद दे दिया गया था। उनकी नयी माँ उनके साथ तब तक अच्छे से पेश आती रहीं जब तक उनकी शादी और बच्चे न हो गये। इसके बाद माँ पर से भरोसा उठ गया। पिता फ़र्ज़ पर चलने वाले एक बेटे थे। मैंने पीच, नाशपाती, पैन्सी वाली साड़ी के किनारे देखे जो उन्होंने अपनी माँ के लिए डिज़ाइन किये थे। बढ़ईगीरी की क्लास में बनाये गये फ़ोटो फ्रेम भी। वे कहा करते, 'हम तीनों हमेशा साथ रहेंगे।' किशोरावस्था में किये गये वादे की याद वे अभी भी दिलाते हैं और अपने परिवार में पागलपन की कहानियों की तस्दीक की। एक अंकल ने एक कज़िन को अपने चेहरे पर रूज लगा लेने भर के लिए लात मार कर सीढ़ियों से धकेल दिया था और उसकी मौत हो गयी थी; दादी ने उबलता हुआ पानी बुआ के ऊपर फेंक दिया था क्योंकि उन्होंने एक लड़के को आँखों से इशारे किये थे। बुआ ने कभी शादी नहीं की, पूरी ज़िन्दगी वे बचपन की

यादगार निशानियों के साथ जीती रहीं। कई खण्डों में अनुवाद किया हुआ फारसी महाकाव्य, अपनी माँ की शादी के फर्नीचर, अपने पिता का ब्रिटिश डोमिनियन पासपोर्ट, मेरे पिता के गुड्डे-गुड़ियाँ, पिता के बचपन का सुनहरे फ्रेम वाला फ़ोटोग्राफ, यहाँ तक कि उनका बचपन का पॉटी। बुआ ने मुझे चीनी रेशम दिखाया, यह बैंगनी रंग का था जिस पर सफ़ेद कसीदाकारी की गयी थी। उनके दादा ने इसे उनके लिए ख़रीदा था—एक डॉलर प्रति गज की क़ीमत पर। उन्होंने पारिवारिक गहनों का एक हिस्सा भी दिखाया, मेरे पिता की बचपन की घड़ी। वैसी घड़ी उन दिनों बम्बई में सिर्फ़ दो ही लोगों के पास थी। बुआ अपने भाई के साए में थीं और जब तक वे चले नहीं गये वे कुछ ख़ास हासिल नहीं कर सकीं। आगे चल कर उन्होंने होमियोपैथी सीखी। जैसे को तैसा इलाज। उन्होंने मेरी माँ पर इल्ज़ाम लगाया कि उन्होंने एक अमीर बेवा के बेटे को बड़े मतलबी इरादे लुभाया था। उन लोगों ने सारी उम्मीदें मेरे पिता से लगा रखी थीं। मेरी माँ के परिवार ने पिता पर इल्ज़ाम लगाया कि उन्होंने चुपचाप एक शादीशुदा औरत को बड़ी ग़ैरज़िम्मेदारी के साथ फुसलाया था। उन्होंने अपना पूरा दहेज छोड़ दिया था।

मेरी जन्मकुण्डली :

कर्कराशि में चन्द्रमा, मीन लग्न। निर्वासन और कवि होने के लक्षण। दौलत से इनकार। छत्तीस में कामयाबी। असमय मौत। उम्र बीतने के साथ मनमौजीपन में कमी। साहित्यिक सफलता, दुनिया भर में सैर, तीर्थयात्राएँ, समन्दर के किनारे घर। कलाओं में बीस साल की बारीक महारत। सौन्दर्यबोधीय और यौनिक। परम्परागत रूप से कहें तो एक बुरे किरदार वाला शख़्स लेकिन शिक्षित लोगों को समर्पित, समाज के ठुकराए हुए लोगों का दोस्त, त्यागी, कामुकता पर पछतावे के बाद ज्ञान की सेवा। अन्तिम साल पतनशील। दोस्त ही सन्तान हैं। औरतों का प्यारा। एक बुज़ुर्ग औरत की गुमशुदगी। चन्द्रमा और बृहस्पति निर्धनता से रक्षा करते हैं। इन्सानियत में भारी आस्था।

बिना वसीयत लिखे ही माँ चल बसीं। पिता ने सरकार के हाथों से जागीर को छुड़ाने में मदद करने से इनकार कर दिया। मेरी बहनें झगड़ती हैं; उनमें सुलह कराने में मैं नाकाम रहता हूँ। मैं सपना देखता हूँ कि माँ एक सुनहरे

साँप को तीन हिस्सों में काटती हैं। बड़ी बहन 'प्यार के ठोस सबूत' के रूप में विरासत का अपना हिस्सा मुझे देने की पेशकश करती है। जागीर पर अभी भी कोई दावा नहीं किया गया है।

मीनू को अब थिएटर या अतीत की यादों की कोई परवाह नहीं है। उसके पिता गुजर चुके हैं : 'क्या तुम अपने पिता की मौत का इन्तज़ार कर रहे हो?'

अपनी किताबें और कपड़ों को बाँटने के बाद मैं धर्मशाला में दलाई लामा के पास गया। 'ग़म में मेरे पास मत आओ,' लामा ने कहा। वे मोटे, ठिगने और ख़ुशमिज़ाज थे। उन्होंने अपना जीवन एक मिथक की तरह लिखा था : 'मेरी माँ जब मुझे लिए हुए, मन्दिर की परिक्रमा कर रही थी, उसने अपना माथा ज़मीन से लगाया जहाँ से एक फूल खिल उठा।' **उनका सबक :** 'उन लोगों को धर्म मत दो जो इसे हासिल करने के लिए तैयार नहीं हों।' उन्होंने अपने बचाव में कभी कुछ नहीं कहा, न ही सिखों के बारे में कभी कोई शक दिखाया। ध्यान स्वार्थपूर्ण नहीं था; यह दूसरों को मुक्त करता था। भिक्षु का जीवन जीता-जागता बौद्ध मिथक था। धर्म सौन्दर्यबोध से नहीं बना था। शान्तिनिकेतन में शिक्षित एक युवा भिक्षु सोनम ने मुझे अपने आत्म से सुलह करने में मदद की। उन्होंने मेरा दर्द दूर कर दिया : "क्यों" जैसा कुछ नहीं होता। बस होता है। यही कर्म है।' नियति नहीं होती है, चरित्र होता है। करुणा का मतलब है दूसरों को अपने बारे में विचारों की छूट दी जाये।

वे मेरे पिता का आदर करते थे, जिन्होंने मेरे धार्मिक अध्ययन को धन दिया। हर शाम शिष्य रॉक गार्डेन में बैठते। वे मंजुश्री प्रार्थनाएँ करते। हर ईष्ट का एक अक्षर होता। मंजुश्री का 'ह्री' है; वे बन्धन काटते हैं, तकलीफ़ और भ्रम को दूर करते हैं। जाप धड़कन है। नौजवान अनेक सुरों में जाप करते हैं। दिन जैसा भी था, उससे बन्धन को तोड़ने के लिए वे थपकी लगाते हैं; मंजुश्री का बोला गया एक अक्षर ठीक साँझ के समय आत्मा को उड़ान भरने में सक्षम बनाता है। एक भिक्षु पर नज़र डालना जानलेवा पाप है। सहस्त्र बार साष्टांग दण्डवत। यह शुरुआती अभ्यास है। धरती पर कैसे रहें। चीज़ें जैसी हैं उन्हें वैसे देखना, जैसी हैं उन्हें वैसे बोलना, जैसी हैं उन्हें वैसे महसूस करना।

'तिब्बती आपको मरने का सलीका सिखाते हैं'–अन्तोनिन आर्तो। लीला के साथ कथक। देह में इतनी ताक़त नहीं थी लेकिन पहली बार अपने पाँवों में

घुँघरू बाँधकर भारी आज़ादी महसूस की। मैंने लीला का हौसला बढ़ाया कि वह कुछ समय के लिए अपने उस्ताद को छोड़ कर दिल्ली जाये और अपने नाच को निखारे।

मिसेज नौरोजी ने अपनी साठ साल पुरानी राशन की दुकान में खाली डिब्बे और व्हाइट हॉर्स व्हिस्की का एक पुराना विज्ञापन रख रखा था। दुकान भीतर से शानदार दिखती थी। उनके पति पुरानी बहियाँ रखते थे, वे नींद में चलतीं और अस्सी साल की सास हुकूमत चलाती। वे तिब्बती लोगों को पसन्द नहीं करते और न ही उन्हें मुसाफिर जीवन अच्छा लगता।

एक भारतीय डॉक्टर और मैंने रेलों और बसों में प्यार किया, जिन पर चढ़कर हम कानाफूसियों से बचने के लिए क़स्बों से दूर गये। मर्दाना और एक पैसिव भूमिका के बारे में तय करने में हमें मुश्किल आयी। उनकी सोसाइटी ने उन्हें मजबूर किया कि वे सरेआम मेरा मखौल उड़ाएँ। उन्होंने मुझे छोड़ दिया, तब भी मैं उनका पीछा करते हुए पंजाब गया।

'शोक अशुभ है।'
'हृदय की गुफा बौद्धिकों का स्थान है।'
'प्यार, अनुभूति, समय को वास्तविक बनाती है।'

स्वामी चिन्मयानन्द, उपनिषद्

अपने दोस्त से रिश्ता तोड़ने के बाद मैंने एक टूटी हुई घड़ी का सपना देखा।

मैंने सुब्बुलक्ष्मी को मीरा का गाते हुए सुना और वैजयन्तीमाला को मन्दिरों का नृत्य करते हुए देखा। मिसेज गांधी नसबन्दी के मुद्दे पर चुनाव हार गयीं। घर लौटते समय मेरे पाँव बम्बई की सड़कों के किनारे सोते हुए लोगों की देहों पर पड़े। मेरे माता-पिता जिस छह कमरों वाले अपार्टमेंट में रहते थे, उसके सामने समन्दर किनारे फूस की झोपड़ियाँ थीं; पूरा का पूरा परिवार आसमान के नीचे डेरा डाले हुए थे। 'मैं उनसे चोरी करके धनी नहीं हुआ,' पिता ने कहा।

तकलीफ़ में जीते लोगों के लिए कुछ करो।
'मैं कुछ नहीं कर सकता' : यह कलाकार का नजरिया है।

मैंने हर उस चीड़ की अनदेखी की जो भारत की कला, रंगमंच, संगीत, धर्म के ख़िलाफ़ थी।

चाँदनी में ताज, एक सपनीली तस्वीर। पहलवान नीचे नदी के किनारे कसरत कर रहे हैं। सुबह सवेरे पूरबी दरवाज़े पर एक मोर अपना पंख फैलाता है।

अनाइस निन गुजर गयीं। 'एक चारागर मुझ पर हाथ रखता है और मेरा सारा दर्द ले लेता है,' उन्होंने लिखा था। पिता ने उनसे कहा था कि वह मुझे घर लौट आने के लिए मना लें; अपनी रहमदिली में उन्होंने पिता की बात मान ली थी। 'ख़्वाहिश करती हूँ कि यह सब एक ख़ूबसूरत सफ़र हो'। मुझे कहे गये ये उनके आख़िरी शब्द थे।

मेरे नाना सख़्तमिज़ाज थे। अम्मी को नर्म रंगों के कपड़े पहनने की इजाज़त नहीं थी। न ही वे फूल लगा सकती थीं। पाँच बेटियों में पहली होने के चलते जीवन में बहुत पहले ही उन पर ज़िम्मेदारियाँ आ गयी थीं। 'वे अपने वक़्त से आगे थीं। चालीस साल पहले वे लेक्चर देने की चाहत थी जब औरतों को घर में रखा जाता था।' उन्हें कॉलेज जाने के लिए लड़ना पड़ा। उन पर मर्दों से मिलने की ख़्वाहिश रखने का इल्ज़ाम लगा तो उन्होंने वुमेन्स यूनिवर्सिटी में दाख़िला लिया। इस पर उन्हें मर्द प्रोफ़ेसरों से दोस्ती करने का इल्ज़ाम लगा। औरतों को माहवारी के दौरान घर के भीतर रहना पड़ता था, क्योंकि इसे रस्मों के लिहाज से नापाक माना जाता था। पड़ोसी माँ की माहवारी का सही-सही हिसाब रखते और हर बार जब वे आती-जातीं तो पूरी निष्ठा के साथ गलियारे में पानी फेंक कर उसे साफ़ करते।

टैगोर ने सींखचों वाली खिड़कियों में औरतों की तस्वीरें रची थीं।

मेरे से कम उम्र की एक रिश्ते की बहन खुलेआम अपनी सेक्सुएलिटी दिखाती है, जो एक ख़ुशनुमा बात लगती है।

गंगटोक : फिर से तिब्बती प्रार्थना की नाचती हुई रोशनियाँ। वर्षावन की हरी रोशनी। सड़क के किनारे पत्थर तोड़ती हुई औरत, पास ही पटरी पर सोता हुआ उसका शिशु।

'ईश्वर एक परिपूर्ण मनुष्य है' कहने वाले चित्रभानु से मैने शिकागो में दोस्ती की थी। वह बड़े प्रभावशाली ढंग से शाकाहार पर लेक्चर देता। सेक्सुएलिटी पर मेरे सवालों का जवाब उसने चुप्पी से दिया था। अब वह शादीशुदा था, उसके नौजवान बेटे थे। मेरे दोस्त ने मुझे बताया कि उसमें योगियों वाला आत्म-नियन्त्रण था और वह अपने लिंग से पारा चूस सकता था। सात साल की उम्र में वह जैन मुनि बन गया था। उसने मुझे आशीर्वाद दिया।

मेरी सौतेली बहन : पाँच बच्चों की माँ, सफ़ेद बालों वाली, सोलह सालों से अकेली रह रही थी क्योंकि उसका पति मर्चेन्ट नेवी में काम करता था। वह रस्मी छूत के डर में जीती थी और हमेशा नहाती रहती थी। वह कहती कि उसके माँ-बाप के तलाक़ ने उसके लड़कीपन को कुचल दिया था। कोई भी उससे शादी नहीं करता। उसे समाज का ख़ौफ़ था। 'माँ बेख़ौफ़ थी।'

एक भारतीय कवि निस्सिम एज़ेकियेल को मेरी कविताएँ पसन्द नहीं आयीं। वे विनम्र और रहमदिल थे।

मेरे एक म्यूज़ियमविज्ञानी शिक्षक ने मुझे कहा : 'ज़िन्दगी से बड़ी उम्मीदें छोड़ दो। तुम यहाँ कभी पढ़ा नहीं सकोगे।' तेहरान के बुलावे पर मैं भारत से रवाना हुआ।

IV

मैनफ्रेड की माँ के लिए सुनहरी रेशम के छह गज; हिप्पियों के लिए कपड़े, गहने, चन्दन; कार्मेला के लिए सोना और लाल महीन कपड़ा।

पूर्वी भूमध्यसागर और हिन्दू कुश के बीच का इलाक़ा मशहूर है : बग़दाद, बसरा, समरकन्द, हेरात, कन्धार, ग़ज़नी, स्वात। जब मेरे जर्मन दोस्त फ़ोटोग्राफों के साथ अफ़ग़ानिस्तान से लौटे तो मुझे बन्दी अमीर की सात झीलों के सपने आये।

आख़िरकार एक अरब ख़्वाबगाह में, जहाँ जीन, चिराग और ऊँट के बालों वाली दरियाँ बिछी थीं।

मैंने ताउरोमाकिया के सपने देखे जिसमें मेरा महबूब एक साँड की शक्ल में था।

मेरा दोस्त मेरे और मेरी बहन दोनों के साथ सोना चाहता था।

एक बार बहन अपने एक प्रेमी को मेरे कमरे में ले आयी। फारसी मकानमालिक ने मुझे घर से निकाल दिया : 'यह रण्डीखाना नहीं है।'

उसी सुबह एक स्कूल में 'द वेस्टलैंड' पढ़ाते हुए रोया। बाद में मैंने उन्हें कैंटोस से पढ़ कर सुनाया :

जो तुम चाहते हो वो तुमसे नहीं छीनी जायेगी
जो तुम चाहते हो वही तुम्हारी सच्ची विरासत है

एक शिक्षक के रूप छात्रों को मैं पसन्द आया, लेकिन अमेरिकी बॉस एक सुनने को तैयार न थे : 'तुम्हारा बोलने का लहज़ा ठीक नहीं है।'

कॉलेज में जिन ईरानी लड़कों को मैं पढ़ाता था, उनके सामने मैं खुलेआम सपने देखता। वे मेरे लिए तोहफ़े लाते, मेरी कद्र करते। मैंने फारसी शाहनामा पढ़ी–सियावोश, जो एक मासूम शहीद था।

एक ईरानी फ़िल्म : एक पागल का इलाज एक वेश्या से उसकी शादी थी। तेहरान में वेश्याएँ भरी हुई थीं। वे सड़कों पर लुभाने का धन्धा करतीं। एक बार एक नौजवान ईरानी ने मेरे साथ सोने की ख़्वाहिश की, लेकिन साथ में एक औरत को भी होना था। उसने एक साथ सवारी कर रही तीन लड़कियों को चुना। एक, बच्चे के साथ बैठी थी, दूसरी गाड़ी चला रही थी और तीसरा मोलभाव कर रही थी : हम दोनों के लिए एक रात की ख़ातिर तीनों लड़कियों को मिलाकर 3000 ईरानी रियाल। मैंने मना कर दिया।

एक कोठे की सैर। मैडम लड़कियों की बोली लगा रही थी : '500, 400, 300'। कोई ख़रीदार नहीं था। सबसे महँगी लड़कियँ नौजवान थीं और अमेरिकी कोएड कॉलेजों में पढ़ने वाली लड़कियों जैसी सजी हुई थीं। एक फेरीवाला कपड़े और गहने बेचने आया। औरतों ने उसे छेड़ा। मन में ख़याल उठा कि इन आदमियों के साथ क्या होता है जो कारोबार की वजह से सिर्फ़ औरतों के साथ रहते हैं! एक मर्द और एक औरत एक हरे पर्दे के पीछे हैं। दुआ करें कि वे हमेशा गुनाह करते जायें!

मुझसे जलन रखने वाले एक सहकर्मी ने एक झूठी कहानी फैला दी कि मैं अपने छात्रों के साथ सोया हूँ; यह एक ऐसी बात है जो मैं कभी भी नहीं करता, यह मेरा उसूल है। मैंने अपनी सेक्सुएलिटी से इनकार नहीं किया लेकिन झूठे इल्ज़ामों से अपना बचाव मुझे करना ही था। अपने करारनामे के बचे हुए वक़्त के पूरी तनख़्वाह के साथ मुझे बर्खास्त कर दिया गया। एक समलैंगिक मुक्ति नेता रेक्स (रीस) ने मुझे लिखा :

> तुम कहते हो कि मैंने कुछ समय तक तुम लोगों को राहत पहुँचाई; तुमने मुझे ख़ुश रहना और एक समलैंगिक के रूप में ख़ुश रहना सिखाया। मैं जितनी लफ़्फ़ाजियाँ किया करता था, उससे कहीं ज़्यादा मैंने सिर्फ़ तुम्हारे साथ रह कर सीखा। यह जो कुछ भी है, वह तुम हो और तुम्हारी बर्खास्तगी और 'नाज़ुक रूह पर इस्पाती कवच चढ़ाना' इस हक़ीक़त का सबूत है। वे नहीं जानते कि तुम्हारी ईमानदारी,

तुम्हारी सीधी सच्चाई से कैसे पेश आयें। तुम्हें जानते हुए मैं विनम्र और सम्मानित महसूस करता हूँ। हाँ, अनाइस निन बड़ी है (लॉस एंजेलेस में)। एक दोस्त (जी.ए. ने जब से आर्किटेक्चर डाइजेस्ट में काम शुरू किया–वह भी डण्डे के साथ अपनी रूह को मिला रहा है–इसके पहले वह 'मॉर्निंग ग्लोरी' था) के पास उनकी आवाज़ में अपने लेखन के रिकॉड्र्स हैं। वह निन होने का दिखावा करता था। तो अक्सर डिनर पर अनाइस निन हमारे यहाँ होती थी।

अपने स्टूडेंट के कमरे में मैंने सोलह दिनों में अनाइस निन पर एक किताब लिखी। मेरी निगेहबान मेरी बहन मेरे सारे सफ़र का ख़र्च उठाती थी, वह मुझे किताबें भेजती। बरसों तक मैं सोचता था कि मैं अनाइस निन हूँ। 'मैं कोई और है।'

जब एक फ़ौजी ने मुझसे मुलाक़ात की, तो मेरे इस्लामी छात्रों ने मुझसे कहा : 'आप एक कुतिया से भी बदतर हो। तुम्हें पहाड़ों में जंगली जानवरों के साथ रहना चाहिए।'

मेरे एक छात्र ग्रेग फिट्जगेराल्ड ने अपना हाइकु 'रेन इन हर वॉयस' छपाया। इसमें वह प्यार, दर्द, हिंसा, दमन, गेहूँ के खेतों में बदलते मौसम, महबूब की वापसी, और एक दोस्त की मौत जैसे उपनगरीय जीवन की रोज़मर्रा हक़ीक़तों की बात की। उसने हाइकु को आधुनिक और अमेरिकी रूप दिया है।

मैंने तीन आर्मेनियाई लड़कों के साथ प्यार किया। उनका इतिहास पढ़ा : बग़दाद तक का लम्बा ख़ूनी सफ़र, अत्याचार की वजह से खोया हुआ आत्म-सम्मान, इन्सानी खोपड़ियों के अम्बार का सामूहिक दफ़न, जिसके ऊपर एक बिशप की टोपी रखी थी।

सपने में दूसरा ही ख़ुद है।
भारतीय डॉक्टर की शादी हो गयी।

रेने को भेजा हुए मेरा ख़त नहीं पहुँच सका। रेने कोलोन रहने चला गया था।

मेरे जर्मन दोस्तों ने मुझे तेहरान के बारों के पते गे गाइड से भेजे।

बाज़ार में एक यात्रा के दौरान, मैंने लगभग बच्चे के नज़रिये से बने कजार शाह, फतह-अली शाह की एक तस्वीर देखी। नाभि तक लम्बी दाढ़ी और मूँछों के साथ, यह लकड़ी पर हाथ से पेंट की गयी थी। उसने कहा था : "मैं चाहता हूँ कि लोग राजा के रूप में मुझसे डरें, अपनी जवानी में भोग करूँ और जब मैं मर जाऊँ, तो मुझे सन्त के रूप में पूजा जाये।"

मुसाफ़िरों से मैंने अम्मान के एक सूफ़ी सिलसिले के बारे में सुना : वे अल्लाह के नाम पर ध्यान लगाते हैं, गोल घेरा बना कर नाचते हैं, और शेख आपके सीने पर, बायीं तरफ़ हौले से मारते हैं।

रूमी और शम्स तबरीज़ी : रूमी ने अपनी शायरी में अपनी रूह को मस्ती के साथ उड़ेलना तभी शुरू किया जब उन्होंने शम्स तबरीज़ी को खो दिया। एक दफ़े शम्स ने रूमी की सारी पाण्डुलिपियाँ दरिया में फेंक दीं। रूमी ने हंगामा खड़ा कर दिया। फिर जब रूमी ने उन्हें खोया हुआ मान लिया और शान्त हुए, शम्स पानी से एक एक पन्ना निकाल कर ले आये। जस का तस और सूखे हुए पन्ने।

ज़ुरखाने (हाउस ऑफ़ स्ट्रेंथ) में खिलाड़ी मैदान में उतरते हैं, जैसे मिथ्रा साँड को मारता है। उन्हें मैं पसन्द आया लेकिन मैं शर्मीला था।

तेहरान : सरहद पर मौजूद एक दौलतमन्द शहर। जिन लड़कों के साथ मैं सोता था वे मेरी चीज़ें चुरा लेते। कोलोन, अंडरवियर, गहने, फुटकर चीज़ें. वे कम उम्र थे, किसी कारोबार की तालीम नहीं थी, आम तौर पर वे बेरोज़गार थे। दौलत मायने रखती थी। मेरा मज़ाक उड़ाया जाता कि मैं किसी एक नौकरी पर कायम नहीं रह पाया था। कोई भी साहित्य नहीं पढ़ता था और न परवाह करता था। एक बार एक पियानो शो के टिकट ख़रीद सकने के लिए हमने डिनर नहीं किया। यासमीन और नारंगी से भरपूर वे ईरानी गर्मियाँ जिनमें लुभाने-बुलाने ने जान डाल दी थी।

होवार्ड, तेहरान '79

'अब तुम सब मेरा जश्न मनाओ!'

एक हमाम में उसके पास एक भैंस है
एक सेक्स सलाहकार
एक पैसे बनाने वाला
फौरन भेस बदलने में माहिर कलाकार
एक वियतनाम सी.ओ.
उसने एक राजकुमार को सिखाया
उसकी एक ब्लैक मामा है

मेरे पैर बनाओ
अपना काम करो
रातोरात अमीर बन जाओ
कौन सा भेस धरूँ?
गोरा आदमी तुम्हारा दुश्मन है
शार्कों को सबसे पहले पहरेदार मिलेंगे
शायद एक बीवी, बेटा, भतीजा, कमअक्ल बेटी

पॉल की दादी चीन की आख़िरी साम्राज्ञी थी
जो फ़िल्म स्टार डिवाइन जैसा दिखता है और गू खाता है–

होवार्ड ने लड़ना बन्द कर दिया
होवार्ड ने जीना शुरू कर दिया

तेहरान में एक ज्योतिषी ने मुझसे कहा, 'तुम युनूस हो; तुम्हारी बहन डैनियल है।'

युनूस का व्हेल से एक समझौता था : युनूस कभी आज़ाद नहीं होंगे और व्हेल न कभी उन्हें हजम करेगी न ही उन्हें उगलेगी।

मैं एक यूथ होस्टल रहने चला आया, रोज़ाना 2 डॉलर।

वर्जिल ने लिखा :

मैं साठ की उम्र में अकादमिक दुनिया और मध्यवर्गीय जीवन को छोड़ देना चाहता हूँ।

अब मैं समझता हूँ कि नौजवानी में तुमने किस तरह की दहशत महसूस की थी।

'फ़क गॉगिन!'–हेनरी मिलर, लेटर्स टू अनाइस निन।

आधुनिक समाज में कलाकार भिखारी है या बौद्ध भिक्षु। वह एक भूमिका अदा करता है, वह अमीर लोगों के परोपकार को मुमकिन बनाता है; वह कंगालों को चुनौती देता है। वह सौन्दर्यबोध के नाम पर बग़ावत खड़ी करता है। वह हिसाब रखता है। आख़िरकार, पूँजीवादी बाज़ार उसे अपने में समो लेता है; उसकी किताब बिकती है और ख़रीदी जाती है; जिस बुर्जुआ को वह सताता है वह उसे अपने सीने से लगाता है और एक बिगड़ैल बच्चा होने के लिए उसको प्यार करता है।

मैनफ्रेड ने सियासत छोड़ दी। आतंकवाद के बाद जर्मन पुलिस ने नागरिक आज़ादियों पर अंकुश लगा दिया। 'मुझे राज्य का दुश्मन घोषित कर दिया गया है,' उसने दुखी होकर लिखा। अब वह फ़िल्मकार अलेक्ज़ांडर क्लुग का छात्र होना चाहता है।

मैनफ्रेड को ख़त :

तुमने मार्क्स का रास्ता चुना, मैंने फ्रॉयड, युंग और लॉरेंस, निन, बार्न्स जैसे लेखकों का। अब तुम्हें पता चल गया कि कला भी सियासत है, कि तुम बड़ी तादाद में लोगों तक पहुँचोगे और बेशक पुलिस तुम्हारी फ़िल्मों को नहीं समझ पायेगी।

अपनी किताब मैं अमेरिका ले गया। वर्जिल छपने की गुज़ारिश करते हैं। मेरीलीज़ को फ़ोन : 'मुझे तुम पर फ़ख़्र है।'

पिछले दौरे में मैं न्यूयॉर्क में एक रात रहा था और उसी हवाई जहाज़ पर यूरोप के लिए रवाना हुआ था। एक दुकान से मैंने निन की छठी डायरी चुराई थी, कॉन्टिनेन्टल बाथ में एक रात गुज़ारी–'हरे ज़ख़्मों, संक्रमित आँखों, कानों या नाक वाले व्यक्ति स्वीमिंग पूल का इस्तेमाल नहीं कर सकेंगे'–और कई सिरों वाले कुत्तों के डरावने सपने आये।

केन की माँ ने दख़ल दी। वह मुझसे नहीं मिलेगा। उसकी माँ ने बताया कि वह अभी भी मेकअप करता है लेकिन उसने बदन बनाया है और उसको हॉलीवुड जाना है।

न्यूयॉर्क में मैं पक्के तौर पर डेनियल से रिश्ता तोड़ लेता हूँ।

जाल ने बड़ी आसानी से वहीं से शुरू किया, जहाँ हमने तीन साल पहले छोड़ा था। ज़ेनोबिया सारी गर्मी मुझसे बचती रही। अब वे एक सबअर्बन अमेरिकी ज़िन्दगी जीते हैं; अब चौदह साल का उनका बेटा अमेरिकी बच्चा है। जाल ने प्रशासन के काम के लिए साहित्य को छोड़ दिया है।

एक स्कूली दोस्त लिंडा ने एक कम्पोज़र से शादी की है जो अब जल तरंग जैसे पुराने साज़ नहीं बजाता। उसने काफ्का, ग्रास, कोज़िन्सकी पर लिखा है। वह एक आलोचक है, उसकी रचनाएँ छपी हैं, लेकिन अब उसके पास काम नहीं है। उसके अपने जर्मन दोस्त के खो देने पर मैंने उसको दिलासा दिया और इस तरह हम क़रीब आये। उसकी दादी हंगरी में लुकाच की दोस्त हुआ करती थी। उसकी बुआ हिटलर के गैस चेंबर में मारी गयी। उसकी माँ की मौत पर मैंने उसे एक शोकगीत भेजा। 'मैंने अपनी माँ की एक तस्वीर बनाना चाही, लेकिन यह एक कीचड़ की तरह बन गयी।' हालाँकि बरसों की दोस्ती के बाद मैं उसके प्रति आकर्षण महसूस करता था और लिंडा ने कहा कि यह एक ईमानदार एहसास था।

रोज़ से अब सम्पर्क नहीं रहा। यह इंडियाना के एक छोटे से क़स्बे से आने वाली लड़की थी, जिसको अपने पहले प्यार के टूटने के बाद 'स्कित्सोफ्रेनिक' घोषित कर दिया गया था। मैं उसके साथ नहीं सोता। मुझे अमेरिकी काग़ज़ात दिलाने के लिए वह मेरे से शादी करने वाली थी। 'अब स्ट्रेट जोड़ों के लिए टब्स होते हैं। ग्रेट सान फ्रांसिस्को हॉट बाथ एंड टब्स कम्पनी की मैं ग्राहक हूँ,' उसने मुझे लिखा। एक चीनी आदमी से उसकी सगाई हुई थी, जो आगे चल कर शादीशुदा निकला। मैंने उसके बारे में आख़िरी बात यही सुनी कि वह मेडिकल डिग्री के लिए सेना में थी, जो मुमकिन नहीं होता अगर पागलख़ाने में होने का उसका इतिहास पता लग जाता।

शिकागो बाथ्स में दोबारा दौरों में मुझे गोनोरिया हो गया, 'प्यार की आग', 'मॉर्निंग ग्लोरी', या 'पर्ल'। इलाज आसान था।

'नये-नये इलाज निकलते रहेंगे लेकिन डर बना रहेगा। सिफलिस एक ऐसी बीमारी होगी जो हमारी सभ्यता की निशानी बन जायेगी।'–हेनरी मिलर, एज ऑफ़ एसेसिन्स।

वेश्याओं और दलालों के साथ साउथ शिकागो फ्री क्लीनिक जाना है। एक प्रवासी चीनी डॉक्टर मेरा इलाज करता है। वह सड़कों पर बोली जाने वाली अमेरिकी ज़बान बखूबी बोलता है–'स्प्रेड यॉर चीक्स'। उसने कभी चीनी कीमियागरी के बारे में कभी कुछ नहीं सुना–'वो क्या होता है?'

दस साल लगातार कार्मेला मुझे ख़त लिखती रही। एक सचिव की ज़िन्दगी से आजिज़ आकर उसने हाई सोसाइटी के कपड़ों को रिसाइकल करने का धन्धा शुरू किया है। 'आरामको के डायरेक्टर की बीवी ने मुझे 1500 डॉलर की क़ीमत के कपड़े दिये हैं।' उसके पति को एक टाँग कटवानी पड़ी और वह वेस्टवुड में अकेले रहता है। अब उसकी बेटी चीन में पढ़ाती है; उसकी बेबी ख़ास तौर से मन्दारिन बोलती है।

रुथ आन बड़ी गर्मजोशी से मेरा स्वागत करती है, अपना घर मेरे हवाले करती है और अपनी पहली प्रकाशित कविता मुझे पेश करती है :

होशांग का तोहफ़ा

एक छोटे डिब्बे में खुली एक घण्टी
छह कांसे की पंखुड़ियों में गढ़ा एक फूल।
पारसी गुलाब की गूँज,
हथेली में थमा अनगिनत रौशनी।

मैंने उसे शुक्रिया कहा,
बदलती आवाज़ों को सुनते हुए।
वे धुनें जो पुकारती हैं–
जागने, गाने या आँसू बहाने के लिए।

मगर उसने कहा : नहीं।
यह नाचने वाले की घण्टी है।
तुम्हें ही उसको चलाना होगा।

लेकिन हम एक-दूसरे से फिर दूर हो गये।

ग्रेग फिट्ज़ेराल्ड की शादी हो गयी। सिंगल लोग, फरार लोग सबसे अच्छे दोस्त होते हैं।

अपनी बहन के साथ नामुमकिन प्यार फिर से जाग उठा, जिसे मैंने ज़ेनोबिया के हवाले कर दिया था। आख़िरी दिन हम चुप रहे।

रोटी के टुकड़ों और मछली का सपना।

मैंने उसके लिए एक कविता लिखी।

फ्रेनी और ज्यां भावनगरी बैटसी में घास पर पिकनिक कर रहे हैं—सामन मछली और अंगूर। फ्रेनी एक छड़ी के सहारे चलती है, उसके घुटनों में चोट है। फिर भी वह ख़ूबसूरत है। भारतीय कलाकारों फ्रांसिस न्यूटन सूज़ा और सबावाला ने उसकी तस्वीरें बनायी हैं, उसके स्केच बनाये हैं। हम जापानी कामुक कला की एक प्रदर्शनी में जाते हैं। फ्रेनी जापानी से तुलूज़-लॉट्रेक तक एक लकीर का पता लगाती है। उन्होंने कम्बोडियाई मन्दिरों को फ़िल्माया है और जापान में सेरेमिक से बनी चीज़ों की प्रदर्शनी लगायेंगे। उनका दोस्त सतीश कपूर कहता है कि मुझे कुछ याद हो तो सुनाऊँ। वह मेरी कविताओं को 'वैष्णव' कहता है : चक्रों, वृत्तों, दोहरावों, अवतारों के प्रति मेरे प्यार की तरफ़ संकेत है। फ्रेनी ख़ुद को 'एक पारसी बौद्ध' घोषित करती है। 'ऐसी एक ज़िन्दगी के बाद भी तुम्हारी कविता इतनी पाकीज़ा कैसे है?' वह पूछती है। वे इतने अन्तरराष्ट्रीय बन गये हैं कि उनकी जड़ों का अन्दाज़ा मुश्किल से ही लगाया जा सकता है।

पिता निन वाली किताब के लिए मुझे 500 डॉलर देते हैं, साथ में एक विक्टोरियाई गिनी जिस पर सेंट जॉर्ज बना है।

अगली उड़ान, ईरानी इंकलाब में पहुँचा देती है।

नशे में धुत एक आदमी से मिला जो ब्लैकआउट के दौरान सड़क पर ख़ुद को उघाड़ देता है। कर्फ़्यू से बचने के लिए हम अँधेरी सड़क में हाथ में हाथ लिए उसके घर तक दौड़कर जाते हैं। वह मुझसे कहता है कि मैं उस पर चढ़ जाऊँ। सवेरे वह मुझे अपनी बीवी की एक बड़ी-सी पोर्ट्रेट दिखाता है।

ख़ून, पिटाइयाँ, सड़कों पर क़त्ल। मेरी मासूमियत फ़ना हो गयी। 'कत्ल रुकवाने के लिए अपने सीनेटर को लिखो।' (हुकूमत के रिश्ते बेशक सीनेट

से थे। मुझे इतना बचकाना नहीं होना चाहिए था।) मैंने एक शाही गार्ड से इंक़लाबी बने आदमी से पूछा कि क्या मैं कोई मदद कर सकता था : पर्चे बाँटना, या कुछ भी। 'नहीं, तुम एक विदेशी हो।' 'पूँजीपति', 'बुर्जुआ', यहाँ तक कि 'उदारवादी' जैसे शब्द रातों रात गलीज़ बन गये। एकबारगी हरेक की ख़्वाहिश 'प्रोलेतारिएत' से जुड़ने की, या 'रेडिकल' बनने की थी। महीनों के भीतर ही मैं एक पीढ़ी पुराना पड़ गया था। आँखों-देखी दास्तान बम्बई की एक तिमाही में छपी।

इंक़लाब के बाद मैंने नयी नौकरी खो दी। मेरे बॉस ने एक कॉन्ट्रैक्ट देने के बदले में मेरी बहन के साथ सोने की माँग की थी, उसकी नौकरी भी चली गयी क्योंकि वह पुरानी हुकूमत से जुड़ा हुआ था। इस्लामी क़ानून के तहत ग़ैरशादीशुदा मर्द औरतों को नहीं पढ़ा सकते थे और समलैंगिक लोग तो पढ़ा ही नहीं सकते थे।

मैं पारसी धर्मशाला में रहने चला आया। लुभाने की कोशिश करते हुए पकड़े जाने वाले समलैंगिकों को फायरिंग दस्ते के हाथों मौत की सज़ा मिलती थी।

फायर टेम्पल का दौरा। पशेमानी के लिए माथे पर राख।

'दो पूर्णतम संख्या है।'–गाथा

कैथरीन : हॉर्स ट्रेनर से अंग्रेज़ी शिक्षक बनी हुई, अफीमची। मुझे बताती है कि किसी वक़्त वह लन्दन के बाहर एक वेश्या के रूप में काम करती थीं। जब उसकी लेस्बियन माँ अपनी एक गर्लफ्रेंड के साथ रहने चली गयी तो उसके पुलिसकर्मी पिता ने ख़ुदकुशी कर ली। उसकी माँ की गर्लफ्रेंड पैसे के लिए ग्राहकों की पिटाई करती थी। अपने पति से वह अपनी प्रेमियों के बारे में झूठ बोलती थी, 'उसे बचाने के लिए', उसने कहा। बुरे प्यार के तजुर्बे वाले बच्चे के लिए बेईमानी ज़िन्दगी का सलीका थी। उनके दोस्त फ्लोरेंस और लुईस सुबह उठ कर सबसे पहले हेरोइन चढ़ाते थे। लुईस तस्करी के इल्ज़ाम में तेहरान में जेल गुज़ार चुका था।

तेहरान में नाईजीरियाई लोग : आज़ाद, ख़ुद्दार, नर्म-दिल। 'वे गुलाम थे,' वे अमेरेकी ब्लैक लोगों के लिए कहते। एक ने यूरोप में औरतों द्वारा सेक्स की करतबों के लिए चुने जाने को लेकर शिकायत की। ट्रेनों में सेक्स वग़ैरह के लिए।

हरे कृष्णा रेस्टोरेंट में सियामक से मिला।

-ईश्वर क्या है?

-दो लोग, मैं कहता हूँ।

वह समलैंगिकता को नकारता है, मैंने उसे छोड़ दिया : 'मैं सबसे यौनिक शख़्स हूँ,' वह अपने बारे में कहता है। उसने मुझे बताया कि वह बनारस में भूखां रहता था, जर्मनी में ड्रग किया करता था, दिल्ली में एक वेश्यालय में भिक्षुओं वाले लबादे में गया था एक पागलख़ाने में आज़ादी से रहने के लिए उसने पागलपन का नाटक किया था (एक महीने बाद ही उसे छुट्टी दे दी गयी), केरमान के पूरब में रेगिस्तान में जाकर उसने ख़ुदकुशी की कोशिश की थी, फ़ौजी डॉक्टरों ने उसे 'स्कित्सोफ्रेनिक' घोषित किया था और उसने आश्रम की जायदाद चुराई थी। इंकलाब की रात उसने आज़ाद फ़ौजी डिपो से गोलियाँ चुराईं और उन्हें सड़कों पर बन्दूकें लिए हुए लोगों को दे दिया। उसने भारत में ज्योतिष का अध्ययन किया था : 'केतु का चार बरसों का सफ़र। उसके बाद योगी मुक्ति पा सकता है,' उसने मेरा भाग्य पढ़ा। उसने मुझे अफीम दी।

कैथलीन स्पिवाक लिखती है :

मैं अब तलाक़शुदा हूँ और बच्चों के साथ अकेली रहती हूँ।
पैसे की समस्या हमेशा रहती है।
गुज़ारा, जैसे तैसे।

स्टेनली कुनिट्ज ने उसे अमेरिका में आज के समय में दस बेहतरीन युवा कवियों में से एक बताया है।

‘वक़्त ज़रूरत के लिए’ बहन मुझे 150 डॉलर का चेक भेजती है। मैं इसे लौटा देता हूँ।

आनन्द मार्ग का जोसेफ आत्म निग्रह का पालन करता है और मुझसे भी इस पर चलने की विनती करता है। रेनो, नेवाडा का एक पूर्व फुटबॉल खिलाड़ी रह चुका वह अक्सर वेश्याओं के पास जाता था : ‘वे मेरे कैथोलिक स्कूल की लड़कियों से अधिक प्यारी हैं।’

ज़रूरत में बनी वे दोस्तियाँ सिर्फ़ उन्हीं लोगों की समझ में आयेंगी जो ऐसी ज़रूरत में रहे हैं।

युआन। केन की एक झलक। मुझे उससे डर लगता है। सपनों में जीने वाले लोगों की तरह उसमें भी एक कुछ-कुछ खोये हुए होने का एहसास मिलता है। वह किताबें पढ़ने के लिए मेरे कमरे में आया। मैं उसके आगे अपना प्यार क़बूल करता हूँ। वह पेनेलोप की तरह पसोपेश में है : ‘भविष्य में मैं किसी मर्द के साथ सोना चाहता हूँ। बाइसेक्सुएलिटी सच्ची मुक्ति है।’ जब मैं उसे बताता हूँ कि मैं उन लोगों के साथ रिश्ते निश्चित तौर पर तोड़ लेता हूँ जो सेक्सुअल प्यार और दोस्ती में तालमेल नहीं बिठा पाते, तब वह उदास दिखता है। फिर मैं फ़ैसला करता हूँ कि मैं उसका दोस्त बनूँगा।

ग़रीबख़ाने में वह जब रहने आया तब इसमें जान आ गयी। मैंने चटाइयों, कालीन, कम्बलों से इसे सजा दिया, जिसे मेरे उन दोस्तों ने दिया था जो चले गये थे। मेरे पास चाय के दो प्याले, एक केतली, एक स्टोव, एक चम्मच था। युआन ने एक छुरी ख़रीदी। हम साथ खाते, सोते और नहाते। यह बचपन के बिना सेक्स वाले प्यार जैसा था।

‘मैं बिना सेक्स किये दोस्तों के साथ नंगे सो चुका हूँ,’ उसने कहा।

वह एकसुर में और एकालाप में बोलता, मानो सोते हुए चल-बोल रहा हो।

बॉदलेयर को पढ़ते हुए वह काँपता।

उसने यूनिवर्सिटी को नकार दिया था, दर्शन का अध्ययन किया था, मछुआरों को पढ़ाया था।

वह मेरी इबादत करता। मैंने उसका वहम तोड़ दिया। मैंने उससे सेक्स की माँग की; मैंने उसे अपने सेक्स जीवन के बारे में खुलकर और बड़ी बेरहमी से उसे बताया।

मेरे मन में उसको लेकर एक वहम था कि वह मेरा आशिक है : उसने वह वहम तोड़ दिया।

दिन फिर से दिन हो गये। किताबें, फिर से किताबें हो गयीं। खाना फिर से खाना हो गया। मुझे खो देने की तकलीफ़ हुई, लेकिन आज़ादी भी महसूस हुई।

वह अपने में सिमट गया। हशीश फूँकता। वह मत्स्य राशि का था।

'तुम ख़ूबसूरती के एक जहान में रहते हो और दूसरों की छुअन से ख़ुद को ज़ख़्मी करते हो,' उसने मुझसे कहा। 'तुम अनाइस निन हो!' हर बार जब वो जाने की ख़्वाहिश करता मैं उसे जाने नहीं देता। 'ज़िन्दगी जीते हुए तुम दूसरों को दर्द देते हो,' उसने कहा। केन ने भी तो हू-ब-हू यही कहा था, बस युआन दिल का बुरा नहीं था।

मैंने उसे हरेक अफ़साना सुनाया। उसने मेरे अतीत को लेकर कोई रियायत नहीं की। बचपन में मिले ज़ख़्मों को समझने का कोई और तरीक़ा नहीं है, सिवाय इसके कि वो तकलीफ़ें ख़ुद उठायी जायें।

उसने कहा कि मेरी सरगुजश्त 'शाहाकार बनायी' गयी थी, कि मैं ख़ुद को हसीन रंगों में पेश करना चाहता था। अपने से प्रिय लोगों को हम अपना वह रूप दिखाते हैं जो हम हो सकते हैं, वह ख़ूबसूरत रूप, हालाँकि मुझे दूसरों की राय की परवाह नहीं है। सरगुजश्त शक के घेर में है। हर कला ही झूठ पर आधारित है, सिर्फ़ इस तौर पर नहीं कि यह एक बनायी हुई चीज़ है, एक ऐसी चीज़ जिसे बताया जाता है, बल्कि इस तौर पर भी कि कला किसी की हाथ से गढ़ी हुई ज़िन्दगी होती है। यह एक गढ़ी हुई कायनात है। आत्मकथा भी कल्पना/क़िस्सा होती है। 'तुम कविताएँ लिखने के लिए मेरा इस्तेमाल कर रहे हो,' युआन ने कहा। 'तुम्हें क्या चाहिए, साहित्य या प्यार?' वर्जिल ने पूछा था। मैं चैन से जीना पसन्द करूँगा। ज़िन्दगी को बदलना अगर काम न आये तो इससे ज़िन्दगी बर्बाद हो जाती है। अगर हमारा तजुर्बा बरबाद हो जाये तो हमारा व्यवहार हर चीज़ तबाह करने पर आमाद हो जाता है। लेकिन युआन ने सेक्स के लिए एक आदर की बात सिखायी :

तुम्हें लगता है कि मैं शुद्धतावादी हूँ।
नहीं, यौन संयम पूरब में संरक्षण का एक सिद्धान्त है।

युआन ख़ुद यूरोप में यौन मुक्ति की ज्यादतियों से छुटकारा पाने की कोशिश कर रहा था और साथ ही सचमुच में ख़ुद को मुक्त करने की कोशिश कर रहा था।

उसके दादा एक रईस थे जो अपनी विरासत ठुकरा कर अफ्रीका चले गये थे।

उसके पिता एक यूरोपीय आर्ट फाउंडेशन के मुखिया हैं।

युआन का पसन्दीदा शब्द था 'समरसता'। वह मेरे फ़ख़्र, ग़ुस्से, बचाव, जलन, उदासी, तीखे भाव ज़ाहिर करने को नरमी से नहीं लेता। हममें एक कीड़ा है : इसे शक कहते हैं। ख़ुद पर शक से बेचैनी जन्म लेती है। कोई भी प्यार इस बेचैनी का सामना नहीं कर सकता।

वह आया तो हैमलेट की तरह ग़ुस्सा था। उसे पाकीज़गी की चाह थी, मैंने सोचा। मैंने सोचा कि वह सेक्स को लेकर मेरे ज़िद पर ग़ुस्सा था। एक पल के लिए मुझे वह सावोनारोला की तरह लगा। शायद मैं उस पर अपना ही यौन अपराधबोध रख कर देख रहा था, उसके साथ अपनी यौन हताशा को। वह हमेशा प्लेटोपरस्ती की बातें करता, मर्दों की दोस्ती में एक बड़ी ख़ूबसूरती की बात। मैं सोचता, 'अब ओफेलिया के साथ हैमलेट का सीन मैं बखूबी समझ सकता हूँ' :

खाने के बारे में बातें करने से तुम्हारा पेट नहीं भरेगा
कपड़ों के बारे में प्रलाप तुम्हें ठण्ड से नहीं बचायेगा
एक कटोरी भात है जो पेट भरने के काम आता है;
कपड़े की एक पोशाक तुम्हें गर्म रखती है।
फिर भी, इस पर ग़ौर किये बग़ैर,
तुम कहते हो कि बुद्ध को पाना मुश्किल है।
अपने मन को अपने अन्तरतम की ओर ले जाओ! वे वहीं मिलेंगे!
तुम उन्हें बाहर क्यों खोजते हो?

हान-सान, कोल्ड माउण्टेन (तांग काल)

'तुम साहित्य में जीते हो।'

हमने विदा कहा। मैंने उससे नर्मी से लेकिन मज़बूत इरादे के साथ रिश्ता तोड़ लेने की कोशिश की। लेकिन वह संवेदनशील है और उसके दिल को चोट पहुँची, उसने मुझे फटकारा : 'मुझे फिर से खोजने की कोशिश मत करना। कभी भी। क्योंकि मैं जा चुका होऊँगा और कभी नहीं लौटूँगा।' भावनाओं के चलते वह काँप रहा था। 'तुम्हारा प्यार शुरू से ही झूठी बात थी।' उसने मेरी कविताएँ लौटा दीं : 'वे महज़ शब्द हैं।' मैंने उसे जो कुछ भी तोहफ़े दिये थे, उसने लौटा दिये : 'तुमसे जुड़ी हुई कोई भी चीज़ मैं नहीं चाहता। तुम कारोबारी हो। तुम बातें बनाते हो।' लेकिन उसने पहली कविता रख ली।

पूरी तरह से अलगाव और कड़वाहट के पल में मैंने एक किस्म से एक अजनबी से मैंने खाना, घर, किताबें और पैसे मिल-बाँटकर इस्तेमाल करने के बावजूद अपनी नाकामी को क़बूल कर लिया था।

यह बात पाँच लोगों से होकर जोसेफ़ के ज़रिये युआन तक पहुँच गयी। मैंने उसे एक ख़त लिखा, जिसे उसने लौटा दिया।

> तुमने मुझे यह दिखाया कि प्यार की भाषा कितनी हद तक व्यापार की भाषा से मेल खाती है : हम मित्रता में निवेश करते हैं, लाभ कमाते हैं, हानि सहते हैं, वग़ैरह...मैं इस पैसे और पैसे के माध्यम से होने वाले लाभ के चक्र से मुक्ति चाहता हूँ। मैं ख़ुद को उदार मानता हूँ। मुझे दूसरों में छोटी सोच से नफ़रत है। लेकिन अपनी उदारता के बदले में मैं गर्मजोशी और भावना की अपेक्षा करता हूँ...मैंने कभी यह नहीं सोचा कि मैं तुम्हें 'ख़रीद' सकता हूँ। किसी को निगाहों में रखना मनमोहक है, जो लुभाता है, आकर्षित करता है, लेकिन शुद्धतावादी इसमें केवल प्रलोभन देखते हैं, सौन्दर्य नहीं। दुनिया में सहायता हमेशा वास्तविक होती है–वित्तीय और व्यावहारिक।

आगे चलकर मैंने जाना कि युआन आनन्दमार्ग के निस्संगी जोसेफ़ के साथ एक बातचीत की थी : निन्दा करने वालों ने फिर से प्यार का अन्त देखा, उसकी शुरुआत नहीं। जोसेफ़ बटोरने में यक़ीन रखता था, वह जम जाता था, उसे प्यार से डर था, और वह दूसरों के प्यार में परोक्ष रूप से हिस्सा लेता था। मैंने उसे नकार दिया।

युआन ने ख़त को लौटाते हुए लिफ़ाफ़े के पीछे मेरे लिए एक नोट लिखा :

दूसरों के प्रति तुम्हारे व्यवहार के प्रति मेरी घृणा ही इस शिकायत का मूल है...तुम दबे हुए और कुण्ठित हो–भले ही तुम अपने 'स्वतन्त्र और मुक्त' होने का दावा करो–तुम अपने अहं भाव को नियन्त्रित करना ही नहीं चाहते।

'मैं एक दूसरा शख़्स है।'

जब वह लौट गया, तो मैंने उसकी यादों को इन पन्नों में समेट दिया। गपशप में एक ख़ूबसूरती आ गयी थी। मैंने उसके लिए एक सेस्टीना लिखी : हर सुबह जागते हुए वह मुस्कुराता और पिछली रात अधूरी रह गयी किताबों या दोस्तों की हमारी बात को वहीं से शुरू कर देता। बसन्त के नये साल (नवरोज़?) पर उसने मुझ पर किशमिश बरसाये। जिस रात मैंने उसका दोस्त बनने का फ़ैसला किया, उसने मुझे गुडनाइट कहकर चूमा और होस्टल में सोने चला गया : 'तुम व्यापार से असहमति रखते हो। इसलिए तुम यात्राएँ करते हो। तुम सोने के लिए पैसे देते हो। तुम खाने के लिए पैसे देते हो।' मैंने देखा, पहले की तरह उसका चेहरा चमक रहा था। चमक शून्यता (निर्वाण) का एक गुण है। लेकिन फिर यह रोशनी बुझ गयी।

मैंने सीलोन में हीनयान मठ का पता उसे दे दिया। लेकिन उसने सेशेल्स जाने का फ़ैसला किया।

खजुराहो में मन्दिरों की तस्वीरें : बाहर कामुक आलिंगन में जोड़े, दीवानगी में, सहजता के साथ, अपने को दूसरे के हवाले करते हुए, देह की गुलामी में। सबकुछ वहाँ है, सचमुच का, चित्रित। भीतर : सादा, खाली, शुद्ध का सन्नित्र यथार्थ, शान्त शून्यता।

अन्दर और बाहर, एक ही अण्डे के दो पक्ष, मन्दिर और गुफा। युआन ने शुद्धता और ऐन्द्रिकता के इस समकालीन पहलू को मेरे सामने रखा।

सूफ़ी प्यार : माँ-बाप के लिए, बहनों, दोस्तों के लिए प्यार। शायद हमारा सारा प्यार हमेशा उस चीज़ की एक फीकी-सी झलक है जो कायनात के दिल में जगमगाती है; सलीब पर फैली हुई बाँहों का प्यार।

ला विदा एस्त सुएन्यो (जीवन सपना है) : शायद सबकुछ एक माया है–यह रोना, यह बिखरना, यह गिरना, यह मिट जाना, यह उस चीज़ का उजागर होना जो अब नहीं है, और किसी भी चीज़ का न होना सिवाय एक सपने के। यह सपना हमें मिला नहीं है, बल्कि हमने इसे हासिल किया है।

आनाइस निन, डायरी VI

एक आधुनिक नृत्यांगना, कथकली और मार्था ग्राहम की छात्र आशा कूर्लावाला को मुक्तानन्द ने नया नाम दिया : उत्तरा। वे लिखती हैं :

आशा आध्यात्मिक मार्ग है।

उत्तरा उच्चतम आध्यात्मिक सत्य है।

अर्जुन ने उसे निर्वासन के तेरहवें वर्ष में, एक किन्नर नृत्य-शिक्षक के रूप में, नृत्य सिखाया। वह राजा की पुत्री थी।

मेरी क्रिसमस कविता के जवाब में मुल्कराज आनन्द लिखते हैं : "हमारी माँओं ने हमें जो दिल की समझदारी सिखायी, उसे मत भूलो।" वे आत्मकथा लिखने का आग्रह करते हैं, ताकि मेरी भाषा में जो गीतात्मक प्रेरणा हैं, उनमें अर्थ की गहराइयाँ ज़ाहिर हो सकें। मैं दो दिनों में अपने हाथों से एक डायरी लिखता हूँ। जिन जगहों से मैं गुज़रा हूँ, वे किसी नक्शे की जगहें नहीं हैं।

होवैदा : तेरह वर्षों तक ईरान के प्रधानमन्त्री। जिस दिन तेहरान में सत्ता गिरी, उस दिन जेल टूटने के दौरान वे भी उसी तरह भाग सकते थे, जैसे कि दूसरे कसूरवार लोगों ने किया। मगर इसके बजाय, उन्होंने आत्मसमर्पण करने का फ़ैसला किया। किसी वक़्त फ़ैशनपरस्त रहे होवैदा ने अदालत में अपने हुलिये के लिए माफ़ी माँगी। 'अब यही कपड़े मेरे पास बचे हैं,' उन्होंने क्रान्तिकारी अदालत से कहा। तकलीफ़ सहकर निजात की उम्मीद। एक बहाई और एक समलैंगिक, एक बाहरी। उन्होंने अपने संस्मरण लिखने के लिए एक महीने की मोहलत माँगी। इनकार। तब उन्होंने शहादत चाही।

पिता का ख़त :

'मेरे ऊपर बैंक का कर्ज़ है और मैंने ब्याज में 72,000 चुकाये हैं।'

पिता को ख़त :

'मेरी जितनी उम्र बढ़ रही है, मैं ख़ुद को आपके क़रीब महसूस करता जाता हूँ। चाहे जितने भी कम वक़्त के लिए हो, आपके और अम्मी के बीच में प्यार था। यह एक ऐसी बात है जिसे हल्के में नहीं लिया जा सकता।'

सारी बात ध्यान की है : अगर आप दौलत पर ध्यान दें, तब आप अमीर आदमी बन जाते हैं। अगर आप प्यार पर ध्यान दें तो एक वेश्या। और अगर ख़ूबसूरती पर, तो एक कवि, अगर ईश्वर पर, तो एक सन्त।

मैंने कभी भी चीज़ों को शुद्ध और उदात्त नहीं बनाया। मैंने हरेक फैंटेसी को जिया। उदात्त बनाना एक काम में बदल गया है। मैं एक कलाकार बन गया। ऐसा नहीं है कि जब हम पैदा होते हैं हमारे पास कुछ भी नहीं होता है। हम शरीर के साथ पैदा होते हैं। मैंने अपने शरीर से अपनी ख़ुद की ज़िन्दगी बनायी; मैंने नरक में जीकर देखा और जो मैंने देखा, वह बताने के लिए वापस आया।

मनुष्य केवल तभी खेलता है जब वह सचमुच में इन्सान होता है, और वह सचमुच में इन्सान तभी होता है जब वह खेल रहा होता है।

शिलर

'काम खेल नहीं हो सकता है' एक ऐसी बात है जो कलाकार के खेल को जीवन की मशक्कत से अलग करती है। मार्क्स कहते है कि मेहनत इन्सान में इन्सानियत भरती है। कलाकार अपनी कला पर मेहनत करता है ताकि जो कुछ भी ज़ाहिर है, उसमें से वास्तविक को अलग किया जा सके, हालाँकि उसमें जो कुछ भी मौजूद है वह मुमकिन है कि एक 'तथ्य' न हो। सिर्फ़ कलाकार के जीवन में ही काम और खेल घुले-मिले होते हैं, और अलगाव ख़त्म हो जाता है।

'समलैंगिक आन्दोलन, महिलाओं के आन्दोलन राजनीतिक हैं। प्यार की पुनर्खोज के साथ उनका कोई लेना-देना नहीं है।'

ओक्तावियो पास

जो लोग (स्वतन्त्रता का) उत्सव मनाने वाले बनते हैं, वे आमतौर पर अपने ही सामाजिक समूह में हाशिये पर रहने वाले सदस्य होते हैं। भले ही वे शुरू में ऐसे न रहे हों, उनकी स्वतन्त्रता की इच्छा अक्सर उन्हें ऐसा बना देती है, लेकिन आमतौर पर वे पहले से ही ऐसे होते हैं। इसका तरीक़ा कुछ ऐसा दिखता है। अक्सर शुरुआती उम्र में, व्यक्तिगत सुरक्षा का पर्याप्त अनुभव, जिससे अवचेतन उस कमी के ख़तरे से संवेदनहीन हो जाता है, जो किसी प्रकार के कलंक के कारण पैदा होती है, जो इतना गम्भीर होता है कि यह उस संकल्प को ढीला कर देता है जो व्यक्ति को समूह से बाँधता है; लेकिन इतना गम्भीर भी नहीं कि उसे समूह से बाहर कर दे और इस तरह उसकी सुरक्षा को नष्ट कर दे। न ही कलंक को इसकी छूट दी जानी चाहिए कि वह समूह की नयी सदस्यता का आधार बन जाये, क्योंकि इससे यह बन्धनों को कमज़ोर करने वाली चीज़ बनकर अपने प्रभाव को खो देता है; व्यक्ति ने एक नया संकल्प लिया है और तुरन्त अपने नये समूह-हितों को बढ़ावा देना शुरू कर देता है, अपनी संकोच और आन्तरिक दृष्टि की क़ीमत पर। यहूदी होना, काला होना, समलैंगिक होना–यह सब पहले उन लोगों के लिए हाशिये पर चले जाने में चमत्कारी काम करता था, जिनके लिए ऐसा करना सम्भव था। आजकल, इनका ज़्यादा महत्त्व नहीं है; ये बस राजनीति में घुसने के अलग-अलग तरीक़े बन गये हैं।

फ्रिडेनबर्ग, लेंग

मैंने जुनून को छोड़ दिया है।

रोहिंटन : उनके ज़रिये मैं अपने लोगों से जुड़ा। वे खेल-कूद में रहने वाले खिलाड़ी हैं और कुँवारे हैं–उनके ज़रिये मैं अपने से विपरीत से जुड़ा हूँ। वे मेरे जैसे ही एक वृश्चिक हैं और अपने छोटे चेहरे पर दाढ़ी रखते हैं, जैसे मैं रखता हूँ। उनके ज़रिये मैंने अपने आप से जुड़ा हूँ।

वे लगातार गपशप को नज़रअन्दाज़ करते हैं। यह उनकी अच्छाई है। वे उड़ना चाहते हैं, लेकिन नहीं उड़ सकते। वे शादी करना चाहते हैं, लेकिन नहीं कर सकते। उन्होंने कभी भगवान से प्यार किया था; अब वे उसे खो चुके हैं, ज़रथुष्ट्री स्वर्ग के ज़रथुष्ट्री ईश्वर को। वे अब अरबिन्दो और हाफ़िज़ को पढ़ रहे हैं।

उनके लिए 'खोज' अपने पर जीत की कोशिश है। इनकी कोशिश है कि अपने मानसिक सन्देहों और शारीरिक सीमाओं पर जीत कैसे हासिल की जाये। वे आराम, नरमी और औरताना गुणों के ख़िलाफ़ लगातार लड़ते रहते हैं। इसके लिए वे ठण्ड सहते हैं और सादा भोजन खाते हैं। यह महज़ अपने अहं को मज़बूत करने की कोशिश भी हो सकती है, लेकिन दूसरों की ज़रूरत उन्हें बचा लेती है। प्यार उन्हें बचा लेता है।

मैं अपने जीवन को शुद्ध बना रहा हूँ, मैं अपनी कविता को शुद्ध बना रहा हूँ।

'प्यार का अकेला आकर्षण यही है कि यह एक बुरी चीज़ है।'

बॉदलेयर

'ज़रथुष्ट्री फूल समारोह' :

जिसकी दीक्षा होनी है वह एक शिक्षक के सामने खड़ा होता है; उनके बीच दाहिनी तरफ़ तीन फूल रखे जाते हैं, जो अच्छे (अच्छे काम, बातों और सोच) के लिए होते हैं, और बायीं तरफ़ तीन फूल, जो बुरे के लिए होते हैं। शिक्षक के पास दो फूल होते हैं, एक अच्छे के लिए और एक बुरे के लिए। दीक्षित होने वाला व्यक्ति शिक्षक के पास जाता है और बुरे के फूल को उठाता है, उसे देर तक पकड़ता है। फिर वह उसे सच्चाई के फूल से बदलता है और अनुभव के लिए सात फूल प्राप्त करता है, अहसासों के पानी से भरे एक फूलदान को नौ बार मारता है, जो नौ दिशाओं का प्रतीक होते हैं, और फिर अपने स्थान पर वापस लौट आता है। बुराई को जानने और अनुभव हासिल करने के बाद, वह जीवन में लौट जाने के लिए तैयार होता है।

मैं एक ईरानी ज़रथुष्ट्री से मिला, जो केरमेन से था। फिर से केन की गूँज। मुझे उसके स्कूल में पढ़ाने की नौकरी का प्रस्ताव मिला। मैं उसके बिस्तर में सोया, उसका खाना खाया। उसने अपने दोस्तों के सामने मेरी समलैंगिकता को लेकर मुझसे जिरह की। रात को नींद में उसने मेरा हाथ पकड़ा। स्कूल के आख़िरी दिन हम एक साथ नहाये। अगले सत्र में हमने एक साथ रहने का फ़ैसला किया। बाद में मुझे पता चला कि उसके सवाक एजेंट होने का शक था। उसकी आदतें जासूसों जैसी थीं, वह मामला खड़ा करने के लिए लोगों

की बातचीत सुनता था। वह पैसे की माँग लेकर मेरे पास आया। मैंने मना कर दिया। मुझे अपनी किताबें और सामान उससे वापस लेने के लिए पुलिस से सम्पर्क करना पड़ा। उसके साथ सोने से पहले मैंने उसे एक आध्यात्मिक प्रेमी के रूप में देखा था, और उसे रूमी के अन्दाज़ में एक कविता लिखी थी। आख़िरकार केन के प्रेत को शान्ति मिल चुकी थी।

रोहिंटन चुपचाप मेरी सभी कविताएँ लौटाकर चला गया।

बेहज़ाद ने केन की जगह ले ली। 'सबकुछ एक इत्तेफ़ाक़ है।' वह राजनीतिक गतिविधियों में शामिल था। एक पुरुष के साथ उसका पहला यौन अनुभव मैंने उसे कराया। मैंने इसकी ज़िम्मेदारी ली। वह मेरी बहन के साथ सोना चाहता था। वह फ्रॉयड को नकारता है। उसने मुझे वैसी वफ़ादारी दी, जो आम तौर पर उसकी राजनीति को हासिल थी। हमने साथ में दस साल रहने का फ़ैसला किया (उसकी शादी होने तक)। वह मेरे लिए एक चाँदी की परत चढ़ी अँगूठी लाया और अरबी में शादी की रस्म के पहले शब्द बोले। मैंने शादी का एक वचन लिखा : 'ख़ूबसूरत शख़्स के लिए यह मुमकिन है।' मैंने आर्थिक रूप से उसकी वामपन्थी राजनीति की मदद करने की ख़्वाहिश जतायी। उसने कहा कि एक बार वह एक कविता के लिए जेल जा चुका था। वह मेरे उलटा था : वह वृषभ और मैं वृश्चिक। मैंने यह तय किया कि मुझे कोई नौकरी करनी चाहिए ताकि मैं दुनिया में जीने के काबिल बन सकूँ। आख़िरकार यह बात मेरी समझ में आयी कि पैसे के ख़िलाफ़ मेरी बग़ावत मेरे पिता के ख़िलाफ़ बग़ावत थी; मानो मैं अपनी अम्मी के शब्दों को दोहराये जा रहा था : "दौलत का मतलब है वेश्यावृत्ति।" बेहज़ाद मेरे पास आज़ादी और सुरक्षा की तलाश में बग़ावत करके आया। उसने दमन का सामना किया था। मैं आख़िरकार अब एक इन्सान को पूरी तरह, शारीरिक और स्थायी रूप से प्यार कर सकता था। हमने एक-दूसरे से कई वादे किये। भविष्य की औलाद। 'तुम एक आदर्शवादी हो।' मैंने इसकी गुंजाइश रखी कि वह अपने बारे में अपने ख़यालों को बनाये रख सके। एक युवा लड़का एक अनुभवी आदमी के पास ख़ुशी और आज़ादी के साथ आता है। फिर वह करुणा करना सीखता और सिखाता है।

इस्फ़हान में, मैं एक बेसमेंट के कमरे में रहता था। इसमें पूरबी (ओरिएंटल) अन्दाज़ में बिस्तर फ़र्श पर लगा हुआ था, जिस पर मैंने एक कश्मीरी शॉल डाल रखी थी। मेरी मकान मालकिन ने मुझे फ़र्श के लिए एक कालीन दी और उनकी होप चेस्ट अलमारी का काम देती थी। मैं अपनी कविताओं को बेहज़ाद के परिवार से मिले एक फ़ारसी बक्से में रखता था।

मेरी मकान मालकिन की बेटी अपने मंगेतर से अलग हो गयी थी, और पूरा परिवार अटलांटिक के आर-पार चल रहे झगड़े में उलझा हुआ था। वे लड़की के दहेज़ से चोरी हुए गहनों और चीज़ों को वापस पाने की कोशिश कर रहे थे।

बेहज़ाद का ख़त :

क्योंकि मैं ख़ुद को (एक नातज़ुर्बेकार शख़्स के रूप में) नहीं दिखाना चाहता था, इसलिए मैंने तुम्हें अफ़सानेह के बारे में बताया था...मैं कभी भी अफ़सानेह से नहीं मिला हूँ...वो सारे नाम मैंने मन से गढ़े थे। तुमसे झूठ बोलने की वजह से मुझे बहुत तकलीफ़ हुई है। इसलिए हर बार जब हमारा झगड़ा हुआ, तो मैं ख़ुद को तुम पर हाथ उठाने से रोकता रहा। तुम्हारी देह वह पहली देह थी जिसे मैंने अपने जीवन में देखा। मुझे कभी तुम्हारे पैसों की ख़्वाहिश नहीं थी। मैंने कभी तुम्हें अपने लिए इस्तेमाल नहीं करना चाहा। तुम जो भी हो, मैं तुम्हारे साथ रहना चाहता था। मैं सचमुच अकेला हूँ। मेहरबानी करके मेरा हाथ पकड़ो और मुझे इस क़ैदख़ाने से बाहर निकलने में मदद करो, यह क़ैदख़ाना जो मुझे धीरे-धीरे मार रहा है।

•

कुर्दिस्तान : मैंने सनंदाज के लिए बस ली। अचानक ही सारा मंज़र जादुई हो गया, जैसे मृत सागर के आसपास की पहाड़ियाँ या साइप्रस की सड़कें होती हैं। यह इस किस्म की ज़मीन थी जिसके लिए जान दी जा सकती है। गर्मी आधी बीती थी, नदियाँ भरी हुई थीं, पेड़ हरे-भरे थे, और कभी-कभार कोई ड्रोंगो या किंगफिशर उड़ती हुई दिख जाती। बस नदी के किनारे-किनारे उसके स्रोत की दिशा में जा रही थी। एक घण्टे के सफ़र में दस चौकियाँ

थीं। औरतों और लड़कों पर जासूस होने का शक किया जाता था; गाइर्स से नफ़रत की जाती थी।

सनंदाज बमबारी में पूरी तरह से तबाह हो चुका था। पहाड़ी शहर रोम के अन्दाज़ में बने हुए, घरों पर पुते हुए सीपिया रंग। कहा जाता है कि मेदेस वापस कुर्द बन गये थे। गाँवों में बुनियादी सुविधाओं तक का अभाव है। औरतें ट्री ऑफ़ लाइफ़ के पैटर्न में चमकीले लाल और नारंगी रंग के कालीन बुनती हैं।

रात की बस में एक कुर्द के साथ प्यार किया।

बेहज़ाद को ख़त :

किसी और इन्सान को जान पाना गहराई तक झकझोर देने वाली बात होती होगी। मैंने केवल अपना शरीर दिया–मैंने पहले कभी किसी को अपनी ज़िन्दगी में नहीं लिया, न ही रखा।

तुम पहले शख़्स हो जो रुके :

मैं एक मामूली इन्सान बन गया हूँ, न कवि रहा, न वेश्या, न सन्त। अपनी दोस्ती की शुरुआत में ही मैंने तुम्हें जीवन और राजनीति में एक योद्धा के रूप में देखा था। तुम्हारे पास बहुत सारी चीज़ें नहीं हैं। तुम ग़ैरमामूली हो। इसलिए तुम मेरे दोस्त हो। मैं शरीर, रिश्तों, और धरती से जुड़ा हूँ। हम एक-दूसरे के उलट हैं। हम एक-दूसरे को मुकम्मल बनाते हैं। तुम बँटे हुए नहीं हो। तुम पूरे हो। तुम एक ही शख़्स से प्यार और दोस्ती दोनों कर सकते हो।

तुमने मुझे अनुशासन सिखाया : हर पल, हर दिन ख़ुद को तबाह किये बिना प्यार करना। पैसा केवल एक ज़रिया है; प्यार एक बुनियाद है। तुम अब क़ैदख़ाने में नहीं हो। तुम सपनों के लाल हो; मेरी खोई हुई मासूमियत और आने वाली ज़िन्दगी की कामयाबी।

मैंने तुमसे भगवान की तलाश के बारे में बात की थी। इन्सान को मुकम्मल की ख़्वाहिश है, जिसको हम 'भगवान' कहते हैं। बचपन बीतने के साथ हम भगवान को खो देते हैं, क्योंकि हम अपने बचपन की मुहब्बतों को खो देते हैं। प्यार को फिर से पाने का मतलब भगवान को फिर से पाना

होगा। लेकिन अपने इन्सानी रिश्तों में नाकाम रहना और भगवान के पास जाना एक ग़लती है। आदमी सिर्फ़ आदमियों और औरतों के ज़रिये से भगवान से प्यार कर सकते हैं। दोस्ती के बिना सेक्स एक ग़लती है। दोस्ती के अलावा बाक़ी सबकुछ किताबों से आता है। राजनीतिक हत्या की वजह प्यार की कमी है। हुक्मरानों के पास शहीदों के प्यार का जवाब नहीं है, न ही वे उनकी बराबरी कर सकते हैं, इसलिए वे उन्हें मार देते हैं। एक नौजवान के रूप में तुम इसे बेहतर समझते हो।

बड़े होते हुए तुम ताक़त चाहते हो; मैं तुम्हें उस बच्चे की ओर ले जाने के लिए पुकारता हूँ जो तुम हो। तो तुम कहते हो कि मैंने 'तुम्हारी वफ़ादारी को कम किया।' जब सच्ची क्रान्ति आयेगी, तो वे शायद मुझे मार देंगे। अगर तुम्हारी प्रेरणा प्यार है, तब अगर तुम्हारे पास पैसा और सत्ता भी होगी, तो तुम इन्हें त्याग दोगे।

बाद में मुझे पता चला कि राजनीति की ख़ातिर जो पैसा था, उसे उसने अपने पास रख लिया था। एक और 'व्यापारिक सौदा' भी शायद संदिग्ध था। वह पैसा विदेश में पढ़ाई पर ख़र्च होना था। पैसे के लिए मेरी नफ़रत को उसने अपने फ़ायदे में इस्तेमाल किया।

फिर भी, मैं उसके साथ बना रहा, इसकी वजह जितनी करुणा थी उतनी ही अपनी ज़रूरत भी। आख़िरी बार जब मैंने उसके साथ रहने की कोशिश की, तो वह आतंकवाद के बारे में बातें कर रहा था। उसने ख़ुदकुशी को रूमानी रंग में पेश किया। मार्क्सवाद बीसवीं सदी का एक अन्धविश्वास बन गया है।

हम दोनों का गुज़ारा चल सके इसके लिए मैंने अपमान और तौहीनी सहते हुए लड़कों के एक स्कूल में काम किया था। जीवन की ज़रूरतों और आरामतलबी के लिए उसकी माँगें कभी ख़त्म ही नहीं होती थीं। मुझे उससे अलग होना ही पड़ा।

बेहज़ाद ने मुझे लिखा :

चार बार
पहले आग से

फिर पानी, हवा
और अन्त में धरती से।

यह आदमी कौन है?
कहाँ से? क्यों?
किसके लिए?
मैं मैं नहीं हूँ मैं
अकेलापन

अकेली है–
रोशनी
रोशनी के ऊपर और रोशनी
उलटी रोशनी की ओर देखो

मैं उसकी बाँहों में एक छड़ी की तरह महफ़ूज़ सोता हूँ
तन्हा

आज जुमा है। वक़्तों को रोशनी की रफ़्तार से बीतते हुए मैं महसूस कर सकता हूँ। तीन घण्टे तक मैं दीवार से टिककर सोचता रहा हूँ, बिना यह जाने कि मैं कहाँ हूँ।
मैं तुम्हारे बारे में सपना देख रहा था, उन दिनों के बारे में जब कोई हमें अलग नहीं कर सकता था। फिर मैंने अतीत को जीने का फ़ैसला किया। तुम्हें याद करने में मेरी मदद करने का सबसे अच्छा ज़रिया थे तुम्हारे ख़ूबसूरत ख़त। इसलिए मैंने एक ख़त को चुना और तुम्हारे लिए उसकी एक नक़ल बनायी...
मैं सत्रह दिन बाद वापस आया। काम बहुत मुश्किल है। ठण्डे मौसम में रेगिस्तान में दस घण्टे...

कविता का दूसरा पद मेरा अनुवाद है, उन फ़ौरी कविताओं का, जिन्हें वह बिस्तर पर मुझे सुनाता था।

लेकिन अब मैं उस पर भरोसा नहीं कर सकता था।

आगे भी लड़के मेरे पास आये, लेकिन मैंने भरोसा करना छोड़ दिया था। प्यार करने के दौरान ही मेरी शक्तियाँ मुझसे दूर हो गयीं।

मक़सद से भी अधिक समय तक रहने वाली कोशिश—यह प्यार की एक परिभाषा है।

बाक़ी परिभाषाएँ हमारे दिलों में रच-बस गयी हैं, और हम उन्हें हम कहते हैं। हर इन्सान, जो अपने लिए ईमानदार नहीं हो सकता और न ख़ुद को अपने से अलग करके सोच सकता है, जैसे कि दूसरे ख़ुद के लिए या हमारे लिए ईमानदार नहीं हो सकते, दूसरों के लिए दूसरा बनने में दूसरों में ख़ुद को पहचानना मुश्किल है, न ही ख़ुद में दूसरों को देख पाना। इस तरह कम-से-कम यह एक दोहरी ग़ैरहाज़िरी बन जाती है, जिसमें इन्सान अपने ही मरे हुए वजूद के प्रेत का शिकार हो जाता है, इसमें कोई हैरानी नहीं कि आधुनिक इन्सानों को दूसरे इन्सानों की लत होती है, और यह लत जितनी अधिक होती है, उतने ही वे कम सन्तुष्ट होते हैं, और उतना ही वे अधिक तनहा होते हैं।

आर. डी. लेंग, पॉलिटिक्स ऑफ़ एक्सपीरिएंस

वह रचनात्मक दोस्त, जिसके पास देने के लिए हमेशा ही एक मुक़म्मल दुनिया होती है। और जैसी दुनिया किसी वक़्त उसके लिए बिखर गयी थी, वैसे ही वह फिर से उसके पास लौट आती है, जैसे बुराई से अच्छाई का विकास होता है, जैसे इत्तेफ़ाक़ से संरचना आकार लेती है।

नीत्शे

फ्रेनी भावनागरी को ख़त :

मेरी किताब एक केलाइडोस्कोप साबित हुई : काँच के कुछ टुकड़ों की झलकियाँ जिनका कहीं कोई अन्त नहीं दिखता।

चीज़ें जमा होती जाती हैं और इस तरह किताब जीवन की तरह धीरे-धीरे बढ़ती जाती है। अपनी किताब में ख़ुद को क़ायम करते हुए मैं अपनी ज़िन्दगी को रच रहा हूँ। अगर हम सच्चाई को लिखना चाहते हैं, तो हरेक शख़्स के लिए सिर्फ़

एक सच्चाई होती है, उसकी अपनी ज़िन्दगी की सच्चाई। किसी की अनोखी सच्चाइयों की परख करते यह पता चले तो इसमें कोई हैरानी नहीं है कि वह सच्चाई, अनोखे दूसरे लोगों की सच्चाइयों से जुड़ी हुई है। इसलिए, जो लेखक अपने लिए लिखता है, उसको बाद में दूसरे अपना लेते हैं। केवल बुद्धिजीवी ही ख़ुद पर नकारात्मक नज़रियों का प्रभाव पड़ने देते हैं।

मेरी बहन ने ईरान छोड़ दिया और भूटान चली गयी, और सभी से सम्पर्क तोड़ लिए।

ट्राउटे का ख़त :
हेलमुट ने घुटनों पर खड़े होकर मुझसे कहा कि मैं उसे दुनिया का सबसे ख़ुशहाल आदमी बना दूँ, या फिर उसे टूटे हुए दिल वाला मान लिया जाये। मैंने 'हाँ' कह दिया क्योंकि मुझे दिल टूटे हुए मर्द पसन्द नहीं आते। अब तीन महीने में मुझे बच्चा होने वाला है।

तेहरान स्कूल फ़ॉर फ़ॉरेन रेज़ीडेंट्स : मुझे ताइवानी छात्रों को पढ़ाना था, जिन्हें चीनी ज़ुबान बोलने से इनकार था। उनके पिता एक अमेरिकी एयरोनॉटिक्स कम्पनी के लिए तीसरी दुनिया के मोहरे थे। एक अमेरिकी औरत यह स्कूल एक निजी जागीर की तरह चला रही थी, जिसने मुझे हाइडेलबर्ग में अपने अमेरिकी बॉसों की याद दिला दी। व्यापार में महिलाएँ कामकाज के ढंग आमतौर पर पुरुषों से सीखती हैं।

बहन का ख़त :
'डेविड सालाना $13,000 कमाता है और फिर भी फटेहाल है।'
मैं कहता हूँ कि उसके भीतर का भिक्षु पहचान पाने की चाह में तड़प रहा है।

बहन को ख़त :
तुम कहती हो कि मानव स्वभाव तुम्हारी समझ से बाहर है। मैं तो उस बच्चे को भी समझ गया हूँ, जिससे मैं हाल में मिला हूँ। मेरे छोड़ देने के

बाद एक साल में कल वह पहली बार मेरे शहर आया। मैंने एक होटल में कमरा लिया और बातें शुरू कीं। अन्त में उसने कबूल किया कि वह 'छलावे का अनुभव करना' चाहता था–बच्चे किस कदर अनुभव के लिए लालायित रहते हैं। 'कोई भी कार्रवाई पाकीज़ा है अगर कोई तर्क उसके बारे में फ़ैसला न करे'–वह छलावे में पाक था! अपनी कहूँ तो मैं 'लिए जाने' का अनुभव चाहता था। हमारे बीच एक अनकही समझ थी। अब अनुभव को जी लिया गया है, समझा जा चुका है, तबाह किया जा चुका है। मुझे इस बात ने छू लिया कि वह मेरा बकाया चुकाने के लिए पैसे उधार लेना चाहता था। सुबह मैंने कहा 'हैप्पी बर्थडे': मेरी कोशिश ने आख़िरकार उसे ईमानदार बना दिया था; मैंने कुछ सिखा दिया था।

'वह प्यार का जुनून जिसमें हम आशिक़ को पकड़े रखना चाहते हैं पर हमारे पास कुछ भी नहीं रहता।'

प्रूस्त

मैंने तुर्की के अपने सपनीले सफ़र की योजना बनायी। नाचते दरवेश, इस्तांबुल, ओरिएंट एक्सप्रेस।

सुबह के धुँधलके में नक़्शे-जहान स्क्वेयर देखा। इस्फ़हान का महल, मस्जिद, बाज़ार : पुराने दोस्तों की रुलाई।

बेहज़ाद ने मुझे चले जाने से रोका; मैं बेरोज़गार था लेकिन रुक गया।

मैनफ्रेड ने मुझसे जर्मनी में अपनी कविताएँ दिखाने को कहा।

मैंने जब अपना क़र्ज़ वापस माँगा तो बेहज़ाद ने मुझे एक कारोबार का ग़लत पता दिया। एक ब्लैकआउट के दौरान मेरे होटल आते समय उसने एक साइकिल सवार को कुचलकर मार डाला; उसे एक दिन के लिए जेल में डाला गया। मैं लगातार उसके घर, अपने होटल और पुलिस स्टेशन के बीच चक्कर लगाता रहा। दोलोरोसा के ज़रिये, दुख की गलियाँ, दुख की वही गलियाँ जिनमें मैं हर हफ़्ते इस्फ़हान के दौरों पर सुबह-सुबह चलता था। मैं उसके बेडरूम की खिड़की पर खड़े होकर आवाज़ देता, वह अपने माता-पिता के घर का दरवाज़ा मेरे लिए खोलता।

अब वह जेल से लौट आया था, मुंडे सिर के साथ, ग़ुस्से में। उसने मुझे अपनी ज़िन्दगी से चले जाने का हुक्म दिया। मैंने फ़ोन किया, पत्र लिखा, गांधी, गीता, नीत्शे, कास्त्रो, विक्टर और जारा भेजे।

वह मुझ पर नरम पड़ा। मुझे अपनी दादी के घर ले गया, जो हाल ही में किरायेदारों से ख़ाली हुआ था। उस ख़ाली घर में जीवन का, एक क़ैदख़ाने का, एक असहनीय एहसास हावी था। एक अजीब-सी कामुकता खिल उठी।

हम पतली गलियों से, एक ढके हुए बाज़ार से चलते हुए फिर से नक़्शे-जहाँ पर आ गये। मैं उसकी आँखों में नहीं देख सका क्योंकि उसने धूप के चश्मे पहने हुए थे। उसमें मस्जिदों, मीनारों की झलक थी।

उसने मुझे बताया कि उसने अपने घर में डाइनामाइट छुपा रखा है। वह कभी भी फट सकता है।

उसने कहा कि उसने मेरे सारे पैसे एक ऑटोमेटिक रिवॉल्वर पर ख़र्च कर दिये। यही वह राज़ था जिसके लिए वह लगातार झूठ बोलता था। उलझी हुई राजनीति के लिए वफ़ादारी ने मानवीय सरोकारों को भी पीछे छोड़ दिया था।

मैंने अपने हाथों से उसके ग़ुस्से, उस डायनामाइट को उसके घर के पास बहती हुई एक धारा में डुबो दिया।

चाँद उभरा, सुनहरा, गोल और पूरा।

उसने वादा किया कि वह आतंकवाद को छोड़ देगा।

जेल से वह लैला और मजनूं की एक तस्वीर वापस लेता आया, अपनी घड़ी के तोहफ़े के बदले में।

मैं उसकी कविताओं का अनुवाद करूँगा और उन्हें जर्मनी भेजूँगा। मैं उसे रोज़ ख़त लिखता हूँ। मैंने वादा किया कि मैं काम करके उसका भारी जुर्माना चुका दूँगा।

जिसे ख़ूबसूरत होना था, वह एक कुर्बानी बन गया।

रेक्स को लिखा एक ख़त जिसे मैंने नहीं भेजा :

मैं यह किसी से नहीं कह सकता।

यहाँ के मेरे दोस्त, छुप कर रहने वाले पुराने अमेरिकी समलैंगिक, मुझे कसूरवार ठहराते हैं। मेरा अपना दोस्त एक नौजवान ईरानी है।

मैं एक सरकारी फ़ारसी अख़बार के लिए एक नौकरी का इंटरव्यू देने गया था। पहले पन्ने पर दो लड़कों के गोली से मारे जाने की ख़बर थी, जिनकी उम्र चौबीस और तीस थी। मैंने उस ख़बर को बार-बार पढ़ा, जब तक कि मुझ पर मतली और डर से मिला हुआ मदहोशी भरा एक आलम न छा गया। मैंने अमेरिकी सचिव को संकेत में बताया कि मैं समलैंगिक हूँ। मैं ऐसे लोगों के लिए काम नहीं कर सकता था। मुझे नौकरी नहीं मिली। बताओ रेक्स, वेश्याओं और चमचों से भरी हुई इस दुनिया में क्या ईमानदारी के लिए कोई जगह है? मुझे निजात दे दो, रेक्स, अपनी दोस्ती से...

मैंने बेहज़ाद को लिखा :
ख़ुदा और कुछ नहीं बल्कि हमारा वजूद है।
इन्सान को किसी न किसी के सामने झुकना पड़ता है। इसलिए मैं तुम्हारे आगे झुकता हूँ।
अगर तुम में शान बहुत हो तो तुम ख़ुद के आगे झुक सकते हो...
इबादत के दौरान, हम धरती के आगे झुकते हैं, क्योंकि हम सब यहाँ रहते हैं या सचमुच यहाँ रहना चाहते हैं।

लेकिन उसने मुझसे कहा कि वह ख़ुद से नफ़रत करता है और अपने को एक नाकाम इन्सान मानता है।

नौजवान होने का मतलब है अपना वजूद खो बैठना, यानी हर कोई बन जाना, हर कोई बन जाना एक अभिनय है; औरतों का आशिक़, प्रेमी, सोडोमाइट, आतंकवादी, भाग्यवादी, भौतिकवादी, अपराधी, बुर्जुआ होने का खेल खेलना। इसका मतलब है यह निष्क्रिय बने रहने, एक बच्चे बने रहने की आख़िरी विलासिता है। संसार बच्चे के कन्धों पर सवार होता है; आदमी दुनिया के कन्धों पर सवार होते हैं। बच्चे की दुनिया ग़ैरज़िम्मेदारी की होती है। इसका मतलब है एक ऐसी चीज़ होना, ताकि एक ऐसा इन्सान बन सके जो घटनाओं को जन्म देता है : इत्तिफ़ाक़ से होनेवाली मुलाक़ातें, सपनीली हरकतें, सचमुच

की दुर्घटनाएँ, छुट्टियों में साहस भरे कारनामे, प्रतिबन्धित प्यार, भारी महेनत, क़ैद, दिल टूटना। इसका मतलब है बयान से बाहर बेरहमी क्योंकि नौजवानों में किसी के लिए वफादारी नहीं होती और वे सब कुछ दाँव पर लगाने के लिए तैयार होते हैं, क्योंकि उनके पास खोने के लिए कुछ नहीं होता, न ही वे किसी चीज़ के मालिक ही होते हैं, उनका कोई नाम तक नहीं होता। इसका मतलब है बयान से बाहर मुहब्बत क्योंकि हमेशा पराया होने की वजह से वे महबूब को, क़ैद में जीने वालों को, महरूमों को, मुजरिमों को, बाहर कर दिये गये लोगों को बड़ी नरमी से गले लगाते हैं। इसका मतलब है अपने से बड़े किसी मक़सद के लिए मरना, ख़ुद को जला देने के लिए हमेशा तैयार रहने की चाहत। इसका मतलब है उन पाखण्डियों के ख़िलाफ़ सतर्क रहना, जो अपने शर्मनाक जीवन को जालसाज़ियों के ज़रिये ज़िन्दा रखते हैं। इसका मतलब है किसी भी चीज़ को क़बूल न करना जो टेढ़ी-मेढ़ी हो, टूटी हुई, अधूरी, अवास्तविक हो और बड़ी दीवानगी से धरती पर ख़ूबसूरती को बनाने की ख़्वाहिश है। इसका मतलब है गहरी, काली निराशा, बिना शब्दों के, बाहर जाने के बन्द रास्तों वाली जेल, क्योंकि कोई भी चीज़ तो वैसी नहीं है जैसी वह हो सकती है। इसका मतलब है कभी भी इस बात का कोई अपराधबोध न होना कि आपने हर रिश्ते, दोस्ती, प्यार को, यह दुनिया तोड़ कर एक नयी दुनिया बनाने के पागल आदर्श की ख़ातिर पीछे छोड़ दिया। इसका मतलब है किसी अन्य को आग में झोंक देना। किसी अन्य को आग में झोंकने का ख़ौफ़ बच्चे को, सपनों में डूबे फरिश्ते को, सोते हुए देवता को जगा देता है और उसे उस नरक में डाल देता है जिसे अधिकतर लोग अपनी ज़िन्दगी कहते हैं। केवल एक कवि ही हमेशा एक बच्चा होता है।

बेहज़ाद को ख़त :

तुमने मुझसे कहा था, "मैं तुम्हारे पास इसलिए आया क्योंकि मैंने ख़ुद को नाकाम महसूस किया था।"

क्या तुम जानते हो कि मैं कहाँ से आता हूँ? मुझे फिर से बताने दो। मेरे नाना एक पुरोहित थे, वे एक जानकार शख़्स थे।

मेरी माँ ने चालीस साल पहले भारत में अंग्रेज़ी में बीए की डिग्री हासिल की थी; मेरे दादा एक मेडिकल डॉक्टर थे जो अंग्रेज़ों के साथ काम करते थे। (इसलिए हमारे उपनाम अंग्रेज़ी हैं)।

मेरी नानी ज़मींदारों के परिवार से थीं : ज़मीन गांधी को और बाद में, कम्युनिस्टों को दे दी गयी। मेरी दादी एक हाई स्कूल ग्रेजुएट थीं, वे पच्चीस साल की उम्र में विधवा हो गयी थीं और फिर कभी दोबारा शादी नहीं की।

उनकी बहन ने एक 'सर' से शादी की थी, जो भारत का पहला बैंक शुरू करने वाला एक आदमी था।

मेरे माता-पिता सेक्स को लेकर बाग़ी रहे थे। मेरी सभी बहनें और मैं भी। मैं इसे गर्व से कहता हूँ, हालाँकि मुझे यह पसन्द नहीं आता कि लोग हमारा फ़ायदा उठाते हैं। मेरा घर दौलतमन्द है। लेकिन मैंने 'क्लास' को छोड़ दिया। मेरे पिता ने अपनी ताक़त का इस्तेमाल हमें तबाह करने के लिए किया।

मेरी माँ ने मुझे पढ़ाई और ईमानदारी से प्यार करना सिखाया। उनसे ही मैंने तकलीफ़ में सब्र करना और माफ़ करना सीखा। मैंने साहित्य का अध्ययन किया ताकि तकलीफ़ की वजहें जान सकूँ। मैं एक ईमानदार ज़िन्दगी जीना चाहता हूँ।

क्या तुमने मुझे नाकाम समझा? समाज मेरे बारे में जो सोचता है, क्या तुम्हें उस पर यक़ीन है?

(आध्यात्मिक जीवन में ऊँचाई और गहराई एक ही होती है : मैं अपनी सबसे बड़ी तकलीफ़ में सबसे पाकीज़ा हूँ।)

तुम तन्हा थे जब मेरे पास आये।

तन्हाई मुझे छूती है। मैं इसे जानता हूँ। मैं इसे दूसरे के जीवन से मिटाना चाहता हूँ।

लोग दोस्ती से डरते हैं। वे केवल रुकावटें देखते हैं।

मैं उम्र, राष्ट्रीयता, ज़ुबान, सेक्स, शिक्षा, जीवन के नज़रियों के फ़र्क़ों को पार करता हूँ।

तुमने अपने अनुभवों के बारे में झूठ बोला, ताकि मैं तुम्हें छोड़ कर न जाऊँ। तुम्हें ऐसा नहीं करना चाहिए था।
तुमने मुझे क़बूल किया। मुझे तुम्हारी मासूमियत बहुत प्यारी थी। मैंने तुम्हें 'ख़राब' नहीं किया।
'अगर आप अपने मन में राय न बनायें तो कुछ भी 'बुरा' नहीं होता।'
बस, अचानक ही हमारी दोस्ती को तुम्हारे छुपे हुए वजूद का पता लगा। मैंने तुम्हें बहुत गहराई में छुआ और तुम्हारा दुश्मन बन गया...

बेहज़ाद को ख़त:
तुम्हारे समाज की सारी पाबन्दियाँ आख़िरकार तुम्हें मिली हैं।
प्यार ने नहीं, बल्कि इस बँटवारे ने तुम्हारी उम्र छीन ली है।
मैं चाहता था कि तुम ग़लत शिक्षा से आज़ाद हो जाओ। यक़ीनन मदद करने में मेरे सामने हालात की पाबन्दियाँ थीं; यक़ीनन मैंने भी तुमसे लिया। और जो कुछ भी तुमने अपनी क़ीमत पर दिया, उसके लिए मैं तुम्हारा शुक्रगुज़ार हूँ। मैं तुम्हारे साथ एक नया अफ़साना लिखना चाहता था, मेरे जैसे एक आदमी और तुम्हारे जैसे एक लड़के का एक नामुमकिन अफ़साना, जो एक-दूसरे से प्यार करते हैं और दूसरे लोगों को दूर नहीं रखते। (प्यार में मालिकाने की कोई जगह नहीं होती है।)
मैंने यह किताबों से नहीं सीखा, बल्कि अपनी ज़िन्दगी से बड़ी तकलीफ़ों में सीखा है।
मेरी दोस्ती में मैंने नाकामी नहीं पायी।
तुम अपने आप को नाकाम मानते हो क्योंकि तुम दूसरों से अलग हो। प्यार तुम्हें सन्तुष्ट नहीं करता। उनकी राजनीति तुम्हें घिनौनी लगती है, इसलिए तुम अपनी राजनीति बनाते हो। तुम्हारा दौर तुम्हारा साथ छोड़ गया है। तुम्हें प्यार से, आज़ादी से या ज्ञान से महरूम रखा है। तुम्हारे लोगों ने तुम्हारा साथ छोड़ा है। अपने पुराने ख़यालों से तुम्हें आज़ाद करने से इनकार किया, यह देखने से इनकार किया कि तुम्हारे नये ख़याल कितने जायज़ हैं...

खुलकर सोचने की क़ाबिलियत रखने वाली, एक महबूब के रूप में तुम्हारी हक़ीक़त, राजनीतिक निर्माण में सन्तुष्ट होगी या फिर अपराध की ओर मुड़ेगी।

लड़के से प्यार जोखिम भरा है; तुम्हें कभी नहीं पता कि लड़का बड़ा होकर कैसा बनेगा।

सिम्पोज़ियम

बेहज़ाद को ख़त :

पक्षपात में डूबे हुए प्रचारक लोग लिखते हैं कि मर्दों के बीच प्यार केवल तकलीफ़, नफ़रत, नुक़सान, नाकारेपन और मौत की ओर ले जाता है। ये ऐसे मर्द होते हैं जो औरतों के साथ नाकाम रहे होते हैं। (मैं मेलर के बारे में सोच रहा हूँ)। तो वे उस समलैंगिक को मार डालते हैं जो जीने की कोशिश कर रहा है। यह फ़ासीवाद है...आधुनिक समाज में जीवविज्ञान नाकाम हो गया है। मर्दों का मर्दों से प्यार समाज के केन्द्र में आ चुका है (लेखक, कलाकार, यहाँ तक कि पश्चिम में राजनेता भी)... बदलाव से गुज़र रहे संक्रमणकालीन समाजों में ज़िम्मेदारी के बिना प्यार इन्सानों को जीते जी निगलने के बराबर है।

मर्दों के बीच दोस्ती कायम करना एक रचनात्मक काम हो सकता है। हम इस पर गर्व क्यों नहीं कर सकते, सहज क्यों नहीं रह सकते?

जब तक मैं किसी ऐसे इन्सान से नहीं मिलता जो मेरी तरह, मेरे साथ आज़ाद होने को तैयार हो, तब तक मुझे हमेशा कसूरवार होने का एहसास रहेगा। कसूरवार होने का यह एहसास सब कुछ ख़राब कर देता है। जीना, काम करना, प्यार। इस एहसास का इस्तेमाल एक दुर्गुण के रूप में किया जाता है किसी को पकड़कर और एक ऐसे बन्धन में जकड़ने के लिए जिससे छुटकारा नहीं है, यह हमेशा-हमेशा बने रहने वाला प्यार नहीं है, बल्कि एक जेल है। कसूरवार होने के एहसास को दूर करो, बन्धन को दूर करो। यह कहने का मतलब है : अपने पूरे बचपन के प्रभाव को, अपने सड़े हुए समाज से छुटकारा पाओ। यानी हम राजनीति की बात कर

रहे हैं : अपना एक समाज बनाओ, जहाँ जलन से भरी हुई प्रतिस्पर्धा नहीं, बल्कि दोस्ती और मिल-बाँटकर रहने का नियम कायम हो...

पिताओं जैसी परछाइयाँ,
मैं रेगिस्तान दर रेगिस्तान भागता रहा
हवाई जहाज़ों के साए से फेंका गया बाहर
मेरी प्यास अपार है
कोई झरना इसे बुझा नहीं सकता
दोस्त! भाई! मैं तुम्हारे लिए लाऊँगा
मिस्र की ज़मीन से मक्का,
वह मक्का भी जो मेरे पास नहीं है,
मिस्र, मिस्र! मैंने बचाया है
ताकि कभी दूसरों को दे सकूँ;
अब मैं नंगा, अकेला और ग़रीब हूँ।
ईश्वर का बढ़ता हुआ साया मुझे एक पल की भी मोहलत नहीं देता;
मैं इस जलते हुए हार को हटा दूँगा
और तुम्हारे लिए अपनी प्यास छोड़ जाऊँगा,
क्योंकि मेरे पास और कुछ भी नहीं है।

डी.एम. पेटेनेल्ला (पुर्तगाली)

वर्जिल को ख़त :

सच्चाई यह है कि जो लोग पश्चिमी संस्कृति के बारे में कुछ नहीं जानते, वे इसे अच्छी तनख़्वाहों के लिए पढ़ा रहे हैं, जो उन्हें यूरोप में छुट्टियाँ, फ़ैशन और घर को ख़रीदने में मदद करती हैं और यही चीज़ें बदले में 'पश्चिमी' संस्कृति को पढ़ाने के अधिकार को मज़बूत बनाती हैं। उनकी अमेरिकी पत्नियाँ, जो ईरान में अमेरिकी अपमान से चिढ़ी हुई हैं, हर किसी को बाहर रखने की साजिश करती हैं। वे सभी वेश्याएँ हैं। दूसरी ओर, ईरानी मुझसे अपना 'सेक्रेटरी' बनने को कहते हैं। उन्हें इससे कोई

फ़र्क़ नहीं पड़ता कि मैं टाइप नहीं कर सकता, डिक्टेशन नहीं ले सकता या टेलीफ़ोन स्विचबोर्ड का संचालन नहीं कर सकता। दरअसल, यह बहुत मज़ेदार है।

बेहज़ाद को ख़त :

फ़लस्तीन में मेरी नये नौकरी के सम्भावित मौक़े को लेकर बेचैन मत हो। यही छोटी-छोटी मौतें हैं जो हमें चले जाने के लिए तैयार करती हैं, हमें छोड़ देना सिखाती हैं।

मैं नवम्बर में पैदा हुआ था, साल के अन्त में, सर्दियाँ, समझदारी, अनुभव और मौत, नये वसन्त से पहले। जब मैं पैदा हुआ था, तो आकाश में जो सितारा था, वह बारह सितारों में आख़िरी था, दो मछलियाँ, एक ऊपर, एक नीचे। इसका मतलब है 'जुदाई' और 'क़ैद'। प्यार मेरा क़ैदख़ाना है। प्यार की मौत मेरा पुनर्जन्म है। अगर तुम हमारे दोस्ती के महीनों को देखो, तो तुम पाओगे कि मैं हमेशा इसी मौत से लड़ रहा था, उसे दूर करने की कोशिश कर रहा था। 'जीवन को एक दोस्त के साथ एक पल गुज़ारने के लिए दिया जाता है।' बेईमान लोग विदेशियों से दोस्ती करते हैं क्योंकि वे चले जाते हैं। तुमने प्रतिबद्धता चाही थी; तुम ईमानदार थे। मुझे तुमसे बहुत उम्मीदें हैं...

भविष्य की ओर बढ़ते समय हमें पीछे नहीं देखना चाहिए। अगर हम ऐसा करते हैं, तो हम उसे खो देंगे जो आगे है। मुझे यह ख़ुद पता है, पिछली बार जब मैंने फ़लस्तीन में नौकरी के लिए कोशिश की थी।

एक ख़ूबसूरत यूनानी कहानी है : एक कवि/देवता अपनी पत्नी से इतना प्यार करता था कि वह उसे नरक से वापस लाने चला गया। लेकिन शर्त यह थी कि वह पत्नी को नहीं देखेगा। उसने ऐसा किया और पत्नी को खो दिया...

बेहज़ाद मुझसे कहता है कि मैं उसे उसका एक लम्बा सपना लिखकर दूँ :

वह एक सुनहरे रेगिस्तान में सो रहा है जहाँ चार लम्बे हरे साइप्रस पेड़ एक क़तार में खड़े हैं। उससे एक रोशनी निकलती है। वह उसके पीछे

दौड़ता है; वह एक पेड़ पर चढ़ता है और एक कुएँ में गिर जाता है। वह फिर से सो जाता है, लाल स्वेटर और शॉर्ट्स में। हल्की हवा बह रही है। उसकी देह से चार बेहज़ाद उठते हैं और पहले खोए हुए बेहज़ाद को खोजने के लिए निकल पड़ते हैं। वे बेहज़ाद के साथ ठीक समय पर वापस आते हैं, अगर वे नहीं आते तो वह मर जाता।

बच्चा एक आत्मा है जो अपनी माँ के लिए रो रहा है। वह उसे सान्त्वना देता है। बच्चा उसकी छाती पर उकेरी गयी एक रूपरेखा बन जाता है : बच्चे का मुँह उसके जननांगों पर है, उसके पैर उसकी जांघों तक पहुँचते हैं। वह चाँद को देखता है और मानो वह किसी दूरबीन से देख रहा हो; उसकी नंगी आँखें चाँद पर बेहज़ाद को लड़खड़ाते हुए देखती हैं।

कट

वह यूरोप में ठोकरें खा रहा है। मैं घुड़सवार संगियों के साथ आता हूँ, उसे उठाता हूँ और एक गगनचुम्बी इमारत में ले जाता हूँ। लिफ्ट से इमारत के शीर्ष तक पहुँचने में आधा घण्टा लगता है, जहाँ मेरा दफ़्तर हैं। नौकर आदर से सिर झुकाकर सलाम करते हैं और कॉफ़ी लाते हैं। मैं कपड़े उतारता हूँ और एक योनि दिखाता हूँ। बेहज़ाद शर्माता है, लेकिन मैं नौकरों के सामने नंगा रहता हूँ और कॉफ़ी पीता हूँ। मैं उससे पूछता हूँ कि क्या उसे पैसे की ज़रूरत है। वह मुझे अपनी कार दुर्घटना की कहानी सुनाता है। मैं एक चेक लिखता हूँ ताकि वह ईरान में अपने बकाया ज़ुर्माने चुका सके और वापस लौट सके।

जब वह ईरान से लौटता है, तो मेरे लिए अभी भी कॉफ़ी का वक़्त हो रहा होता है!

कट

ईरान : शाह की मूर्ति की जगह पर लगायी गयी खुमैनी की तस्वीर अब हटा दी गयी है। मुझे एक एम्बुलेंस में अस्पताल ले जाया जाता है और बेहज़ाद मेरी मदद के लिए दौड़ता है। दस डॉक्टर मेरे शरीर पर काम कर रहे हैं और उसे लगता है कि मैं ख़तरे से बाहर हूँ।

अगली रात उसने एक क्लासिक वैम्पायर-औरत का सपना देखा।

बड़ी बहन को ख़त में से :

अमेरिका गोरे बालों, नीली आँखों और गोरी चमड़ी वाला एक कोढ़ है। कुछ अमेरिकी कपटी होते हैं, अपने 'उदारवादी' मुखौटे के पीछे वे कोढ़ी होते हैं; और डेविड की तरह नीली आँखों वाले, दूसरे ठेठ अमेरिकी लड़के उनके शिकार होते हैं, बिना जाने कि वे शिकार हो रहे हैं...

तुम मुझे बदलने को कैसे कह सकती हो? (अगर तुम चाहती हो कि मैं समलैंगिक न रहूँ।) यह उन बहनों के लिए ठीक है जो वैवाहिक वफ़ादारियों से मुक्त होती हैं कि उनके भाई समलैंगिक हों, ठीक उसी तरह जैसे उन माँओं को इससे ख़ुशी मिलती है जिनके पति नहीं होते...

तुम्हें यह बात अच्छी लगी कि तुम मुझे सचमुच अपनी छवि में ढाल दो। शिकागो में मैं तुम्हारी वजह से जल मरा था (पॉल ने मुझसे एक फ़ोन कॉल करने के लिए दस सेंट चुकाने को कहा), इज़रायल में (30 डॉलर की कमी), जर्मनी में (पॉल सड़कों पर मेरे स्टीरियो के लिए चिल्ला रहा था जो तुमने ऐसे वक़्त में डेविड को असल में तोहफ़े में दे दिया था जब मेरे पास फूटी कौड़ी भी नहीं थी); तुमने मेरे ख़त मुझे नहीं दिये (वेर्मोंट के बौद्धों का ख़त मुझे कभी नहीं भेजा गया); तुमने मेरे डिप्लोमा सर्टिफिकेट्स भारत में हमारे परिवार को भेज दिये जिन्होंने उन्हें एक साल तक रोककर रखा; तुमने मुझसे उपहार लिए, जिनमें वह सोना भी शामिल था जो मुझे मेरे सबसे ग़रीब दिनों में दिया गया था और जब मदद भेजी तो वह बहुत कम थी (ईरानी इंक़लाब के दौरान 150 डॉलर) और अब 200 डॉलर ('तुम इसे अपने बड़े इज़रायली वेतन से चुका सकते हो')। मैंने तुम्हें करने को कुछ काम बताये थे या तुमसे मदद माँगी थी, तो इसलिए कि मुझे तुम पर भरोसा था, जिसका तुमने दुरुपयोग किया...

तुमसे क्यों लिख रहा हूँ? क्योंकि अमेरिका में रहकर तुमने वह फ़ैसला लिया जिसे मैं लेने की हिम्मत नहीं कर पाया (मुझे लगा कि यह फ़ैसला न लेना बेहतर है) और वे महरूमियत जिसके लिए मैं तुमसे हमदर्दी रखता हूँ। मैं तुम्हें लिख रहा हूँ क्योंकि तुम एक तरह से परिवार से वंचित हो : न पति है, न बच्चे; यहाँ तक कि तुम्हारा अपना परिवार भी तुम्हें ख़त नहीं लिखता...

ज़िन्दगी सिर्फ़ ग़ुलाबों के बागीचों, कमल के तालाबों, कटे हुए शीशों, ए से डी तक के फूलों के नामों वाले बागीचों, ट्रैफ़िक टिकटों, कारों, अपार्टमेंटों, घरों, यूरोपीय यात्राओं, पिता से भागने, बिल्लियों को गोद लेने और उन पर राज करने, यतीम लड़कियों, भावनात्मक रूप से कुण्ठित पुरुषों या समलैंगिक भाइयों से कहीं बढ़कर है। ज़िन्दगी दर्द है और जीवन का काम है उस दर्द को दूसरों में हल्का करना। अगर तुम मदद नहीं कर सकतीं, तो कम-से-कम दूसरों को दर्द मत दो।

पिता को ख़त :
आप लिखते हैं : "तुम अपनी ज़िन्दगी जीते हो। तो मैं अपनी क्यों न जीयूँ?"
आपका यह जवाब है जब मैंने आपसे ख़ैरियत पूछी। मुझे जो सुनायी पड़ रहा है वह यह है : "तुम मेरे अतीत की ग़लती हो और मैं उसे देखना नहीं चाहता।" इस हद तक आपका नज़रिया ग़लती का एक क़ुबूलनामा है, अपनी ज़िम्मेदारी का बोझ उठाना है और उसी हद तक मैं आज़ाद हो गया हूँ। बीमारी अब एक बेतुकी किस्मत नहीं रही, बल्कि यह वजूद की एक आम गुंजाइश बन गयी है।

बहन को दूसरा ख़त :
मैं तुम्हें तकलीफ़ पहुँचाने के लिए बहुत शर्मिंदा हूँ। मैं तुम्हें बताना चाहता हूँ कि मैंने ऐसा क्यों किया।
मुझे अमेरिका से नफ़रत है : मैं कभी वहाँ रहने के लिए वापस नहीं आऊँगा। इतना तो तय है। तुम मेरे लिए एक प्रतीकात्मक 'अमेरिका' बन गयीं जिसे मुझे नष्ट करना था।
मैं एक कवि हूँ, जो अनुभवों का दीवाना है–मैं जानना चाहता हूँ इसलिए नहीं कि मैं कुछ पाना चाहता हूँ, बल्कि सिर्फ़ इसे ज़ाहिर करने के लिए, यहाँ तक कि मुझे नाकामी का अनुभव भी चाहिए (ख़ासकर कामयाबी के पीछे पागल इस दुनिया में)। जैसा कि मैंने एक कविता में कहा है : "जो चीज़ें दोबारा बिकने लायक नहीं होती, उन पर पैसे नहीं लगाये जा

सकते।" इसी कविता के अन्त में मैं "फुकीन में 2700 सालों में पत्थर के पक कर चेरी बनने" (एक प्रेस रिपोर्ट) के बारे में बात करता हूँ। मैं चाहता हूँ कि बैंकर इसे समझें। एक कवि कभी अपने पकने के समय का ब्याज नहीं चुका सकता। (या, किसी भी आदमी पर यह बात लागू होती है।) यह इस तरह है जैसे समाज ने कवि के जीवन के साथ जुआ खेला है और उसे इसका भुगतान करना चाहिए।

वह भुगतान एक तरह से स्वीकार करना है : "तुम एक कवि हो। लिखते रहो।" कविताएँ केवल जीवित, मार दिये गये, जीवन से आती हैं। तुम हमेशा अन्त में बनी बनायी चीज़ों को मंज़ूर करती हो, लेकिन उस प्रक्रिया से कोई लेना देना नहीं होता जो उसे बनाने में लगी। मैं जानता हूँ कि मंज़ूरी रचनात्मक होती है : मेरी मंज़ूरी ने एक छोटे से क़स्बे की 'व्यभिचारी औरत' को 'कवि' में बदल दिया।

भाई-बहन के बीच होड़ ख़ासकर पतित समाज में बोयी जाती है, उसकी परवरिश की जाती है, उसको परवान चढ़ाया जाता है। ('बिल्कुल, अमेरिका महान है। यह पतन का नतीजा है।'–खोर्खे लुइस बोर्खेस)। मानसिक तनाव से ग्रस्त माता-पिताओं द्वारा इसके बीज बोये जाते हैं और इसका फल सामाजिक सफलता होती है। यह परिवार में व्यक्तिगत रिश्तों को मार डालती है और ऐसे लोगों को जन्म देती है जो मानसिक तनाव से ग्रस्त होते हैं और किसी भी शख़्स पर अपना गुस्सा निकालते रहते हैं। जैसे-जैसे हम बड़े होते हैं, हम जलन को हमदर्दी के रूप में छिपाना सीख जाते हैं। हम दोनों एक-दूसरे के साथ यही करते हैं–इसकी मिसालें बेशुमार हैं। (हमें केवल यह कबूल करना होगा कि हमारे दिलों में अँधेरा है और उन्हें बार-बार रोशन करना होगा।)
मैं एक बहुत ही ईर्ष्यालु इन्सान हूँ और मैं इस जलन से बचने के लिए होड़ में नहीं पड़ता। मैं दस साल से बारों में जा रहा हूँ, कभी भी मैंने प्रेमी के लिए सक्रिय रूप से होड़ नहीं की है; दस साल की नौकरी की तलाश में मैंने कभी किसी दोस्त के ख़िलाफ़ नौकरी के लिए सक्रिय रूप से होड़

नहीं की है। मैं किसी को भी चोट नहीं पहुँचाना चाहता क्योंकि मेरे पास एक साफ़ ज़मीर है, क्योंकि मुझमें एक कमज़ोरी है जो दूसरों को चोट नहीं पहुँचा सकती, न ही मैं अपने दिल की ईर्ष्या का सामना कर सकता हूँ। मैंने अपनी नाकामी को अपने सिर पर लिया, बजाय इसके कि मैं जंगल में दूसरे जानवरों को चोट पहुँचाने की ज़रूरत के आगे झुक जाता। (अचानक ही मेरा शाकाहारी बन जाना इसी बीमारी का एक बड़ा लक्षण था, जिसने मुझे समय से पहले उम्रदराज़ बना दिया।) बहुत जलन रखने वाले और होड़ में लगे रहने वाले एक शख़्स ने मुझसे कहा, "पुरानी ज़ुबान में कहें तो तुम एक सन्त हो।" मैंने अपना तमग़ा हासिल कर लिया था। "तुम अपनी ही नज़रों में एक नाकाम हो," तुम मुझसे कहती हो। नहीं, मैंने जानबूझकर एक मुश्किल रास्ता चुना है जिसे कुछ ही लोग अपनाते हैं, वह रास्ता जो 'सन्तों' या 'कवियों' का है, जिसमें स्वाभाविक रूप से 'पापी' और 'विनाशक' भी शामिल होते हैं।

कार्मेला लिखती है, 'गे लोग समाज में रहते हैं, वे ग़रीबख़ानों में जाने से बचे रहते हैं।' बीमारी समलैंगिक होना नहीं है; बीमारी है कविता। ('मैं जब तक ज़िन्दा रहूँ मैं अय्याशी में जीना चाहता हूँ, और जब मैं मरूँ तो मैं चाहता हूँ कि मेरा आदर एक पीर की तरह हो।'–फ़तह अली शाह क़ज़ार)। इस्लामी समाज में समलैंगिक भर होने की सज़ा मौत है। कुछ समलैंगिक स्ट्रेट होने का दिखावा करके सफल होते हैं–मैं इस खेल में पाँव भी नहीं धरना चाहता। वर्जिल मेरा सम्मान करता है : "तुमने अपनी ज़िन्दगी में हासिल किया। तुम ज़रूरत के लायक पागल थे।"

यह 'पागलपन', 'मानसिक तनाव', जिसे पिता ने बड़े तिरस्कार से नकार दिया, जिसका बड़ी नर्मी से कार्मेला ने मज़ाक़ उड़ाया, और तुम जिसके ख़िलाफ़ कभी ग़ुस्से में और कभी करुणा से पेश आयीं, यह वही रचनात्मक बीज है जिससे दूसरों को दर्द देकर मज़े लेने की सोच का अन्त होता है और रचना की शुरुआत होती है। मैं प्यार में नाकामी से ख़ुद को जानता हूँ। हम बदलाव की कोशिश कर रहे हैं। तबाही से रचनात्मकता की ओर।

तुम्हारी राय, चाहे वो कितनी भी हल्की, सही या ईमानदार क्यों न हों, मुझे चोट पहुँचाती हैं क्योंकि तुम हमारी माँ-बाप बन गयी हो (माँ जो गुज़र गयी, पिता जिसने छोड़ दिया)।
पैसों से मदद करना यह कहने का एक तरीक़ा है, 'मैं तुम्हारे साथ हूँ।' (इसीलिए मैंने माँ की जायदाद में से तुम्हारा हिस्सा क़बूल किया और उस पर कभी दावा नहीं किया–मैं इसे सही समय पर तुम्हें लौटा दूँगा।) हम दोनों को एक-दूसरे की बड़ी ज़रूरत है। सच में, इस ज़रूरत को लेकर कोई भावुक तमाशा करने की ज़रूरत नहीं है।

एक चोर ने बेहज़ाद के पिता के 13,000 डॉलर चुरा लिए। बेहज़ाद चाहता है कि यह चोर वह ख़ुद होता। मुझे उसके लिए कोई उम्मीद नहीं दिखती।

मेरी बहन ने मुझे लिखा :
मैंने तुम्हारे बारे में अजीब-सा सपना देखा। तुम जा रहे थे और प्रशासन ने यह कहते हुए तुम्हारी सारी किताबें ज़ब्त कर लीं कि वे 'राष्ट्रीय धरोहर' हैं, और उन्हें म्यूज़ियम में बन्द कर दिया। तो मैंने उन्हें तुम्हारे लिए वापस लाने का फ़ैसला किया। मुझे पता था कि कौन-सी किताबें तुम्हारी हैं, क्योंकि उनकी जिल्द लाल चमड़े की थी। मैंने एक लाल स्पोर्ट्स कार उधार ली ताकि लाल किताबों को छुपा सकूँ और एक अजीब-से म्यूज़ियम में फिरती रही तुम्हारी किताबें वापस लाने के लिए।

मैंने अपनी सभी पाण्डुलिपियाँ टाइप करना शुरू कर दिया और उन्हें एक-एक करके भेजने लगा।

बहन को ख़त :
तुम्हारा सपना एक उलझन भरी हालत को दिखाता है–ठीक मेरी ज़िन्दगी की तरह। अगर मैं 'राष्ट्रीय धरोहर' (एक कवि) हूँ तो लोगों को लगता है कि मुझे बचाना चाहिए, लेकिन एक बार बच जाने के बाद मैं कवि नहीं रहूँगा।

फ्रॉयड ने बचपन पर और मार्क्स ने वर्ग पर ज़ोर देते हुए दोनों ने इस बात पर रोशनी डाली कि माहौल का इन्सानों पर असर पड़ता है। लेकिन एक ही चीज़ माहौल से ऊपर उठ सकती है, और वह है कल्पना।

'कम्युनिज़्म दिल से आता है। और दिल तो कविता की हुक्मरानी है।'

वोज़्नेज़ेन्स्की, रूसी कवि

जब प्राचीन ईरानी या हिन्दू 'बलि' कहते थे, तो उनका मतलब होता था 'सृजन'। सृजन का मतलब है एक नया जन्म : एक संगीतमय वजूद का जन्म। संगीत और कविता, रहस्यमय अवस्थाओं के सबसे करीब हैं।
'एक कलाकृति, शारीरिक प्यार की तरह, जब तक बनी रहती है, हमें मामूली जीवन में गिरने से बचाये रखती है।'

भारतीय कवि प्रीतिश नन्दी का ख़त :
तुम्हारी कुछ कविताएँ बहुत प्रभावशाली हैं। मुझे ये बहुत पसन्द आयीं। अब समय आ गया है कि ये कविताएँ प्रकाशित हों।

गीत, जीवन की तरह, शून्य से आता है और शून्य में चला जाता है। तीस साल : बचपन, नर्क, उभरती हुई ज़िन्दगी। चक्र अब भी पूरा नहीं हुआ है।

तेहरान-इस्फ़हान

1979–1980

दोज़ख़ का घेरा
फ़लस्तीन, फ़लस्तीन

पूर्वकथन

यह रचना दोबारा लिखी गयी है; मूल प्रति खो गयी, चुरा ली गयी, या शायद किसी नफ़रत करने वाले ने नष्ट कर दी। प्यार रचनाएँ भी नफ़रत को जन्म देती हैं।

रेइनाल्दो आरेनास ने, जो कास्त्रो के गुलाग में एक समलैंगिक लेखक थे, अपनी आत्मकथा चार बार लिखी। हर बार जेल के गार्ड्स उसे आग में जलाकर मिटा देते, लेकिन वह रचना उन्हीं आग की लपटों में से फिर फीनिक्स की तरह जन्म लेती।

आज कास्त्रो नहीं हैं; उनके भाई राउल ने क्यूबा में समलैंगिक विवाह को क़ानूनी बना दिया है। जेने का अन्दाज़ा था कि वे समलैंगिक हैं।

इज़रायल में अब समलैंगिक सड़कों पर मार्च करते हैं, जिनकी इज़रायली धार्मिक दक्षिणपन्थियों से सुरक्षा के लिए पुलिस साथ में होती है। 500 समलैंगिकों के लिए 1000 पुलिसकर्मी; हर समलैंगिक के लिए दो समझदार 'स्ट्रेट' लोग उनकी रक्षा में तैनात!

भारत भी बदल चुका है : मेरी आत्मकथा प्रकाशित होगी।

3:00 बजे सुबह

1 अप्रैल, 2008

1

नाबलुस

1982, तेहरान

ईरान में मेरा खेल पूरा हो चुका था; मेरा प्यार बिखर चुका था। जिस बात को ख़ुशी की वजह होना चाहिए था, वह एक बलिदान बन गयी। अब जाने का समय आ गया था!

इस्तांबुल : मासिक 100 डॉलर के लिए इस्तांबुल में पढ़ाने का प्रस्ताव। क्या मैं केवल उन सुनहरे गुम्बदों के सपने देखते हुए गुज़ारा कर सकता हूँ? मैंने जेरुसलेम चुना। ज्वाइन करने से पहले तेहरान के ग़रीबख़ाने में एक साल का इन्तज़ार।

जब मैं रवाना हुआ, मेहराबाद हवाई अड्डे पर रेवॉल्यूशनरी गार्डों ने मेरी तौहीन की :

–इंग्लिश टीचर? हमें कोई ज़रूरत नहीं!

मैं हवाई जहाज़ की सीट पर बैठा और ऐसा रोया जैसे मेरे भीतर कुछ टूट गया हो।

उन्होंने मेरे बैग और काग़ज़ात खँगाले :

–यह काग़ज़, काग़ज़ क्या है! हमें अपना छुपा हुआ सोना दिखाओ!

मैंने 20-रियाल का एक नोट क्रान्ति से पहले के ईरान की एक यादगार निशानी के तौर पर रखा था, गुण्डों के हाथों में पड़ने से पहले के ईरान की निशानी।

एक बार तेहरान के आन्तरिक मन्त्रालय में सुबह सात बजे अयातुल्लाह बहिश्ती से अचानक मुलाक़ात हुई। वे विशालकाय थे; उनके साथ सुरक्षा का कोई बन्दोबस्त नहीं। वह हाथी की तरह भारी क़दमों से घूमे और मुझे तीखी नज़र से देखा, जैसे भविष्य के किसी हत्यारे की शक्ल को याद कर रहे हों। जल्द ही वामपन्थियों ने बम से उनकी ज़िन्दगी ख़त्म कर दी।

बेन गुरियन एयरपोर्ट, तेल अवीव पर रशदा मसरी मुझे लेने आयीं।

ग़ुलाबी पोशाक, सिर पर ग़ुलाबी दुपट्टा, पचास साल से एक दिन भी बड़ी नहीं।

'अगर आप कम्युनिस्ट हैं, तो हम आपको यहाँ नहीं रख सकेंगे!'

–मैं कम्युनिस्ट नहीं हूँ!

'अगर आप समलैंगिक हैं, तब भी नहीं!'

–मैं समलैंगिक नहीं हूँ।

मेरा झूठ शुरू हो चुका था।

फ़लस्तीन :

फ़लस्तीन प्रागैतिहासिक समुद्र, टेथिस की तलहटी से उभरा। यहाँ पहाड़ियाँ, घाटियाँ, रेगिस्तान और अचानक उभरने वाली नदियाँ हैं जिनसे घाटियाँ बनती हैं (जिन्हें वादी कहा जाता है)। जॉर्डन नदी मृत सागर में गिरती है। अब इस इलाक़े में मुल्कों के बीच पानी के लिए जंगें होती हैं। ग़ज़ा का तट भूमध्य सागर से लिपटा हुआ है। ये क्रेटन लोग हैं (रामसेस के अभिलेखों में बताये गये समुद्री लोग) जो यहाँ बसे। फिनीशियन लोग समुद्री यात्राओं में माहिर थे और उन्हें घोंघों से बने बैंगनी रंग के लिए जाना जाता था। माउण्ट लेबनान की ढलानें देवदारों से ढँकी थीं जिनसे टेम्पल का निर्माण हुआ था। यहाँ की चूना-पत्थर के ऊपर खड़ियानुमा मिट्टी की परत जैतून के पेड़ों के अनुकूल है, जिससे वे उथली मिट्टी में अपनी जड़ें फैलाकर सैकड़ों सालों तक बढ़ते रहते हैं। अँगूर, सन्तरे, अंजीर और बादाम फ़लस्तीनी मूल के हैं। कहते हैं, एक छिलके में दो बादाम मिल जायें, तो प्यार मिलेगा। फ़लस्तीन के लोग पहाड़ियों पर रहते हैं और उपजाऊ घाटियों में काम करते हैं। अब

इज़रायल पहाड़ी चोटियों पर इमारतें बनाता है, ताकि नीचे के अशान्त शहरों पर गोलियाँ बरसा सके। इज़रायल की चौड़ाई एक जगह तो सिर्फ़ 17 किमी है। यही ग़ज़ा और वेस्ट बैंक के बीच का गलियारा है। इस गले पर शिकंजा कर देने से उत्तर और दक्षिण इज़रायल अलग हो जाते हैं। दिमोना (नेगेव) में कोचीनी यहूदी कपास के खेतों में काम कर रहे थे।

ड्राइवर नाबलुस का रास्ता भटक गया। हम चाँदनी रात में एक विशाल अँधेरी पहाड़ी पर पहुँचे। 'नाबलुस!' रशदा ने कहा।

'तुम ब्लेक हो! तुम दरख़्तों में फ़रिश्तों को गाते हुए सुन सकते हो!'

–सच में मैंने सुना!

अगली सुबह, कैंपस जाते वक़्त, एक लड़का मेरे साथ हो लिया। क्या यह नया प्यार हो सकता है? नहीं! वह पॉपुलर फ्रंट फ़ॉर द लिबरेशन ऑफ़ पैलेस्टाइन (पीएलएफ़पी) के लिए नये सदस्यों की तलाश में था। रशदा उनसे नफ़रत करती थी। यह नफ़रत दोनों तरफ़ से थी।

रशदा के चाचा ने अपने समलैंगिक मित्र, शायर इब्राहीम तूक़ान के साथ इस स्कूल की शुरुआत की थी। वे फ़दवा के भाई थे और अब गुज़र चुके थे। रशदा के चाचा ज़िन्दा थे और नीचे सड़क के एक शुरुआती मोड़ पर रहते थे। वहीं मैं भी ठहरा हुआ था।

नाबलुस
एक औरत है
अपने महबूब के लिए रोती हुई
वह नंगे पाँव
पत्थरों पर चलती है
जब बैंगनी सूरज डूबता है
उठती है उसकी रुलाई...

'कैसी उदास कविता है!' रशदा ने कहा। 'उम्मीद है कि सब कहेंगे कि तुम पढ़ाते अच्छा हो!'

रूमी ने कहा था : 'तुम्हें प्यार करना चाहिए। अगर तुम शादीशुदा हो, तो अपने परिवार से प्यार करो। अगर नहीं, तो किसी दोस्त से प्यार करो!'

शरारतन रशदा तक इसकी ख़बर पहुँचा दी गयी कि मैं समलैंगिकता की हिमायत करता हूँ। मेरा राज़ बस उजागर होने की कग़ार पर था!

शेक्सपियर पढ़ाने वाले एक साथी शिक्षक किसी वक़्त फ़लस्तीन की पहाड़ियों पर अपने चाचा की भेड़ों को चराते थे। उसके पैरों में जूते नहीं थे। अब वे ऑक्सफ़ोर्ड से क्लियोपेट्रा पर थीसिस के साथ लौटे थे! वे फ़लस्तीन के मक़सद की हिमायत करते थे। वैसे, हर कोई फ़लस्तीन का समर्थन करता था। जब तक इससे उनको फ़ायदा होता था। राजनीति और तेल का पैसा।

एक दूसरे साथी ने मुझे सलफ़ित में दावत दी। मैंने मना कर दिया। मैं किसी फ़लस्तीनी गाँव में कोई हंगामा नहीं करना चाहता था। मुझे लगा कि वह बाइसेक्सुअल है। वह एक कासानोवा निकला। दरअसल, एक साल के भीतर उसने छात्रों को लुभाने के इल्ज़ाम में नौकरी खो दी (नौकरी मैंने भी खोई)।

स्कूल में हड़तालें और धरने। इज़रायलियों के ख़िलाफ़। रशदा भी हड़ताल करती थी। लेकिन हड़ताल करने वाले छात्रों के ख़िलाफ़। उनके ग़लत क्रियारूपों को लेकर। मैं जॉर्ज हबाश की पार्टी पीएलएफ़पी के छात्रों के साथ धरनों में बैठता था। नयीफ़ हवात्मेह के डेमोक्रेट्स ने मुझे अपनी तरफ़ खींचने की कोशिश की, पर नाकाम रहे। मेरा दिल पीएलएफ़पी के नबील पर आ गया था। वे पार्टी के सेकेण्ड-इन-कमाण्ड थे। उनका रहनुमा एक मोटा-सा शख़्स था।

नबील के बाल धूप में चमकते थे। वे घुँघराले थे। उसके सिर पर तेल लगा रहता। जैतून का तेल। जैतून का तेल फ़लस्तीन का तरल सोना था। जब इंक़लाबी नौजवान बहुत ज़्यादा सिगरेट पीते, तो एक गिलास जैतून का तेल पीने से उनके काले, भरे हुए फेफड़ों से सारा बलग़म निकल जाता। फिर वे छह पैकेट सिगरेटें रोज़ाना पीना फिर से शुरू कर देते। मैंने नबील को 'लांसलॉट' कहा। और वह ठीक वही बनने वाला था : औरतों का आदमी। इंक़लाब ने हमारे लड़कों को यही सिखाया, मुसलमान लोग बड़बड़ाते।

यहूदी जेलों के गार्ड भी शायद नबील को फुसलाते। शायद उसे समलैंगिक सेक्स मालूम था, लेकिन मैं उसे वर्जिन मानता था।

नबील मुझे अपनी अम्मी से मिलाने ले गया। 'जब उसके पिता रूर की कोयला खदानों में काम करने गये थे, वह तेरह साल तक मेरे साथ सोता था।'

'मरहबा! अहलन व सहलन! (स्वागत! हैलो!)' उसके पिता बस यही दोहराते रहे। कोई और बात नहीं की!

'मैं तुम्हें अपनी अम्मी के बाद सबसे ज़्यादा प्यार करता हूँ!' नबील ने मुझसे कहा।

वह मुझे गाँव के क़ब्रिस्तान ले गया।

तेज़ हवाओं वाली ढलान पर एक छोटी-सी जगह।

मुझे यहाँ दफ़्न करना!

'नहीं, अपने लोगों के पास लौट जाओ!' नबील ने कहा।

यह शहीदों का क़ब्रिस्तान था। मुहब्बत के शहीद।

उस सादगी, ग़रीबी और ईमानदारी ने मुझे इतना छुआ कि मैंने अपनी पहली तनख़्वाह पीएलएफ़पी को दे दी।

–'तुम पागल हो!' रशदा ने कहा।

वह सही थी। वे पीते थे, सिगरेट फूँकते थे, औरतों के पीछे भागते थे, इंक़लाब की साज़िश रचते थे–क़ब्ज़े के उन आठ लम्बे बरसों के दौरान। 'इज़रायली भारत भी आयेंगे,' नबील ने कहा। वे सच में आये, श्रीलंका तक। 'हमारे बाप-दादे भी लड़े थे। 1930 के दशक में। वे हार गये। मैन्डेट पैलेस्टाइन में ब्रिटिश अफ़सरों के घोड़ों की टापों ने उन्हें रौंद डाला,' शायर ने मुझे बताया।

मैं उसे 'मोटा शायर' कहता था। उनके सिर पर पट्टियाँ बँधी थीं, पत्थरबाज़ी के रूप में होने वाले विरोध प्रदर्शन में उन्हें चोट आयी थी। वह सिर में छेद के साथ अपोलिनेयर की तरह दिख रहे थे। वे नाटकीय असर पैदा करने के लिए एक मोरक्कन चोगा पहनते थे। मैंने वह चोगा आज़माया। मैं उसको पहनकर डगमगाते हुए चला। लेकिन वह बुरा कवि था। और बेईमान भी।

–'मोटा क्यों? सिर्फ़ कवि कहना काफ़ी होगा!' उसने मुझे डाँटा।

वह मुझे जेनीन ले गया। उसका भाई, जो जेनीन हाई स्कूल (अब यूनिवर्सिटी ऑफ़ पैलेस्टाइन, जेनीन) का सबसे होनहार छात्र था, फ़ौरन समझ गया कि मैं एक समलैंगिक हूँ और उसने मुझसे कुछ 'अनुभव' हासिल करने की ख़्वाहिश जतायी। मैं अपने मेज़बानों के बच्चों पर हमला नहीं करता। उस रात, जब बिजली चली गयी (अपने वतन से मुहब्बत करने वाले गाँव ने ख़ुद

को इज़रायली बिजली ग्रिड से अलग कर लिया था, और इज़रायल ने जॉर्डन से कनेक्शन लेने की इजाज़त नहीं दी थी) वे सब जादुई मोरक्कन चोगे के नीचे सिमट गये। वे सब एक-दूसरे से चिपके रहे, गुदगुदाते और हँस रहे। मैंने परिवार के जीनियस को अपनी बहन के साथ देखा। वे लिपटे हुए खिलखिला रहे थे। लड़की हँसी, लड़का हँसा, पिता भी हँसे। यह देह को लेकर एक खेतिहर रवैया था। मैं अपने उतरे हुए चेहरे के साथ पसीने से लथपथ फैट पोएट के पास बैठा रहा, जिससे बदबू निकल रही थी।

बिजली का जाना मज़ेदार हो सकता है। यह एक त्रासदी भी हो सकती है। अख़बारों में छपा कि एक माँ ने सुबह-सुबह अपनी बेटी के स्कूल के सैंडविच में ग़लती से चूहे मारने वाली दवा डाल दी, यह सोचकर कि यह काली मिर्च है। हाई स्कूल जाने वाली उसकी लड़की ने ख़ुशी-ख़ुशी इसे खा भी लिया—एक बेफ़िक्र लड़की के रूप में उसका आख़िरी सैंडविच। उसे स्कूल से घर लाया गया, लाश। ख़ुशी का मंज़र शोक में तब्दील हो गया। फ़लस्तीनी इसके आदी हैं।

किसी ने जलते टायरों की घेरेबन्दी के उस पार फेंकने के लिए पत्थर उठाया। इज़रायली निशानेबाज़ ने उसकी गाँड़ में गोली मार दी। कूल्हे की हड्डी टूट गयी। हीरोइज़्म मायने रखती थी। अस्पताल में हीरो ने अपनी माँ को पुकारा! वह दौड़ी हुई उसके बिस्तर पर गयी। मैं वहाँ था : मेरे इंक़लाबियों ने घर पर खरगोश और भाजी पकायी थी। एक और हीरो निराश हो गया। दर्द में बच्चे की तरह बिलखते हुए। मैंने सफ़ेद कुर्ता-पाजामा पहना हुआ था, जिससे अस्पताल में सनसनी मच गयी। भारत से फ्लोरेंस नाइटिंगेल, सूप का भगोना दोनों हाथों में उठाये हुए! नर्सें मुझे देखने आयीं। हर कोई हीरो के मेरे ठीक-ठीक रिश्ते के बारे में जानना चाहता था।

एक और रैली में सत्रह साल का एक लड़का मुझे अपने घर ले गया, जहाँ उसकी माँ और बड़ा भाई थे। छब्बीस साल का उसका भाई एक हाई स्कूल में गणित का उस्ताद था। बड़ी छातियों वाली उसकी माँ एक बेवा थी और पश्चिमी ढंग के कपड़े पहने हुई थी। वह एक अरब शेली विंटर्स की तरह दिख रही थी। बड़ा भाई एक कम्युनिस्ट था, और उसने अपनी माँ को

सिखा-सिखा कर लगभग नास्तिक बना दिया था। हम जब मिले, तो वह पछता रही थी। पार्टी नौजवानों को अल्लाह और प्यार में यक़ीन करने से रोकती थी। उन दोनों की वजह से नौजवान संघर्ष से दूर हो जाते थे। उन्हें सिखाने के लिए माचिस की तीली की एक लम्बी मिसाल दी जाती। कि जैसे जल चुकी माचिस की तीली में न तो गर्मी होती है और न रोशनी, वैसे ही अल्लाह और मुहब्बत का कोई वजूद नहीं होता! मैं कहूँगा, "आप गर्मी को महसूस कर सकते हैं, लेकिन उसे देख नहीं सकते। अल्लाह और मुहब्बत ठीक वैसे ही हैं।" लेकिन मेरी कौन सुन रहा था, फ़लस्तीन में! रात को उन्होंने मुझे लड़के से अलग किया और कहा कि मैं बड़े भाई के साथ सोऊँ। मैं सारी रात रोकता रहा, लेकिन सुबह में ख़ुद को रोक नहीं सका। उसने सोने का नाटक किया, और जैसे ही वह चरम सुख पर पहुँचा, उसने एक आँख खोली और फिर से कम्बल में घुस गया। अगली रात मुझे हॉल में सोने के लिए सोफ़ा दे दिया गया। बारिश में मैं घर से बाहर निकला; बग़ीचे में बड़े-बड़े पमेला लटके हुए थे, लालटेनों की तरह। मुझे हाइने का 'होमकमिंग' याद आया। एक दिन घर लौटने की उम्मीद में, हमेशा भटकता हुआ एक यहूदी।

'मेरा बेटा सुन्दर नहीं है, तुम्हारी आँखें सुन्दर हैं,' एक मोची ने मुझे ईरान में कहा था जब मैंने उसके बेटे की सुन्दरता की तारीफ़ की थी। नाबलूस में बहुत सारे मोची हैं। मुझे एक के बेटे से प्यार हो गया। 'उसे ले जाओ! ले जाओ!' पिता ने कहा। वे हमेशा यही कहते थे। एक परिवार में दस बच्चे होते थे : ताकि इज़रायल की आबादी की बनावट बदल सके। यह एक राजनीतिक क़दम था। हर माँ एक इंक़लाबी थी जो आने वाले वक़्त के इंक़लाबियों को जन्म देती थी। (इसीलिए भारत के उत्तर-पूर्व में आदमख़ोर नागा कभी दुश्मन औरतों को खा जाते थे : वे भविष्य के दुश्मनों को जन्म देती हैं!) खिलाने के लिए बहुत सारे मुँह होते हैं! हाँ, मेहनतकशों की भी ज़रूरत होती है। लेकिन शहरों में काम की कमी थी। बेरोज़गारी, उदासी। 'उसे ले जाओ!' उसने ओल्ड सिटी की भूलभुलैया गलियों में मेरा बलात्कार करने की कोशिश की।

चुराए हुए

चोरी के फल हमेशा मीठे होते हैं

चोरी के चुम्बन कहीं ज़्यादा मुकम्मल होते हैं
चोरी की नज़रें गिरजों में अच्छी होती हैं
चोरी के हों, चोरी के हों तुम्हारे सेब।

–अज्ञात (एक पुराना अंग्रेज़ी गीत)

सर्दियों के दिनों में लड़के और लड़कियाँ कॉलेज के सहन में घूमते थे। लड़के लड़कों के साथ, लड़कियाँ लड़कियों के साथ। लेकिन लड़के एक दिशा में जाते थे, लड़कियाँ दूसरी दिशा में। मानो यह रविवार को चर्च के बाद का दाँते का फ्लोरेंस था। समलैंगिक प्यार फलता-फूलता हुआ। एक पुरुष संगीत शिक्षक ने मेरा हाथ पकड़ा और मुझे अपनी लड़की की दिशा के उलट ले चला। मैं उसकी हथेली ज़ोर से गुदगुदाता था। लड़की ने सन्देश भेजा कि वह संगीत शिक्षक मेरे साथ नहीं दिखना चाहिए। हम संगीत कक्ष में छुपते। वह एक साज़ बजाता, मैं लिखता। शिक्षक, ज़्यादातर मर्द, बन्द खिड़की में से झाँककर देखते थे। वह एक दर्द भरी बाँसुरी की धुन बजाता, जिससे मेरी आँखों में आँसू आ जाते। वह ताक़तवर महसूस करता, मैं बेचारा। फिर मैं उससे झगड़ा करता था। 'ओ, दाऊद,' वह लाचार होकर कहता। तब मुझे कुछ जीत जैसा महसूस होता था। डेविड को अरबी में 'दाऊद' कहते हैं, जो नौजवानी में दोस्ती और बुज़ुर्गी में पैगम्बरी का नमूना है। आख़िरकार हम बिस्तर में गये। हमने एक रात में तीन बार प्यार किया। मुझे उसे लिविंग रूम में भेजना पड़ा, जहाँ दूसरे मेहमान, छात्र सो रहे थे। उन्होंने पार्टी को हमारी रिपोर्ट दी। पार्टी ने हमें अलग कर दिया। मैं स्कूल में बिना दाढ़ी के पहुँचा। इसने हंगामा खड़ा कर दिया। जब मैं पास के कस्बे में उसके घर गया तो वह ज़ोर से क़ुरान की आयतें टेप पर बजाने लगा (शैतान को भगाने के लिए) और उसने मुझे अपने जीवन से बाहर चले जाने का हुक्म दिया। हमने फिर कभी बात नहीं की। चार साल तक अपनी प्रेमिका पर नज़रें रखने के बाद दुल्हन की क़ीमत (मेहर) जुटाने के बाद उसने शादी कर ली। जब मैंने एक साल बाद शहर छोड़ा, तो हम हाई स्ट्रीट पर एक-दूसरे से टकरा गये। उसने मुझे अलविदा कहते हुए चूमा।

बसीम एक और लड़का था, जो मुझे पियाज्ज़ा में धूप खाते हुए मिल जाता था। वह अपनी देह मेरी देह से रगड़ता और मज़े लेता। मैं उसके स्टूडेंट रूम में भी गया, लेकिन वह हमेशा नमाज़ में होता। जब वह मुझसे मिलने आया, तो वह उम्मीद में सराबोर उतावला था, मैंने उसे शालीनता से चूमा और वापस भेज दिया। बसीम मुझे पाकीज़ा यूसुफ़ के रूप में याद करता था। जब मस्जिद में मेरी निन्दा की गयी, तो बसीम मेरी हिमायत में खड़ा हुआ। बाद में उसकी बीवी ने बड़ी बदमाशी से कहा कि यह मैं था जो बासीम के पीछे पड़ा था, कि बासीम की मुझमें कभी भी दिलचस्पी नहीं थी। चील को प्रोमीथियस में कोई रुचि नहीं थी, बल्कि प्रोमीथियस ही था जिसे चील में दिलचस्पी थी। अब बसीम 40 साल का है और बीबीसी पर फ़लस्तीनी मानवाधिकारों की हिमायत में बोलता है। मुझे वह लड़का याद आता है, जिसकी पतली कमर और सुन्दर होंठ थे, और जिसमें दर्द का अहसास करने की ख़ूबी थी।

जब इज़रायल ने लेबनान में घुसपैठ करते हुए हमला किया, तो स्कूल बन्द हो गये। हर कोई एक-दूसरे का पीछा करते-करते थक गया। वे घर पर रहकर इंक़लाब की योजना बनाते थे। मैं पीएलएफ़पी के अड्डे पर पहुँचा। इज़रायल की जेल से निकला हुआ रहनुमा बड़ी उम्र का था, और उसके छोटे ताबेदार उसकी देह की मालिश कर रहे थे। मैंने भी कहा कि मैं मालिश कर सकता हूँ। हम अकेले नहीं थे और उसे अपने ताबेदारों के बीच अपनी छवि बनाये रखनी थी, इसलिए वह मेरी चालाकी में नहीं फँसा। जल्दी ही मेरी मनाही हो गयी। मुझे इज़रायली जासूस कहा गया। जब मैंने विरोध किया तो मुझे उनकी भाषा समझ में नहीं आयी, उन्होंने कहा कि एक बहरा और गूंगा बाहरी शख़्स भी उनकी पार्टी की बैठकों में नहीं आ सकता। 'आप किस पार्टी से हैं?' लाहौर जेल के क़ैदियों ने शायर फैज़ के उन दोस्तों से पूछा, जो उनकी कोठरी में जन्मदिन का केक लेकर जा रहे थे।

–'बर्थडे पार्टी से!' उन लोगों ने कहा।

मुझे उस रहनुमा से नफ़रत थी और यहाँ तक कि मुझे ख़ुशी भी हुई जब इज़रायलियों ने प्रीवेन्टिव डिटेन्शन में उसे बिना मुक़दमे के 18 दिन तक सींखचों में क़ैद कर लिया। लेकिन जब मेरा लड़का, नबील जेल गया, तो मैं एक फ़लस्तीनी बन गया, मैंने अराफ़ात का 'केफिए' पहना, रोया, जाग-जाग

कर रातें बितायीं, वामपन्थी शहीदों के लिए प्यार के इज़हार में सरेआम अपनी कविताएँ पढ़ीं, और इस्लामिस्टों की हँसी का पात्र बन गया।

हर कोई कविता लिखता था। हर कोई सरेआम कविताएँ पढ़ता। एक तलाक़शुदा और वामपन्थी महिला शिक्षक फ़लस्तीन के बारे में बड़े उत्साह से बोलती थी। वह देख सकती थी कि मैं मुर्ग़ियों के दड़बे में एक लोमड़ी था। हमारी नफ़रत भी दोतरफ़ा थी। उसके लिए मैं हमेशा 'विदेशी' था। इस्लामिस्टों ने बदमाशी करते हुए यह बात फैला दी थी कि विदेशों में आज़ादी की बात करने के लिए उसके परिवार वाले उसे घर पर पीटते थे।

'इंक़लाब कोई चाय-पार्टी नहीं है' –माओ

अरब बाज़ार (सूक़) : मर्दों के साथ मर्द चाय पीते हुए, बैकगेमन खेलते हुए, तस्बीह फिराते हुए, एक-दूसरे को मीठी बातें कहते हुए, 'या हबीबी' (मेरे प्यारे) का बहुत इस्तेमाल हुआ करता। बिना काम वाले, बेकार लोग इज़रायल को समन्दर में धकेलने का इन्तज़ार कर रहे थे। नाश्ता सूक़ में होता था : चने (हमस) या फलियों का शोरबा (फ़ूल) और चपटी रोटियाँ (ख़ुब्ज़)। दोपहर के ख़ाने में गोश्त और आलू। दावतों में चावल के साथ भेड़ का भुना हुआ गोश्त (मन्सफ़) एक बड़ी थाली में से सभी मिलकर खाते थे। गर्मी में रमज़ान के रोज़े गुर्दे की बीमारी की वजह बनते थे। अधिक खाने से चर्बी और आलस बढ़ता। मुझे लगता था कि समाज होमोएरोटिक है, लेकिन मैं ग़लत था। अरब लोग होमोसोशल होते हैं, मर्द देर रात तक मर्दों के साथ वक़्त बिताते हैं, जो बीवियों के लिए महफ़ूज़ होता है। सुबह-सुबह वे ताज़ा नहाये हुए दुम्बों की तरह मस्जिद जाते थे। जहाँ तक दिशा-हीन नौजवानों की बात थी, वे इज़रायली गोलीबारी के मुँह चले जाते, जैसे भेड़ें क़त्ल किये जाने के लिए जाती हैं। लोग अगर ग़ुस्से में हों तो कहते, "तलहस तीज़ि" (मेरी गाँड़ चाटो)।

मैं इंक़लाब से थक चुका था। मुझे समन्दर की याद आ रही थी। 'डंकी-डिक' छह अरबों को 'सर्विस' टैक्सी में बैठाकर नेतान्या में इज़रायली समन्दर तक ले गया–सब उसे यही कहते थे, क्योंकि उसका बड़ा-सा लिंग उसकी पतलून से नज़र आता था। उस समय ऐसा लग रहा था जैसे पीएलओ के नारे के उलट इज़रायल ने ही अरबों को समुद्र में धकेल दिया हो।

नाबलूस बाज़ार में टैक्सी-स्टैंड पर फ़ुरसत के पल में डंकी-डिक अपने मास्टर-स्ट्रोक से अपनी कार को चमका रहा होता था, भावी ग्राहकों के लिए अपने लिंग को सहलाते हुए। वह मुझे लुभाता, लेकिन मैं उससे बचता रहा। मैं उसके किराये के शेकेल उसकी खुली हथेली में डाल देता और समन्दर किनारे चला जाता। जल्दी ही मैं समलैंगिकों वाले, एक न्यूड बीच पर पहुँच गया।

एकबारगी मैं प्रिसिला ऑफ़ द डेज़र्ट से मिला। अभी तक हॉलीवुड के रुपहले पर्दे पर उसका अवतार नहीं हुआ था। लेकिन यहाँ उसका ज़िन्दा रूप था। मगर मुझे क्या ही पता था! उसे अदूनिस समझते हुए मैं जल्दी ही उसकी गर्म बाँहों में था, और उसके चुम्बनों का आनन्द ले रहा था। लेकिन यह लिंग वाली वीनस थी। उसने अपनी देह पलटी और पेट के बल हो गयी/गया। मैंने उसके छिद्र में पुरुषों की तरह प्रवेश किया। रगड़ की कमी के कारण मुझे स्खलित होने में कुछ समय लगा। मैंने आधे घण्टे तक रेगिस्तान की धूप में कोशिश की, बस मेरी परफॉर्मेंस की सराहना हमसे ऊपर रेत के टीले पर खड़े समलैंगिक तमाशबीनों के एक समूह ने की!

मैं अपनी चीज़ें एक बड़े से पत्थर के नीचे छिपाकर तैरने चला जाता था। समन्दर के तट पर घड़ी, वॉलेट, अँगूठियाँ और दूसरा सामान नहीं ले जाना होता था। बीच का सफ़ाई कर्मचारी एक चोर था : एक रूसी अप्रवासी जो वहाँ पड़ा हुआ सामान बटोर ले जाता था। एक बार मेरे कपड़े चुरा लिए गये थे। मैं बस तैराकी के ट्रंक्स में था, मैंने इज़रायली पुलिस से मदद माँगी। उन्होंने मुझसे सवाल किये, मेरी राजनीति के बारे में पूछा। गर्म, भूखा और सचमुच में नंगा, मैं अपने उसूलों पर अडिग रहा। यहूदी ठीक थे, ज़ायनिस्ट नहीं। क्या ज़ियन में हर यहूदी ज़ायनिस्ट नहीं था? उन्होंने मुझे हुक्म दिया, "नाबलूस तक नंगे चलो!" डंकी-डिक ने मेरी मदद की। उसने सचमुच अपनी शर्ट उतार कर दी और मुफ़्त में मुझे पहुँचाया। फिर भी मैं नहीं माना। बदमाश की तरह, घर पहुँचते ही मैंने अपनी अलमारी से अपना आख़िरी शेकेल निकाला और उसे उसकी बड़ी, खुली हुई हथेलियों में डाल दिये। लेकिन डंकी-डिक ने ख़ुद को उबार लिया। मस्जिद ने नहीं।

समन्दर तट के मेरे अगले सफ़र पर एक जासूस मेरे पीछे आया : एक पतला, बड़े लिंग वाला अरब, गन्दे दाँतों और अपने बड़े उत्तेजित लिंग के

साथ। शरम महसूस करते हुए, मेरे जासूस ने अपने अण्डरवियर को अपने लिंग पर ऐसा टाँग दिया मानो वह कोई खूँटी हो। मुझे तब हँसी आ गयी। लेकिन उसने सबकुछ मस्जिद को रिपोर्ट किया। और मेरा हाल यह हुआ कि मैंने अपनी नौकरी खो दी।

लेकिन जल्दी ही मेरे लिए हमदर्दी भी पैदा हुई। एक और सफ़र, एक और जोखिम। इज़रायली चेकप्वाइंट्स पर उन्होंने अरब मज़दूरों को बस से बाहर निकाला, मैं भी उनके साथ था। उन्हें लात मारी, घूँसा मारा, अपमानित किया। मुझे लगा था कि मैं महफ़ूज़ हूँ जब तक कि उन्होंने मेरी नयी ख़रीदी हुई किताब अराफ़ात न देख ली, जो लन्दन में प्रकाशित हुई थी और सिर्फ़ इज़रायल में बिकती थी, ऑक्युपाइड टेरिटरीज़ (क़ब्ज़ाये हुए इलाक़ों) में नहीं। 'मदरफ़कर!' जवान सिपाही ने मुझसे कहा और मेरे बायें कान पर ज़ोरदार थप्पड़ मारा। दर्द और अपमान से मैं तड़प उठा। 'व्हाट द फ़क!' मैंने अनायास ही विरोध किया। उसने मेरी बायीं टाँग पर लात मारी, मुझे ड्रिल लाइन से बाहर खींचा और झाऊ के पेड़ों के नीचे बियर के साथ पड़े अपने सार्जेंट के पास ले गया। "मेरे सिपाहियों को माफ़ कर दो। वे गर्म और परेशान हैं। जब उसने दुश्मन अराफ़ात की तस्वीर देखी तो उसका ख़ून उबल गया। तुम्हारे पास रेज़ीडेन्स परमिट नहीं है। (इज़रायल ने पश्चिमी तट पर काम करने वाले विदेशियों को कभी परमिट नहीं दिया।) तुम्हें पुलिस स्टेशन आना होगा!"

अगला दिन शब्बात था। 'पुलिस कहती है कि तुम्हें रातभर लॉक-अप में रहना पड़ेगा और रविवार सुबह तुम्हें अदालत में पेश किया जायेगा,' महिला अधिकारी ने कहा, जो मुझे एक गांडू समझकर मज़ाक़ उड़ाते हुए अपनी छातियाँ मेरे चेहरे के पास झुला रही थी। वह निश्चित रूप से अपने अधिकारी की प्रेमिका थी।

'क्या मैं औरतों के साथ जेल जा सकता हूँ?' मैंने समलैंगिक बलात्कार से डरते हुए गुज़ारिश की।

'औरतें तुम्हारा बलात्कार करेंगी जैसे ही तुम अन्दर जाओगे,' अधिकारी हँसा।

मेरी हिफ़ाज़त करने वाले फरिश्तों ने मुझसे कहा, 'झूठ बोलो! जितना हो सके झूठ बोलो, होशांग, और यहाँ से निकल जाओ।'

‘सुनिये!’ मैंने बोलना शुरू किया, ‘मैं पश्चिमी तट के गवर्नर को जानता हूँ, जो हिब्रू यूनिवर्सिटी में अरबी के प्रोफ़ेसर हैं। मेरे कॉलेज के प्रैसीडेंट और मैंने उनके साथ नाबलूस में ‘कुनाफ़े’ (एक रसीली अरबी मिठाई) खायी थी। यह टीवी पर भी आया था!’

अधिकारी : ‘तुम टीवी पर थे!’

‘नहीं, मैं नहीं था, लेकिन मेरे कॉलेज के प्रेसीडेंट थे। मैं बैकग्राउंड में कहीं पर था!’

‘इसे जाने दो!’

मैं पीएलओ के लिए हीरो बन गया था। मस्जिद ने हमेशा की तरह मज़ाक़ उड़ाया। मैंने इस्लाम और अरबों के बारे में पढ़ा, लेकिन मैं अराफ़ात के बारे में नहीं पढ़ पाया। यह किताब प्रतिबन्धित क्षेत्र में प्रतिबन्धित थी; सभी के लिए प्रतिबन्धित, सिर्फ़ ज़ायनिस्टों को छोड़कर। ग्रेटर इज़रायल! अरबों को जिसके लिए बलि चढ़ना था।

जॉर्डन भी कोई बेहतर जगह नहीं थी। अगर किसी ने शाह के ख़िलाफ़ कुछ कहा, तो उसे खाई से नीचे रेगिस्तान में धकेल दिया जाता था। एक पागल अरब ने ‘पागल’ शाह अब्दुल्ला को अल-अक़्सा में जुमे की नमाज़ के दौरान मार डाला। गोली लड़के हुसैन के सीने पर लगे पदक को छूकर गुज़र गयी। हुसैन, जो जल्द ही राजा बनने वाला था, हीरो बन गया था। ‘यह सब सीआईए की साजिश थी,’ मेरे अरब छात्रों ने कहा।

सच हमेशा रेगिस्तान में एक सराब की तरह बदलता रहता है। यह इस बात पर निर्भर करता है कि कहानी कौन सुना रहा है। हारने वाले कभी इतिहास नहीं लिखते, जीतने वाले लिखते हैं। इज़रायल उस दिन हार गया जब उसने पश्चिमी तट पर क़ब्ज़ा कर लिया (1967)। किबुत्ज़ीम का सपना सस्ते अरबी मज़दूरों के साथ ख़त्म हो गया। इज़रायल पूँजीवादी बन गया और बाद में उपनिवेशवादी। ब्रिटिश शासकों के सभी पास क़ानून पश्चिमी तट पर बिना किसी बदलाव के क़ायम रखे गये।

वफ़ादारी की शपथ। पश्चिमी तट के ख़ूबसूरत ‘सिविलियन’ गवर्नर ने, जो एक अकादमिशियन थे, एक योजना बनायी कि पश्चिमी तट के बुद्धिजीवियों को इज़रायल के प्रति जवाबदेह बनाया जाये। (दरअसल, कोई ‘सिविलियन’

इज़रायली नहीं है। हर अरब नागरिक को, जो सोलह से साठ वर्ष के बीच है, सेना में डाल दिया जाता है। यह नियम औरतों और समलैंगिकों पर भी लागू होता है।) योजना बनायी गयी कि कोई भी इस शपथ को नहीं मानेगा। इज़रायल उन सभी विदेशी फैकल्टी को निकाल बाहर कर देगा जो उसके साथ सहयोग करने से इनकार करेंगे, लेकिन पीएलओ उन्हें सालभर के वेतन के बराबर बोनस देगा। मुझे जानबूझकर इस बात से अनजान रखा गया। मुझे अरबी और हिब्रू में एक काग़ज़ दिया गया। वही अधिकारी जिसने पहले मुझसे सवाल किया था, टूटी-फूटी अंग्रेज़ी में कहा, 'कहो कि तुम पीएलओ को पसन्द नहीं करते!'

–वल्लाही! मैं नहीं करता! मैंने विरोध किया। (मैं अराफ़ात की तानाशाही से नफ़रत करता था।)

–तो यहाँ साइन करो।

मैंने साइन कर दिया।

मेरी किस्मत तय हो गयी।

'ग़द्दार!' कोई मुझसे बात नहीं करता। जब मैं मस्जिद की खिड़की के नीचे से गुज़रा उन्होंने मेरे सिर पर इस्तेमाल किया हुआ टॉयलेट पेपर का बास्केट उलट दिया। एक बच्चे ने मुझ पर पत्थर फेंका, जिससे मैं बच गया, वह मेरे पाँवों के पास गिरा।

पुलिस ने उन अरब शिक्षकों को नदी के ट्रांस-जॉर्डनियन ईस्टर्न तट पर भेज दिया, जिन्होंने दस्तख़त करने से इनकार कर दिया था। एक शिक्षक ने मुझे थप्पड़ मारने की कोशिश की लेकिन दूसरों ने उसे रोक लिया। मैं भारत के लिए रवाना हुआ और रशदा मसरी ने मेरा कॉन्ट्रैक्ट फाड़ दिया।

मेरी बहन ने मेरा बचाव करते हुए कहा : 'तुम फ़लस्तीन के ग़द्दार कैसे हो सकते हो? तुम तो फ़लस्तीनी भी नहीं हो!'

उसने जोड़ा, 'तुम भी तो आज़ादी चाहते हो।'

फ़लस्तीन में लड़कों के अलावा, मेरे कुछ और अच्छे दोस्त भी थे। क्रिसी और स्टीव मेनोनाइट वॉलण्टियर थे। बचपन में वे न सिगरेट पी सकते थे, न शराब पी सकते थे, न गाली दे सकते थे और न ही शादी के बाहर सेक्स कर

सकते थे। डेट पर वे इंडियाना के डांस फ्लोर पर खड़े होकर एक-दूसरे से सटते थे क्योंकि 'डांस की इजाज़त नहीं थी!' उन्होंने मुझे खाना दिया, और दोस्ती की। मुझे शक था कि पति बाइसेक्सुअल था : उसका एक ब्लैक अरब प्रेमी था ('एक आध्यात्मिक दोस्ती') जो उनकी शादी से पहले के जेरुसलेम प्रवास के दौरान उनके स्पोर्ट्स क्लब से जुड़ा हुआ था। पत्नी ने ख़ुद को दर्द देने की मेरी फ़ितरत को भाँप लिया। 'क्योंकि तुम इन पाकीज़गीपसन्द अरब लड़कों से कुछ हासिल नहीं कर सकते, तो तुम इज़रायली अधिकारियों को ख़ुद को चोट पहुँचाने देते हो। तुम चाहते हो कि तुम्हें चोट पहुँचे,' उसने मुझे ख़ुद को चोट पहुँचाते देख मुझसे ग़ुस्से में कहा।

कामिल मुगन्नी, फ़लस्तीन के अरबी चित्रकार, मेरे एक और मित्र थे। उनके पिता लोद में (जहाँ अब बेन-गुरियन एयरपोर्ट है) इज़रायली क़ब्ज़े से अपनी ज़मीन वापस नहीं ले पाये, तब उनकी माँ ने अपने सोने के कंगन बेचकर उन्हें कैरो आर्ट स्कूल भेजा। लेकिन मजबूरन उन्हें हवाई अड्डे पर टरमैक बिछाने वाले मज़दूरों की टोली में शामिल होना पड़ा। मिस्र में एक उम्रदराज़ औरत ने उन्हें प्यार और सेक्स का सबक सिखाया। कामिल अपनी माँ की इबादत करते थे। वह एक जानदार औरत थीं, भारी जिस्म, नीली आँखों में चमक लिए हुए। सफ़ेद मलमल में लिपटी हुईं वे गर्म दोपहर की धुँध में किसी मडोना जैसी लगती थीं। कामिल अक्सर अपनी माँ को ग़ज़ा की औरतों के पोर्ट्रेट के लिए उनका मॉडल बनने के लिए कहते। जब उन पेंटिंग्स के ख़रीदार मिले, उन्होंने मज़ाक़ किया, 'वह मुझे बेचना चाहता है।' कामिल ने मुझे अपनी पत्नी और बच्चों से मिलवाया। उनकी पत्नी ने मुझे ग़ज़ा से आयी मछली पकाकर खिलायी। उनके बच्चे मेरे नाटकीय अन्दाज़ों से खूब हँसते। उनके बच्चों में मेरा सबसे प्यारा था उनका मँझला बेटा रम्ज़ी। सबसे छोटा बच्चा गोल-मटोल था लेकिन अक्सर बीमार रहता। उसकी तबीयत ख़राब होने पर कामिल सारी रात जागते रहते। उनकी पत्नी समझाने की कोशिश करती, 'हर बच्चे को कभी-कभी बुखार हो जाता है!' कामिल मेरी तस्वीरें बनाते, ख़ासकर जब मैं पीएलओ और इज़रायल पर ग़ुस्से में बड़बड़ाता था। अगले दिन, मेरी तस्वीर उनकी 'गोया शैली' की रेवॉल्युशन के हुजूम वाले मंज़रों में एक इज़रायली चेहरे में बदल जाती। लेकिन उन्होंने हमारी दोस्ती का

अन्त उस दिन कर दिया जब मैंने इज़रायल के लिए वफ़ादारी की शपथ पर दस्तख़त किये। कामिल पीएलओ के लिए वफ़ादार थे, भले ही उन्होंने कला के लिए राजनीति छोड़ दी थी। वह बाक़ी अरबों से नफ़रत करते थे, कहते थे, 'हम क्रीट के लोग हैं,' मतलब वे 'समुद्री लोग,' जिन्हें रामसेस द्वितीय ने हराया था।

कामिल अपनी पेंटिंग्स में औरतों की कढ़ाई के पैटर्न का इस्तेमाल करते थे। यह उनका 'तूराथ' (रवायत) था–पुराने फ़लस्तीन को ज़िन्दा रखने का एक तरीक़ा। एक और परम्परा थी 'दबके' नाच, जिसे फ़सलों की कटाई के वक़्त मर्द नाचा करते थे।

मेरा एक और दोस्त हानी, जो एक लाइब्रेरियन थे, मेरी सालगिरह के जश्न से उठकर तब चले गये जब उन्हें पता चला कि मेरे अपनी बॉस रशदा के साथ अच्छे ताल्लुक थे। हानी एक फ़लाह (किसान) थे, जबकि रशदा बुर्जुआ दर्जे से थीं, वे एक वर्ग शत्रु थीं। राजनीति ने अरबों को बाँट दिया था; क़ब्ज़े ने सन्देह और दुश्मनी पैदा की थी। हानी की पागल माँ को एक कमरे में बन्द रखा जाता था और दीवार में बने छेद से उन्हें ख़ाना दिया जाता था। परिवार उनके पिता को दोबारा शादी नहीं करने देता था ताकि जायदाद उनके पास ही रहे, भविष्य के किसी वारिस के हाथ में न जाये। फिर भी, पूर्वी समाज भले ही वे पागलों और जानवरों के प्रति बेरहम हो, अपने बच्चों को लेकर बहुत मेहरबान है।

मोहतरमा अब्दुल-हादी, मुग़नी की क्रान्तिकारी कला की क़द्रदान थीं। एक बार मैं अब्दुल-हादी के एक बाग़ में चुपके से घुसा और एक नारंगी चुरा ली। मोहतरमा हादी ने गाते हुए कहा, "तुम चोर हो!" जनाब हादी ने यही बात मज़ाक़ में तोहमत लगाने के अन्दाज़ में कही।

अपनी तन्हा पड़ोसी फ़दवा तुक़ान से एक बार बाज़ार में मेरी मुलाक़ात हुई। उन्होंने मुझसे हाथ मिलाने के लिए अपने दस्ताने उतारे। मैंने जितने हाथों को अब तक छुआ था, उनका हाथ अब तक का सबसे नर्म हाथ था। क़ब्ज़े के बाद उन्होंने एक पाकीज़ा उम्मीद जतायी कि जैसे पश्चिमी तट ने कभी ब्रिटिशों से समझौता किया था, वैसे ही वे इज़रायली सेटलरों को भी क़बूल कर लेंगे। इस विचार ने रेडिकलों को ख़फ़ा कर दिया, उन्हें इज़रायल शरीक-

ए-जुर्म करार दिया गया और आत्मनिर्वासन में जाने को मजबूर कर दिया गया। उनकी आवाज़ को चुप करा दिया गया। और फ़लस्तीन उनकी दर्दभरी शायरी से महरूम होकर और भी ग़रीब हो गया। क्योंकि किसी वक़्त उन्होंने अपनी शायरी में फ़लस्तीन की हालत को एक ऐसी कुँवारी दुल्हन के रूप में पेश किया था, जिसने अपने दूल्हे को शादी की सुबह ही खो दिया था। फ़दवा कभी शादी नहीं कर पायीं और वे तब तक अपने समलैंगिक भाई के साथ रहीं, जब तक वे चल न बसे। मुझे अफ़सोस है कि मैं उन्हें न जान सका, लेकिन मेरे लिए वे अब भी अपनी शायरी में ज़िन्दा हैं।

नाबलुस में मेरा आख़िरी दोस्त तिल नाम के गाँव से था, जो अपने अंजीरों के लिए मशहूर था, जो यहाँ से पूरे रोमन साम्राज्य में जाते थे। क्लियोपेट्रा की टोकरी में जो अंजीर होते थे, वे भी तिल से आते थे। वह हर सुबह अपने पेड़ से तोड़े हुए दो ताज़ा अंजीर मुझे लाकर देता। वह वॉलीबॉल खेलता था और उसका शरीर कसरती था। मुझे उसकी ख़्वाहिश थी। खेलते समय लड़के चिल्लाते, 'रिशी!', 'सामकी!', 'मेरा पंख!', 'मेरी मछली!' वह मुझे अपने घर ले गया और अपने बड़े भाई से मुझे मिलवाया, जो इज़रायल में मज़दूरी करता था, कमअक्ल था और मेरे दोस्त को स्कूल भेजता था। उन्होंने मुझे गौरैये का गोश्त परोसा और उनकी सबसे छोटी भूखी बहन मुझे अपना खाना खाते हुए देखती रही। मैंने उसके क्लास नोट्स देखे और जब भी मैं अपने लेक्चर में 'सेक्स' का ज़िक्र करता, वह नोट्स में उसकी जगह एक डैश या खाली जगह छोड़ देता। वह इतना शर्मीला था। हम उस रात अलग-अलग सोये। जब मैं भारत लौटा, तो मैंने स्कूल में उसके लिए कुछ पैसे छोड़ दिये ताकि वह अपनी पढ़ाई पूरी कर सके। मैं कई महीनों तक उसे याद करता रहा था और फिर उसे भूल गया। पत्तीहीन अंजीर के पेड़ के पीछे से, मेरी बाँहों के पीछे से दिखता हुआ मेरा चाँद।

मेरे कुछ बेहतरीन कम्युनिस्ट छात्र थे। उनमें से एक लड़की ने सिर्फ़ आठ साल की उम्र में हिब्रू यूनिवर्सिटी के महिला शौचालय में बम रखा था। वह दस साल जेल में रहने के बाद, अट्ठारह साल की उम्र में क़ैदियों की एक अदला-बदली में रिहा हुई। कहा जाता है कि जेल में वह समलैंगिक बन गयी थी। शादी के बाद उसने जींस छोड़कर ज़्यादा औरताना स्कर्टें पहननी

शुरू कर दीं। एक और छात्र ने, जो तीस साल का था, मुझे बताया कि जेल में गुज़ारे पाँच सालों के दौरान पिकासो की पेंटिंग 'गुएर्निका' ने उसे दिमाग़ी तौर पर स्थिर रखा।

एक नौजवान महिला डेंटिस्ट, जिसने पाकिस्तान में पढ़ाई की थी, उपमहाद्वीप के लोगों को पसन्द करती थी। मैंने उसे 100 दीनार उधार दिये, जो उसने दस महीनों में दस-दस दीनार करके लौटा दिये। वह ईमानदार थी। कलाकार कामिल ने मुझे बताया था कि उन्होंने उसके साथ मुलाक़ात की एक योजना बनायी थी, लेकिन वह एक स्कूल टीचर को साथ ले आयी, जो उन दोनों का परिचित था! कामिल शर्म से लाल हो गया। बाद में, उसने भी शादी कर ली, और फ़लस्तीनी से शादी करने की बातें हवा में खो गयीं।

"और कुत्ते अपनी कुत्तों जैसी ज़िन्दगी जीते रहते हैं।"

ऑडेन

मेरे छात्र एक वॉलीबॉल खिलाड़ी को मेरे घर लाये। उसे मेज़बान के घर में हंगामा मचाते हुए हर अलमारी, दराज़ें और सन्दूकें खोलने की ख़ब्त थी। मुझे लगा कि वह शायद सेक्स से महरूम था और पोर्नोग्राफ़ी खोज रहा था। शायद बच्चों ने उसे कुछ ऐसा खोजने के लिए उकसाया था, जो मुझे समलैंगिक साबित कर सके। जैसे कोई कंडोम या ल्यूब की ट्यूब! लेकिन उसे कुछ नहीं मिला। वह रेशमी बॉक्सर शॉर्ट्स में इधर-उधर दौड़ता और बड़ी आसानी से वह उन्हें उतार भी देता। वह ग़ज़्ज़ा का सैमसन हो सकता था : एक बेरहम प्रेमी।

सामी पार्टी का सदस्य था। मुझे अब एहसास होता है कि वह मेरा 'माइंडर' था। वह उस समय मौजूद था जब मैंने संगीत शिक्षक के साथ सोया। वह तब भी मौजूद था जब मैंने एक लापरवाह अरबी टैक्सी ड्राइवर को इज़रायली ट्रैफ़िक कोर्ट में लापरवाह ड्राइविंग के लिए घसीटा। उसने मुझे और उस ड्राइवर को हाथ मिलाकर समझौता करने पर मज़बूर किया। स्कूल ने मुझे इसके लिए कभी माफ़ नहीं किया। सामी की एक गर्लफ्रेंड थी, नबीला, लेकिन वह महज़

दिखावे के लिए थी। असल में, वह समलैंगिक था और यहूदी जेरुसलेम के समलैंगिक बग़ीचे में अक्सर अपने दुश्मनों के साथ शारीरिक सम्बन्ध बनाने जाता। उसने मेरे पीछे पड़े मस्जिद से मेरे जासूस को बुरी तरह पीट दिया। सामी मुझे अपने घर ग़ज़ा ले गया। मेरी सादगी से सभी प्रभावित हुए और मुझे 'गांधी' का नाम दिया। लेकिन एक चाचा ने मेरी असलियत भाँप ली और मुझे शादी के भोज में आने से मना कर दिया।

नाबलूस में बिताये अपने साल पर मैंने चार बड़ी नोटबुक्स लिखी हैं। इन किताबों को फ़लस्तीनियों और इज़रायलियों की जासूसी नज़रों से बचाने के लिए मुझे दोस्तों के घरों में छिपाना पड़ा था। पेरिस में मेरी दोस्त फ्रेनी ने मेरी सभी कविताओं को सँभालकर रखा।

2

जेरुसलेम
(1983–84)

नदी के उस पार
एक अमरूदी गाँड़ वाला बच्चा है
अफ़सोस, मुझे तैरना नहीं आता

ब्रिटिश आर्मी मार्चिंग सॉन्ग

एक फ़ौजी मरा
बेकार गया एक लंड और दो टट्टे, मैं कहता हूँ
दो फ़ौजी मरे
दो लंड और चार टट्टे बेकार गये
तीन : तीन लंड और छह टट्टे...
(इसी तर्ज़ पर आगे...)

एक इज़रायली समलैंगिक कवि

इज़रायल एक मेल्टिंग पॉट है। "ओ जेरुसलेम, अगर मैं तुझे भूल जाऊँ/तो मेरा दाहिना हाथ भूल जाये मेरी सारी कारीगरी।" ब्रिटिशों ने फ़लस्तीन को बराबर बाँटा; अरबों ने जंग की और सबकुछ खो दिया। एक अरब गाँव दैर यासीन जहाँ एक क़त्लेआम हुआ था, अब एक इज़रायली जॉगर्स पार्क है। अरबों का वहाँ कोई निशान नहीं। सड़कों में दक्षिण अमेरिकी, रूसी, इथियोपियाई फलाशा, यूरोपीय जगह के लिए ऑर्थोडॉक्स यहूदियों के साथ बाज़ू से बाज़ू

मिलाते थे। ऑर्थोडॉक्स लोग मानते हैं कि यह केवल एक दुनियावी जन्नत है। वे एक ख़ुदाई जेरुसलेम का इन्तज़ार कर रहे हैं। अरबों की तरह वे भी इस आधुनिक सोडोम को तबाह करना चाहते हैं। सड़कों पर मर्द मुझे लुभाने की कोशिश करते हैं। एक इतालवी ने बड़े अन्धविश्वास के साथ अपनी पवित्र त्रिमूर्ति को छुआ जब मैंने उस पर बुरी नज़र डाली; एक दक्षिण अमेरिकी ने अपनी दाहिनी अँगुली से अपनी दाहिनी आँख खोली, जो इशारा था : 'कम, फ़क मी (आओ, मेरे साथ सेक्स करो)।' न्यूयॉर्क में यहाँ से ज़्यादा यहूदी हैं और यहाँ वाले सबके पास दोहरी नागरिकता है। हर इज़रायली गाँव का एक अरब इतिहास है, जिसके पीछे ओल्ड टेस्टामेंट का इतिहास छुपा हुआ है। जब ज़ायनिस्टों को यूरोपीय यहूदी लोगों के बसने के लिए युगांडा के बजाय पवित्र भूमि मिली तो वे बेहद ख़ुश हुए थे। मैंने एक पुराने यहूदी को एक बस में देखा जिसने अपनी बाँह पर नात्सियों द्वारा गोदे गये अपने नम्बर को ढँक रखा था। वह संख्या हज़ारों में थी। जब मैं बेर्तोलुच्ची की फ़िल्म 1900 में फ़ासीवादियों के हाथों यहूदी बच्चों के क़त्लेआम को देखकर बहुत भावुक हुआ, तब एक बूढ़े यहूदी ने मुझे चुप करा दिया। माउण्ट स्कोपस पर हिब्रू यूनिवर्सिटी और किर्यात अर्बा बस्ती बचाव के मोर्चे हैं।

वाल्टर बेंजामिन पॉल क्ली की पेंटिंग ज्यूइश एंजेल ऑफ़ हिस्ट्री पर चर्चा करते हुए कहते हैं कि यह फरिश्ता उड़ता है और क़यामत लाने वाला बिगुल फूँकता है (याद करें, जेरीको की दीवारें गिर गयी थीं!) लेकिन आगे उड़ते हुए इस फ़रिश्ते की नज़रें पीछे की तरफ़ है। बेंजामिन बताते हैं कि भविष्य/अतीत की यह दोहरी नज़र हमेशा यहूदियों की किस्मत और इतिहास रही है। यहाँ तक कि अपने यहूदी मानवतावाद के बावजूद मार्टिन बुबेर जेरुसलेम में एक ऐसे घर में रहते थे जिसे अरबों से छीना गया था। जब मैंने फ़लस्तीनियों से कहा कि मैं भी बेघर हूँ, तो वे हँसे।

"घर दिल में एक जगह है/अगर यह नहीं हो तो तुम/पत्थरों से घर नहीं बना सकते।"

ब्रॉडस्की

जेरुसलेम एक खुला शहर है। एक इन्सान पूर्वी अरबी जेरुसलेम और पश्चिम में इज़रायली उपनगरों के बीच आ-जा सकता था। इनके बीच पुराना अरब

क़ब्रिस्तान था, जिसे दोनों अरब और इज़रायली एक समलैंगिक गार्डन की तरह इस्तेमाल करते थे। यह पीड़ित और उत्पीड़क के बीच ख़्वाहिशों के मिलने की जगह थी, और सरेआम लोगों की नज़रों के बीच अंजाम दिये जाने वाले समलैंगिक सेक्स के दौरान भूमिकाएँ आसानी से उलट जाती थीं।

फिर हम बीच-बीच में जा सकते हैं, जैसे कि ट्रॉइलस और क्रेसिडा में शेक्सपियर का दलाल पांडारस कहता है। मैं वेस्ट जेरुसलेम के सिरे पर नाओमी स्ट्रीट में रहता था, जहाँ से वैली ऑफ़ थीव्स दिखती थी। यही वह वादी है जहाँ किसी वक़्त रुथ खड़ी हुई थी, 'पराई फसलों के बीच' अपने घर को याद करते हुए। घाटी के उस पार अरब गाँव अबू दिस था, जहाँ मैं काम करता था। अब अबू दिस को यहूदी पंजे ने बाँट दिया है, यह पंजा दीवार के नाम से भी बदनाम है। इसके उलट, अबू दिस साइंस कॉलेज ख़ुद को नेशनल यूनिवर्सिटी ऑफ़ पैलेस्टाइन कहता है, जहाँ अराफ़ात के पूर्व विदेश मन्त्री अब विश्वविद्यालय के अध्यक्ष हैं। मैं जब वहाँ था, ज़ोहैर करमी, बीएस.सी. (इम्पीरियल कॉलेज, लन्दन) ने मुझे नियुक्त किया था। वह धीरे बोलते थे और एक बड़ा डण्डा साथ लिए रहते थे। उन्होंने मुझे भी ऐसा करने के लिए कहा था, लेकिन वे नाकाम रहे।

मृत सागर : मैं इमाद के साथ गया। मैं एक रात जब इमाद के घर रुका था, मैंने उसके साथ सेक्स किया, जबकि बगल के कमरे में उसके अब्बा सुबह की फ़ज़र की नमाज़ की तैयारी कर रहे थे। मृत सागर प्राचीन सोडोम की जगह है। ख़ुदा ने सोडोम के बाशिन्दों को चेतावनी देने के लिए एक ख़ूबसूरत फ़रिश्ता भेजा था कि वे अपनी बुरी आदतें बदल लें, वरना उनकी तबाही तय है। सोडोम वाले फ़रिश्ते को ही लुभाने लगे। सोडोम को तबाह कर दिया गया। उसे नमक से पाट दिया गया। मुड़कर अपने घर को देख रही लूत की बीवी नमक का खम्भा बन गयी।

लाल सागर पर इलात, दूसरी ओर अक़ाबा जहाँ लॉरेंस ऑफ़ अरेबिया की मुलाक़ात फ़ैसल से हुई थी। आज के विवादों के बीज इतिहास में गहरे बोये गये थे।

सबमरीन समुद्री जीवन के संग्रहालय में हमने अजीब समुद्री जीव देखे : रीफ्स, एनीमोन्स, समुद्री खीरे (कर्कटी)। और गहरे अन्धकार में रहने वाले जीव, जो ख़ुद ही इतने रोशन थे कि अपनी रोशनी में जीते थे और दिन की रोशनी सहन नहीं कर सकते थे। वे इतनी गहराई में रहते थे जहाँ रोशनी पहुँच भी नहीं सकती थी। एक शिकारी जीव, बदसूरत, काले पंजों वाला : बाक़ी सभी जीवों के लिए एक ख़तरा।

इमाद को ग्रीक ऑर्थोडॉक्स चर्च के एक अपाहिज पादरी ने सेक्स के पहले सबक दिये थे। उसके फुटबॉल कोच ने उसे चेतावनी दी थी : 'जो करते हैं, उनके साथ एक दिन किया जायेगा।' इमाद को यह भविष्यवाणी याद आयी जब वह मेरे साथ बिस्तर पर था। वह दुबला, लम्बा और लचीला था, लेकिन उसका लिंग लम्बा था। उसकी मर्दानगी पर काबू पाने के लिए, मैंने उसे इलात में एक पूरे दिन बिस्तर में रखा, जब तक कि वह थक नहीं गया और मुझसे रहम की भीख नहीं माँगने लगा।

क़ब्रिस्तान में लोग क़ब्रों के आर-पार प्यार करते थे। प्यार और मौत।

तारा बूम दी-डे
मैं बैठा क़ब्र पे
दी-डे
तारा-बूम!

वहाँ मेरी भेंट सबताई से हुई, जो रान का शादीशुदा पड़ोसी था। अगर उसने मुझे पार्क में देखा होता, तो चला जाता। लेकिन उसने मुझे टब्स पर आकर घेरा। अपनी क़िस्मत पर ख़ुश होने के बजाय, मैंने उसकी पत्नी के बारे में पूछ लिया। वह मुझे असहाय रूप से अपनी यौन उत्तेजना के साथ वहीं खड़ा छोड़कर चला गया।

एक इज़रायली सैनिक ने मेरे साथ ओरल सेक्स किया। उसे चूमना अच्छा आता था, लेकिन उससे मुझे मंप्स हो गये, जो उसे अपने छोटे भतीजे से मिले थे। एक दयालु अरब डॉक्टर ने मेरे ऑर्काइटिस का इलाज किया (जिसमें मेरे

अण्डकोश बड़े मोसम्मी के आकार के हो गये थे), इलाज तो हो गया लेकिन इसने मुझे बाँझ बना दिया।

समलैंगिक पार्क में एक इथियोपियाई पुरोहित आता था, वह सिर्फ़ काला चोगा पहने होता। अँधेरे में हम उसे नहीं देख सकते थे : काले पर काला। वह झाड़ियों में से निकलता और हमें चौंका देता; वह अपना चोगा सिर के ऊपर रखता, और झुककर अपने गौरवशाली काले चूतड़ आने जाने वाले राहगीरों को पेश करता।

इथियोपियाई चर्च में, एक सफ़ेद सेंट जॉर्ज, (अफ़वाहों के) ड्रैगन के कान में भाला मारते हुए!

ऑर्थोडॉक्स यहूदी क्वार्टर से ठीक नीचे येशिवा या रिचुअल बाथ है। यहूदी शनिवार को, और अरब जुमे को इसका इस्तेमाल करते थे; समलैंगिक लोग वहाँ सोमवार और मंगलवार को जमा होते थे। गोल्डा मायर ने वॉल्ड सिटी के पुराने अरब हमाम को एक अरब आतंकवादी नेता को मारने के लिए बम से उड़ा दिया था। अरब, यहूदी और समलैंगिक लोग मेआ शेअरिम के मिक्वाह में सुकून पाते थे। इसमें एक काँच की छत थी जिससे धूप आती थी, गर्म और ठण्डे बाथ, एक भाप वाला कमरा जिसमें पुराने पत्थर के चबूतरे थे, एक खिड़की वाली कोठरी जिसमें दिन की रोशनी आती थी, कालीनों और गद्दों वाला एक अरब कमरा। बगदाद का एक अरबी बोलने वाला यहूदी इसका मालिक था, जो मुझे तब तक महत्त्व देता था जब तक मैं शिक्षक के रूप में काम करता रहा था। येशिवा के छात्र वहाँ अरबों के साथ ओरल सेक्स करने आते थे। इज़रायली सैनिक वहाँ सफ़ाईकर्मी के रूप में काम करने वाले अरब लड़कों के साथ सेक्स करने आते थे। हमेशा मुस्तैद रहने और फ़रमान सुनाने से थक जाने वाले इज़रायली कुछ पल के लिए बिस्तर में अरबों के सेक्स गुलाम बनने के लिए तैयार हो जाते थे। मंगलवार की शाम को बेसमेंट के बॉयलर रूम में सामूहिक सेक्स होता था, जब बात मानते हुए मालिक लाइट्स ऑन करने में देरी करता था। सेक्स और सियासत/सेक्स और मौत। अपने सबसे निजी कामों को सरेआम जगहों में अंजाम दिया था, जिससे एक गहन खोजी रोशनी जल

उठी थी। और हमाम के धुँधलके में, जब परछाइयाँ परछाइयों को खोजती थीं, ऐसा लगता था जैसे जिस्म रूहों की फ़रियाद कर रहे हों।

हमाम में मेरी मुलाक़ात बीस साल के माइक से हुई, जो जेरुसलेम लाया गया न्यूयॉर्क का एक यहूदी पोर्टनोय था। वह एक मोटी इज़रायली लड़की के साथ रहता था लेकिन समलैंगिक था। उसने मुझसे ओरल सेक्स किया और मुझे अपने वाटर बेड पर ले गया जब उसकी गर्लफ्रेंड घर पर नहीं थी। वह पुराने यहूदी क्वार्टर के भूलभुलैया जैसे इलाक़े में रहता था, जो पूर्व और पश्चिम जेरुसलेम को बाँटने वाली जाफ़ा स्ट्रीट के पास था।

मैं एक दक्षिण अफ्रीकी यहूदी वकील से मिला। वह शादीशुदा था। वह हमेशा एक 'ब्रॉली' (छाता) लेकर चलता था और हमेशा 'लॉली' बनाने की बातें करता था। वह लम्बा, मज़बूत शरीर वाला, गंजा, शादीशुदा और शाकाहारी था। वह नौजवानों को बड़े मज़े से निगलता। कविता लिखता था। उसकी पत्नी ने उस पर इल्ज़ाम लगाया कि वह 'रोचक' बनने की कोशिश कर रहा था। वह भी मोटी थी और उसे अपने पति के समलैंगिक होने से कोई दिक़्क़त नहीं थी।

रान शिनार दिल्ली के रास्ते आया हुआ एक और दक्षिण अफ्रीकी था। मोरक्कन यहूदी ख़ानदान के उसके इंजीनियर पिता ने भारत में भाखड़ा-नांगल बाँध बनाया था और बेहद थकान के चलते उसकी वहीं मौत हो गयी थी। रान ने कथक नृत्य सीखा और हिन्दू लड़कों से दोस्ती की। घरेलू हिन्दू औरतें अपने मुहल्ले के समलैंगिक लड़कों के बारे में कहतीं, 'ये तो हमारी गली के कृष्ण और बलराम हैं।' रान पुराने सिनेगॉग में पुराने मेहराबों की मरम्मत करता था। आप लकड़ी पर सोने की परत चढ़ायें और सींग से इसे चमकायें। मेहनत का काम। वह जाफ़ा स्ट्रीट के पीछे एक पुराने अरब घर में रहता था, जो भारतीय गलीचों से सजा हुआ था। कम उम्र लड़कों में उसकी ख़ास दिलचस्पी थी। उसका एक और दक्षिण अफ्रीकी दोस्त था, जिसको भारतीय आया ने उसे हिन्दू बना दिया था। वह ख़ुद को 'हिंज्यू' कहता था! पाकिस्तान से अवैध रूप से भारत में प्रवेश करने की कोशिश में वह तीन साल के लिए जेल गया। वहाँ उसने गोवा के एक एंग्लो-इंडियन लड़के के साथ प्रेम किया, जिसने उसके जेल के दिनों को सहनीय बना दिया। मैंने कोशिश की कि उसकी माँ का पेइंग गेस्ट बन जाऊँ।

उसकी माँ एक कड़वाहट भरी, मोटी, तन्हा औरत थी। उसका शराबी पूर्व पति घर आकर बाथरूम में गाता :

मुझे नहीं चाहिए वो,
तुम ले जाओ उसे
वह मेरे लिए बहुत मोटी है!

जब वह भड़कती तो ग़ुस्से में सभी भारतीयों को 'कुली' कहती। वह कहती, 'ब्रिटिश लोगों ने यहूदी शरणार्थी जहाज़ों को डुबोया था,' वह कहती।

मैं बेरोज़गार था। दिन में जब मेरी मकान-मालकिन काम पर होती, मैं दुनिया भर से आये यहूदी प्रवासियों को अपने बिस्तर में ले आता। मुझे एक सुन्दर ब्राज़ीलियाई शेफ़र्डिक यहूदी याद है। साउना में मेरे बालों में जूँएँ पड़ गयी थीं जो मुझसे उसे भी मिल गयीं। हम दोनों को अपने सुन्दर बाल कटवाने पड़े और ख़ुद को जूओं से छुटकारा दिलाने के उपाय करने पड़े।

हज कर चुकी स्कूल की एक ब्रिटिश औरत ('हज्जा') मेरी नौकरी के पीछे पड़ी थी। वह एक शेख़ के साथ 'ज़्वाइता' (सूफ़ी बाबा के डेरे) में रहती थी। उस शेख़ ने रान की नृत्य की साथी को उँगलियों से सेक्स किया था जब वह अमेरिकी यहूदी से मुसलमान बनकर रही थी। यानी मेरे पास भी उनके ख़िलाफ़ यह जानकारी थी! इसे 'तहारत' (शुद्धिकरण) मान लो, हज्जा ने उस औरत को सलाह दी थी। इस्लाम अपना लेने वाले उसके बेटे ने मेरी नौकरी ले ली और अंग्रेज़ी विभाग में 'अल्लाह' पढ़ाने लगा। उनके पुराने जेरुसलेम के मुफ़्ती के साथ सम्बन्ध थे, जो हमारे चांसलर थे। जब मैंने उस बुज़ुर्ग, दुबले शख़्स से हाथ मिलाया, तो मुझे यह नहीं पता था कि मैंने एक ऐसी तेज़तर्रार शख़्सियत से हाथ मिलाया है, जो हिटलर से हाथ मिला चुका था। राजनीति! 'मेरे दुश्मन (यहूदी) का दुश्मन (नात्सी) मेरा दोस्त है,' अरबों का कहना था।

उस समय मैं अज्ञेयवादी था। विज्ञान के मुसलमान छात्र एक स्थिर कायनात की बात करते, जिसको अल्लाह ने बनाया था। मैंने उन्हें 'एंट्रोपी' सिखायी। जवाब विज्ञान के पास थे। कुछ अरब वैज्ञानिकों ने इन्हें स्वीकार किया था। लेकिन जहाँ तक ईमान की बात थी, वह तर्क से परे था।

शाउल शाकिद हिब्रू यूनिवर्सिटी में ज़ोरास्ट्रियन विद्वान थे। उन्होंने कहा कि तीनों प्रमुख पश्चिमी धर्मों ने इब्राहीम के एकेश्वरवाद (असल में अखेनाटन

के एकेश्वरवाद) को सीखा था। एक बार मैं उनसे सिनेमा में मिला, जहाँ वे अपने दोस्त, अकादमिक जीवन में लौट आये वेस्ट बैंक के 'नागरिक' गवर्नर के साथ थे। शाकिद ने उस अरबीपरस्त को बताया कि उनके गवर्नरशिप के दौरान शुरू की गयी वफ़ादारी की शपथ ने मेरी नौकरी छीन ली थी। दोनों इसका मज़ाक़ उड़ाते हुए ज़ोर से हँसे।

वेस्ट बैंक को अपना उपनिवेश बनाने के बावजूद इज़रायली समाज गहराई से लोकतान्त्रिक था। दोपहर के भोजन के समय हर कोई अपनी बारी का इन्तज़ार करता था। एक बार, देर हो जाने की वजह से मैं हिब्रू यूनिवर्सिटी में लाइन में अपनी बारी के बग़ैर आगे बढ़ गया। उन्होंने मुझे खींचकर फिर से लाइन के अन्त में खड़ा कर दिया! इज़रायली लोग ज्वालामुखी के मुँह पर मौज मनाते हैं। उनकी 'कॉलोनियाँ' उन्हें सस्ते मज़दूर और भरपूर मुनाफ़ा देती हैं। नेतान्या के समुद्री तट पर मैंने मध्यवर्गीय, अधेड़ उम्र औरतों को 1982 में बेरूत पर बमबारी करने के लिए जाते इज़रायली लड़कों को बहादुरी से हाथ हिलाकर विदा करते देखा। एक बार, एक शानदार सनरूफ रेस्तरां में मुझे बड़े आकार की स्ट्रॉबेरी और क्रीम परोसी गयी। मैंने चुटकी ली, 'रोमन साम्राज्य के आख़िरी दिन!' कैंपी वेटर ने जवाब दिया, 'यहूदी साम्राज्य के शुरुआती दिन!' महान इज़रायली कवि यहूदा अमिखाई ने मुझे निराश किया जब उन्होंने कहा, 'दरवाज़ा खोलने से पहले मैं बन्दूक़ उठाता हूँ!' मुझे उनकी प्रेम कविताएँ पसन्द आयीं।

मुक़द्दस सरज़मीन का शायराना अन्दाज़ : नाबलूस बाइबिल का शेकेम है। माउण्ट गेरिज़िम पर पैगम्बर मूसा खड़े होकर बैतुल मुक़द्दस की झलक देख सके लेकिन उसमें दाख़िल होने से पहले ही वे गुज़र गये। बेतलेहम में पैगम्बर याक़ूब हक़्ल अद-दम (पॉटर्स फील्ड) में सोये थे, पत्थर का तकिया था और उन्होंने जन्नत को जाने वाली सीढ़ी सपने में देखी। जबल मुक़द्दस (होली माउण्ट) पर मैंने वह पत्थर देखा, जहाँ पैगम्बर इब्राहीम ने अपने बेबस बेटे इसहाक की कुर्बानी शुरू की थी; नाइट्स टेम्पलर की दान की गयी लकड़ी की नक्काशी; और नीचे दीवार-ए-गिरया (वेलिंग वॉल), जो बादशाह सुलेमान के अल हैकल अल सानी (सेकेण्ड टेम्पल) का अकेला बचा हुआ हिस्सा है। चर्च ऑफ़ द होली सेपल्चर में मैंने एक छोटी चट्टानी पहाड़ी देखी,

गोलगोथा। द सेवेन स्टेशंस ऑफ़ द क्रॉस आज भी उसी रास्ते से घूमते हुए गुज़रते हैं, जहाँ अब भी गधे आते-जाते हैं :

ओ बेवकूफ़ों! कभी मेरा भी वक़्त हुआ करता
एक दूर, तेज़ वक़्त और मीठा
जब मेरे कानों के चारों ओर जय-जयकार थी
और मेरे पैरों के नीचे खजूर के पत्ते।

–जी.के. चेस्टर्टन, 'द डंकी'

वह द्वार जिससे यीशु विजय के साथ दाख़िल हुए थे; वह खिड़की जहाँ हेरोद ने 'एके होमो' का ऐलान किया था; पेनैन्ट पर रिचर्ड लायनहार्ट के थ्री फ्लाइंग लायन्स का प्रतीक...चर्च ऑफ़ सेंट मेरी दरअसल एक वीनस टेम्पल था, जिसे सीपियों से सजाया गया था। सामरी आज भी रक्त बलि और जादू पर अमल करते हैं, और औरतें उस कुएँ से पानी भरती हैं जहाँ यीशु ने अनन्त जल का वादा किया था।

फिर हैं रोज़मर्रा के चमत्कार : नाबलूस से जेरुसलेम की ओर जाते हुए लुब्बन वादी में फूलों से भरे हुए बादाम के पेड़। फूलों की गिरी हुई पंखुड़ियाँ बादाम के हरेक पेड़ के नीचे की घास को गहरे गुलाबी, लगभग बैंगनी रंग में रंगती हुईं। दूध और शहद की सरज़मीन। प्रागैतिहासिक समुद्र टेथिस के तल से उभरी हुई ज़मीन।

जुमे की नमाज़ से पहले क़ुब्बत अस-सख्र (डोम ऑफ़ द रॉक) में दाख़िल होने के लिए मुझे झूठ बोलना पड़ा कि मैं एक मुसलमान हूँ। 'नाबलुस' सचमुच रोमनों का 'नियोपोलिस' था। यह जैतून, बादाम, और अंजीर के कारोबार का केन्द्र था। कोई शक नहीं कि यह पतनशील जगह थी। 1940 के दशक तक यहाँ समलैंगिक अरब तहज़ीब वाला एक कुलीन वर्ग था, जिसमें इब्राहीम तुक़ान और उनके करीबी साथियों का एक हलका शामिल था। लेकिन अब इंक़लाब ने अन्तरंगताओं पर पाबन्दी लगा दी है।

मैंने हर बन्दिश तोड़ी : मैंने मर्दों और औरतों से मोहब्बत की। अबू दिस से निकाले गये एक छात्र नेता माहेर खय्यात ने मुझे गहरा प्रभावित किया। उसकी अम्मी उससे नाउम्मीद थीं। उन्होंने उसे स्कूल भेजने के लिए अपनी

'ऊद' (साज़) बेच दिया था। उसकी जुड़वाँ बहन 'माहेरा' को इज़रायल जाने वाली एक बस को उड़ाने के इल्ज़ाम में जेल भेजा गया था। क़ैदियों की अदला-बदली में उसे आज़ादी मिली और पेरिस में वह लैला ख़ालिद की साथी बनी। माहेर उससे मिलने जाने का सपना देखता था, लेकिन इज़रायली अधिकारियों ने उसे वापस लौटने के हक़ से वंचित कर दिया था; ऐसे हज़ारों मामलों में से एक और मामला। रोज़ स्कूल के बाद मैं उससे मिलने जाया करता था। मैंने उसे दीनार उधार दिये ताकि उसकी होज़री की छोटी-सी दुकान चल सके। उसने उधार समय पर लौटा दिया। उसके बड़े भाई ने इससे एक पुरानी कार भी ख़रीद ली। मैं माहेर की पतली कमर, लम्बे हाथ-पैर, पैर की नन्हीं उँगलियाँ, बड़े हाथ, अमरूदी पुश्त, लम्बी नाक, नीली आँखें, घनी भौंहें, सफ़ेद त्वचा, बड़े कान, निकले हुए दाँतों को छिपाये हुए पतले होंठ, ठुड्डी पर गड्ढा, और गोरे गालों पर हल्की-सी दाढ़ी की परछायीं–इन सबको देखा करता। घण्टों उसे मैंने इतनी बारीकी से देखा था, और उसने मुझे। यह ब्यौरा यहाँ लिखते हुए मुझे लगता है कि मैं बंगाल का कुम्हार हूँ जो महज़ मिट्टी से भगवान बना देते हैं, और इसी वजह वे किसी भगवान से बेहद क़रीबी महसूस करते हैं। मेहर जानते थे कि मैं उन्हें गहराई से प्यार करता हूँ। रहमदिली ने उन्हें एक रात अपनी दुकान में रुकने को प्रेरित किया, जो फ़लस्तीन में मेरा आख़िरी दिन था। लेकिन मैं झिझक गया और उनसे मिलने नहीं गया। मैं नहीं चाहता था कि मेरी ज़िन्दगी का अकेला प्लैटोनिक प्यार धूल में मिल जाये।

सुहा, माहेर के दोस्त की बहन थी। वह भी अबू दिस में थी। एक बार मेरी उससे मुलाक़ात हुई, और हमने अनाइस निन पर चर्चा की। बाद में मैंने उसे जाफ़ा स्ट्रीट से ख़रीदी हुई अण्डर अ ग्लास बेल किताब तोहफ़े में दी। वह मुझसे प्यार करने लगी। वह छोटी, साँवली, और रहमदिल थी लेकिन वह राजनीतिक रूप से प्रतिबद्ध भी, जो मैंने कभी नहीं सोचा था। उसके भाई ने माहेर से पूछा कि मैं उससे क्या चाहता हूँ। माहेर स्वभाव से शर्मीला था, वो यह कहने की हिम्मत नहीं जुटा पाया कि "वे एक-दूसरे को प्यार करते हैं," इसलिए उसने कह दिया, "होशांग सुहा से शादी करना चाहते हैं।" उसका भाई शायद अपनी बहन के राज़ को छुपा लेता, लेकिन मैंने एक रणनीतिक भूल कर दी। एक दोपहर मैं उसके घर गया और उससे शादी का प्रस्ताव

रख दिया। उसके पिता दफ़्तर से आये और मुझे लगभग घर से बाहर निकाल दिया। लेकिन सुहा और मैं दोस्त बने रहे। सुहा को इससे कोई दिक्कत नहीं थी कि मैं मुसलमान नहीं हूँ या अरब नहीं हूँ, बल्कि यह था कि मैं पीएलओ (पैलेस्टाइन लिबरेशन ऑर्गेनाइज़ेशन) में शामिल नहीं हुआ था! फ़लस्तीन में हर मर्द, औरत और बच्चे के लिए यह जीवन और मौत का सवाल था, और वहाँ किसी लापरवाही के लिए कोई जगह नहीं थी। "हमारी ज़िन्दगी में सिर्फ़ दोस्ती ही एकमात्र मिठास है," सुहा कहा करती थी।

वह अपने भाई पर तब नाराज़ हुई जब उसने अपनी पहली पत्नी के ऊपर दूसरी शादी कर ली। लेकिन उसे यह देखकर ख़ुशी हुई जब दोनों बीवियाँ अक्सर दोस्त बन जातीं और अपने पति की मर्दवादी फ़ितरत के ख़िलाफ़ एकजुट हो जातीं। यह भी तो ज़िन्दा रहने की रणनीति ही है!

बुराक

हम गुज़रे मेहराबों के नीचे
वह और मैं
हमने झुकाये अपने सिर
वह और मैं
एक बड़े माहताब के नीचे
जो चमक रहा था पुराने शहर पर
उसने मेरा हाथ थामा
उसका हाथ मेरे हाथ में
हमने झुकाये अपने सिर
वह और मैं
गुम्बद चाँदी-सा चमका
सिर्फ़ हमारे लिए
गुम्बद सोने-सा दमका
सिर्फ़ हमारे लिए
शहर सो गया था
हमसे उलट

हम घूमते रहे
वह और मैं
हमारे नसीब में थी बर्बादी
उसका और मेरा
हमने साँसें साझा कीं
वह और मैं
हमने शब्द छोड़े
वह और मैं
हमारी आत्मायें उड़ चलीं
उसकी और मेरी
एक सवारी पर
जो न मर्द थी न औरत
एक जगह की ओर
जो न ज़मीन थी न जन्नत
हमने झुकाये अपने सिर
मेहराबों के नीचे
क्योंकि हमारे नसीब में थी बर्बादी
उसके और मेरे

उन दिनों अपने एक छात्र फ़ैज़ के साथ मेरे रूमानी रिश्ते थे। वह अपनी क्लास के लिहाज़ से बड़ा था और उसे सेक्स का अनुभव भी था। उसने दोस्ती के चलते मेरे साथ सम्बन्ध बनाये। मैंने उसकी फ़ीस चुकाने में उसकी मदद की थी। पीएलओ ने उसे एथेंस भेजा था, लेकिन उन्होंने अन्ततः उससे राजनीति में शामिल होने की माँग की, जिसे वह नहीं करना चाहता था। इसलिए वह लाचार रह गया था। वह स्कूल में एक अमीर लड़की से प्यार करता था। नासमझी में वह उससे शादी करने की उम्मीद करता था। यह ऐसी बात थी कि कोई पतंगा सितारे की ख़्वाहिश करे। वह एक आधुनिक अरबी लड़की थी : फ़ैशनेबल, कुँवारी और राजनीतिक रूप से सक्रिय। जैसा कि मैंने भविष्यवाणी की थी, उसने किसी और से शादी कर ली। फ़ैज़ का दिल टूट गया। लेकिन मैं

तो सिर्फ़ उसके सामने हँस ही सकता था। जब स्कूल वालों को अपने जासूसों के ज़रिये फ़ैज़ के साथ मेरे रिश्ते का पता चला, तो उन्होंने हम दोनों को निकाल बाहर किया। अपनी बोनस सैलरी से, मैंने फ़ैज़ को हिब्रू यूनिवर्सिटी भेज दिया। वहाँ वह अपनी सभी नौजवान यहूदी महिला टीचरों के साथ सोया और सभी विषयों में सौ फीसदी अंक हासिल किये। (वह हिब्रू जानता था, क्योंकि वह जेरुसलेम में यहूदियों के बीच रहता था।) मुमकिन है उसने अपनी ज़िन्दगी चलाने के लिए एथेंस में पुरुष वेश्या के रूप में काम किया हो। उसने मुझसे कहा, "तुम जानते हो, जब हम छोटे थे तो बस एक पैक मार्लबोरोज़ के लिए हम कुछ भी कर सकते थे!" वह अक्सर औरतों की बू में लिपटा, औरतों के नाख़ूनों और काटने के निशानों के साथ मेरे पास आता था। वह मुझसे माफ़ी माँगता। फिर मेरे साथ प्यार करता। मैं एक यहूदी यूथ होस्टल में शौचालय साफ़ करने और कचरा जमा करने का काम करता था। लेकिन फ़ैज़ बिस्तर में अच्छा था, मैं उससे प्यार करता था, और इससे कुछ समय तक लगता था कि सबकुछ अच्छा है। कम-से-कम मैं हमाम या गे पार्क में वेश्यावृत्ति नहीं कर रहा था।

मैं रोज़ाना एक डॉलर कमाता था। मैं मेहमानों से (ज़्यादातर औरतें होतीं) खाना माँगता और उन्हें बदले में एक कविता देता। हफ़्ते के आख़िर में मैं 3.50 डॉलर में एक किताब ख़रीदता और पड़ोस के एडिसन सिनेमा में 3.50 डॉलर में फ़िल्म देखता। मैंने तीन हफ़्तों में तीन बार कार्मेन देखी। मुझे ऑपेरा बहुत पसन्द था और फ़ैज़ की बेवफ़ाई को याद करते हुए मैं हर बार फ़्लावर सॉन्ग पर रो पड़ता।

एक बार, एक सैलानी ने हज़ार बरसों से बन्द पिरामिड की सैर करके आने के बाद उल्टी की। उसको साफ़ करने के अगले दिन मैं बुरी तरह बीमार हो गया। लेकिन संक्रमण एक दिन में मेरे शरीर से निकल गया और मैं ठीक हो गया। मेरी पड़ोसी एक प्रोफ़ेसर की बेवा थी; उसका बेटा भी हिब्रू यूनिवर्सिटी में पढ़ाता था। नौजवान लोग होस्टल में जो शोर मचाते थे, उसे इसे बहुत नफ़रत थी जो सही थी। लेकिन उसने अपनी नफ़रत मुझ पर निकाली : "एक कचरा उठाने वाला प्रोफ़ेसर!" वह मेरे चेहरे पर फुफकारती और दरवाज़ा बन्द कर देती। मैं जब बदबूदार कचरा नगरपालिका के कूड़ेदान में

फेंकने जाता, ख़ुद को इस पर कायल करने की नाकाम कोशिश करता कि दिमाग़ देह से बढ़कर होता है, और 'लूसी ग्रे' का पाठ करता। एक बार दो युवा यहूदी संगीतकारों ने आधी रात को सीढ़ीघर में वायलिन और वॉयला की सोनाटा (शायद ब्राह्म्स की) मेरे लिए बजायी। मैं घुमावदार सीढ़ियों पर बैठा था, जहाँ क्रेसेंडो की आवाज़ उठ रही थी। मेरी पड़ोसी भी उठ गयी। संगीत समाप्त हुआ।

पनामा की एक तलाक़शुदा औरत ग्लोरिया उन 700 डॉलर माहवार पर दुनिया भर घूमती फिरती थी, जो उसे अपने अमेरिकी पूर्व पति से मिलते थे। वह चालीस के पास थी, लेकिन छोटे कद की और तन्दुरुस्त बदन वाली थी, पुख़्ता छातियाँ और पेरॉक्साइड ब्लॉन्ड अफ़्रो हेयरस्टाइल थी। बस ड्राइवर उसे हमेशा तंग करते थे। एक बार हमने साथ में एलएसडी ली और एक साथ नहाये। ग्लोरिया की मान्यतायें हिस्पैनिक थीं। वह आपकी बात मान सकती थी, लेकिन पूरी तरह से नहीं। वह मेरी दयालुता पर तरस खाती थी। मैं उसके नाख़ूनों का पेंट एसीटोन से हटा देता था। मैं भी उसके लिए समर्पित था। वह बेकाबू थी। जब उसने अपने पति को किसी दूसरी महिला के साथ देख लिया था, तो उसने उस पर चाकू फेंक मारा था। फ़ैज़ उसके साथ सोना चाहता था। "लेकिन वह गंजा है!" ग्लोरिया ने विरोध किया। फ़ैज़ के सम्मान को ठेस लगी।

यासमीन एक 'पॉकेट वीनस' थी। मर्द सड़कों पर उसके पीछे-पीछे फिरते। "यह तुम्हारी आँखों का जादू है," उसकी सिडोन वाली दादी कहती थीं। यासमीन और उसकी एक सहेली क्लास में बैठकर नौजवान टीचरों के गुप्तांगों (बॉक्सेज़) पर निहारती रहती थीं, उसने मुझसे बताया। उसका एक अरबी फ़ोटोग्राफ़र था, जो उसे अपने स्टूडियो की मेज़ पर बिठाकर उसको ओरल सेक्स के मज़े देता था। यासमीन की नाक एक तरफ़ मुड़ी हुई थी; उसके भाई ने एक हॉकी स्टिक से उसे तोड़ दिया था। "तुम्हारे पास मधुबाला का जिस्म और नादिरा का चेहरा है," मैं उसका मज़ाक़ उड़ाता। उसने अपनी दादी को मेरे बारे में बताया था, और दादी ने सपने में हमें एक फव्वारे के पास पिकनिक करते हुए देखा था—हम एक-दूसरे के साथ ख़ुश थे!

यह पहली बार नहीं था जब फ़ैज़ ने मेरी औरतों के मामले में दख़ल देने की कोशिश की थी। मैं उससे इतना प्यार करता था कि उसे मेरे साथ कुछ भी करने की छूट थी। लेकिन औरतें उसे बेहतर समझती थीं। मेरी छात्र यासमीन ने मुझे बहुत मनाया और आख़िरकार मुझे अपने साथ बिस्तर में ले जाने में कामयाब रही। सुहा उससे नफ़रत करती थी। हमने छह महीनों तक डेट किया। हम हर दोपहर क्लास के बाद नाओमी स्ट्रीट की मेरी बेडसिट पर जाकर प्यार करते थे। मेरा यहूदी पड़ोसी, जो कॉन्सर्टों में पियानो बजाता था, रैवेल या फ़ॉरे जैसे आधुनिक संगीत का अभ्यास करता। वह जंगली संगीत समुद्री हवा पर तैरता हुआ आता और हमारे जंगली प्यार के लिए एक मुनासिब मंजर तैयार करता। यासमीन सेक्स में अपने क्लिट को अहमियत देती थी और चाहती थी कि उस पर पूरा ध्यान दिया जाये। हमारे पड़ोसी की बालकनी मेरी खिड़की के पास थी। मैं बिस्तर पर इतना व्यस्त होता कि मुझे इसका ध्यान ही नहीं रहता था कि उड़ते हुए पर्दे से मेरा नौजवान पड़ोसी सबकुछ देख सकता था। वह हमारी मस्ती का शुक्रगुज़ार था और हमने उसे छिपकर हमें देखते हुए पकड़ लिया इसके बावजूद वह झिझकता नहीं था। शायद वह एक सबरा था और उसकी आज़ाद ख़याली किब्बुत्ज़ और इज़रायली सेना से प्रभावित थी, जो औरतों, हिप्पियों और समलैंगिकों को भर्ती करती थी।

मैंने फ़ैसला किया कि मैं यासमीन से शादी करूँगा। मैं मुसलमान बन गया।

रमल्लाह के एक नौजवान मौलवी ने क़बूल किया कि वह मुझे इस्लाम के बारे में सबक देगा, अगर मैं उसे अंग्रेज़ी पढ़ाऊँ।

"सिर्फ़ किसी औरत से शादी करना मुसलमान बनने की काफ़ी वजह नहीं है!"

"क्या आप ख़ुदा में यक़ीन करते हैं?"

–"सुना है कि उनका वजूद है।"

"और मुहम्मद में?"

–"वे ऐतिहासिक रूप से एक हक़ीक़त थे।"

मेरे बाद कहिये :

"लाइलाह इल्लल्लाह

मुहम्मद अररसूल-अल्लाह"

मैंने 'कलिमा' दोहराया। मैं मुसलमान बन गया था।

"अब तुम बुद्ध में यक़ीन नहीं कर सकते।"

–"ठीक है।"

"और अपने पूर्वजों के पारसी देवताओं पर भी नहीं।"

मैंने "हाँ" कहा, लेकिन पुराने देवताओं को खोने की टीस महसूस हुई।

दो गवाहों ने मुझे बाज़ार में कुनाफे खिलाया। रमज़ान : रोज़ा और नमाज़। मैं कभी रोज़ा और नमाज़ पर अमल नहीं कर सका। हालाँकि, मैं आज भी मस्जिदों को ज़कात देता हूँ और अपने पैसे पर कभी सूद नहीं लेता।

मैं मुसलमान होना कैसे छोड़ सकता हूँ?

–"तुम नहीं छोड़ सकते," माहिर ने कहा।

"एक पारसी, बौद्ध, ईसाई समलैंगिक मुसलमान!" मेरी बहन मेरा मज़ाक़ उड़ाती।

मेरी बहन ने शिकागो में अपने घर के बेसमेंट में हमारे लिए एक कमरा तैयार किया था। मेरे पास अमेरिकी वीज़ा था, लेकिन हनीमून का हमारा पैसा फ़ैज़ की इज़रायली डिग्री पर ख़र्च हो गया। यासमीन और मैं कड़वाहट भरे तरीक़े से अलग हो गये, जब फ़ैज़ ने उसे यह बताकर अपनी तरफ़ करने की कोशिश की कि मैं समलैंगिक हूँ और उसे मेरी जगह उसको चुनना चाहिए। यासमीन ने पलटकर जवाब दिया, "होशांग जैसा है मैं उसी से प्यार करती हूँ।"

फ़ैज़ वापस आया, थोड़ा चकित होकर मुझसे कहा, "वह सच में तुमसे प्यार करती है!"

उसका परिवार किसी काम का नहीं था। उसकी माँ मुझे नापसन्द करती थी। "वह अपने बैग के साथ किसी पोस्टमैन जैसा दिखता है!" उसके पिता को लगता था कि अगर उसने मुझसे शादी की और मेरे साथ भारत जैसे 'पिछड़े देश' चली गयी, तो उसे चूल्हे-चौके में बाँध दिया जायेगा। उसकी बहन तब रूस में मेडिकल की पढ़ाई कर रही थी और उसने अपने रूसी प्रेमी के बारे में अपने माता-पिता को कुछ नहीं बताया था। उसके लिए शादी का जो अरबी प्रपोज़ल आया था वह उसे यासमीन के सिर पर डालने की कोशिश करती थी।

"हर शाम एक अरबी डॉक्टर अपनी मर्सिडीज बेंज़ में मुझे ले जाने आता है। वह मुझसे शादी करना चाहता है। मैं क्या करूँ?" यासमीन ने मुझे एक पत्र में लिखा।

–"डॉक्टर से शादी कर लो। मेरे पास कभी बेंज नहीं होगी," मैंने जवाब में लिखा।

मैंने यासमीन का दिल तोड़ दिया। उसने शायद शादी कर ली और मुझसे सभी सम्पर्क तोड़ लिए।

छत्तीस की उम्र में शादी करने का मेरा यह आख़िरी मौक़ा था।

–"यह तुम्हारी किस्मत में नहीं था," एक भारतीय ज्योतिषी ने मुझसे कहा।

होस्टल के मालिक का जाफ़ा स्ट्रीट (हिब्रू में याफो) पर एक बार भी था। अंग्रेज़ लड़कियाँ, जो वेट्रेस का काम करती थीं, होस्टल में मुफ़्त में रहती थीं। एक बारमैन, जो इज़रायली था और जिसके पास ब्रिटिश पासपोर्ट था, बार के लॉकर से पैसे चुरा लेता था। ये पैसे अक्सर भोले-भाले मुसाफ़िरों ने हिफ़ाज़त के लिए रखे होते थे। वह यात्रियों के सूटकेस से भी पैसे निकाल लेता था, जिन्हें वे दिनभर सैर-सपाटे के लिए जाते समय छोड़ देते थे। वह शायद समलैंगिक था। हमने उसकी सोने की अटारी में एक फन्दा पाया। वह अंग्रेज़ वेट्रेस के साथ 'डेट' करता था ताकि किसी को शक न हो। मैंने इस होस्टल में दो पासपोर्ट और 500 डॉलर गँवाये। जब मेरी बहन ने 500 डॉलर भेजे और मैंने उन्हें बार के लॉकर में रखा, वे भी गायब हो गये। फिर मैंने रात में बार में गिलास धोने का काम शुरू किया। मैंने केवल एक दिन ही काम किया। मुझे सख़्ती से कहा गया कि मैं रसोई में रहूँ। लेकिन आधी रात के बाद मेरी जिज्ञासा मुझे बार में खींच लायी। मैंने देखा दो हट्टे-कट्टे आदमी एक-दूसरे को ज़मीन पर गिराकर कुश्ती कर रहे थे। "प्यार करो, लड़ाई नहीं!" मैंने कहा। यह सुनकर वहाँ मौजूद शराब पी रहे बाक़ी लोग ज़ोर-ज़ोर से हँस पड़े।

सभी धर्म कहते हैं, "चोरी मत करो।" इसमें बौद्ध धर्म भी शामिल है। लेकिन सभी धर्म धन पर आधारित हैं, धनवान बुर्जुआ लोगों के लिए हैं। जब मेरे पैसों की चोरी की गयी, तो मैंने भी अपने ब्वॉयफ्रेंड के लिए होस्टल की

तिजोरी से थोड़े पैसे चुरा लिए। "अगर तुमसे चुराया जाये, तो तुम भी चोरी करोगे।" मैंने बुर्जुआओं की आख़िरी पाबन्दी भी तोड़ दी थी, जो चोरी के ख़िलाफ़ थी। अब मैं कह सकता था कि मैंने प्यार के लिए सबकुछ किया, यहाँ तक कि पैसे चुराने का गुनाह भी। प्रबन्धन ने मुझसे पूछने के लिए ग्लोरिया को भेजा, लेकिन मैंने कुछ भी क़बूल नहीं किया। आख़िरकार उसने हार मान ली और मेरे लिए यूनान के रास्ते भारत की समुद्री यात्रा के लिए एक पिकनिक टोकरी पैक कर दी। मेरे पास अब केवल आख़िरी कुछ शेकेल्स बचे थे।

मुझे जाफ़ा तक ज़मीन के रास्ते जाना पड़ा क्योंकि मैं भूमध्य सागर पार करते हुए एथेंस के लिए फेरी नहीं ले सकता था, जहाँ बम्बई जाने वाला एयर इंडिया का विमान मेरा इन्तज़ार कर रहा था। जाफ़ा में बरगद और चम्पा के पेड़ थे, जो भारत से लाकर ब्रिटिशों ने मैन्डेट फ़लस्तीन में लगाये थे। वहाँ की गर्मी और कौवों की गन्दगी–ऐसा लगा जैसे मैं अभी से बम्बई की गलियों में चल रहा हूँ। सफ़ेद चम्पा माँ का पसन्दीदा फूल था। मुझे वहाँ क्वीन्स लेस भी दिखा, जिसे अरबी लोग "अल-क़ुद्सी" कहते हैं, जेरुसलेम के नाम पर। इसकी तीखी गन्ध हमारे बचपन के खेल के मैदान की याद दिलाती थी, जो बम्बई में मिल-मज़दूरों के मकानों के पास था, जहाँ पिता माँ के साथ रहते थे। अब वह अपनी नयी पत्नी के साथ बम्बई के एक पॉश समुद्रतटीय इलाक़े में रहते थे। मेरे पास सचमुच कोई घर नहीं बचा था, जहाँ मैं जा सकता।

जहाज़ पर एथेंस की ओर जाते हुए मैं रास्ते भर रोया।

सूरज डूब रहा था जब जहाज़ हाइफा के बन्दरगाह से बाहर निकला, और हमने दूर जाते हुए किनारे पर बहाउल्लाह के मकबरे के गुम्बद और सरू के पेड़ देखे। बहाई धर्म को ब्रिटिशों ने ईरान में शिया मुल्लाओं की ताक़त को कमज़ोर करने के लिए बीसवीं सदी की शुरुआत में खड़ा किया था। तो यह एक तरह से वाजिब ही था ब्रिटिशों ने उन्हें ब्रिटिश मैन्डेट फ़लस्तीन में दफ़न होने के लिए जगह दी। एक गद्दार और निर्वासित शख़्स।

पैटमॉस पर अगली शाम की रोशनी जादुई दिख रही थी। यह बादलों के बीच से फूट रही थी। यहीं पर सेंट जॉन ने गॉस्पेल लिखा था। हवा भी पाकीज़ा लग रही थी। मेरा मन हल्का हो गया। सबकुछ ख़त्म नहीं हुआ था। अभी नहीं।

एथेंस संग्रहालय में अदूनिस की मूर्तियाँ मुझे फ़ैज़ के लचीले और तराशे हुए बदन की याद दिला गयीं। मैंने उसे यह बताते हुए अदूनिस का एक पोस्टकार्ड दिया। "शुक्रिया," उसने जवाब दिया। मेरी उसके साथ यही आख़िरी बात थी। बाद में दोस्तों से पता चला कि वह अमेरिका में है। रन शिनार भी वहीं था, जिसने मेरे लिए केवल बर्बादी की भविष्यवाणी की थी और मेरी ज़रूरत के वक़्त दोस्ती तोड़ दी थी, ताकि मैं उस पर निर्भर न हो जाऊँ।

कुछ ब्रिटिश सैलानियों ने मुझे ओलिम्पस चलने के लिए कहा। लेकिन मुझे यह मौका गँवाना पड़ा क्योंकि मेरे पास जो आख़िरी 200 डॉलर बचे थे, उन्हें मुझे बम्बई में एक वकील को देने थे, जो माँ की बीस साल पुरानी जायदाद पर दावा करने में मेरी मदद करता।

"अपनी किसी भी रण्डी को यहाँ मत लाना," मेरी सौतेली माँ ने कहा जब मैंने उससे पूछा कि क्या मैं यासमीन से शादी करके उसे घर ला सकता हूँ। मैंने तुरन्त विषय बदल दिया और फिर कभी यह मुद्दा नहीं उठाया।

फ़लस्तीन की जो यादें मेरे पास बची हैं, अब मैं उन्हें इन पन्नों में समेटने की कोशिश करता हूँ। मोटा कवि मुझे नबील से फिर से मिलाना चाहता था; और अब जब मैंने पीएलओ के प्रति वफ़ादारी से इनकार कर दिया था और इज़रायली वफ़ादारी के शपथ पर अपना नाम सरेआम लिख दिया था, तो उसने मुझे ब्रुनेई में पढ़ाने के लिए साथ चलने को कहा। लेकिन मैंने मना कर दिया।

पश्चिमी तट पर अंग्रेज़ी में छपने वाले अकेले अरब अख़बार अल-फ़ज़्र के जेरुसलेम दफ़्तर में अब भी मेरा स्वागत किया जाता था, यहीं मैंने जेने के 'अ विज़िट टू सबरा एंड शतिला' का एक अनुवाद पढ़ा था। लेकिन नयी पीढ़ी के नेता बरगूती (जो अब इज़रायली जेल में हैं), मुझसे हाथ मिलाने को तैयार नहीं थे। ज़ोहैर और रशदा की पीढ़ी अधिक रहमदिल थी। ज़ोहैर की हाल ही में मौत हो गयी। रशदा को मैंने कई सालों तक ख़त लिखे, लेकिन कोई जवाब नहीं आया। आख़िरकार, उसके निजी सहायक का एक ख़त आया : "रशदा मसरी की 1990 में मौत हो गयी।"

उसके साथ ही मैन्डेट फ़लस्तीन और समझौतापरस्तों की पीढ़ी का भी अन्त हो गया। उसे कैंसर था और उसने मास्टेक्टॉमी करवायी थी। अपनी बहन

के काग़ज़ों में मुझे रशदा की एक गुज़ारिश मिली, जिसमें उसने एक कृत्रिम ब्रा माँगी थी। "मुझे यह एक कज़िन के लिए चाहिए," उसने अपने ख़ास अन्दाज़ में लिखा था। जब रशदा ने मुझे आख़िरी बार अपने घर बुलाया था, तो उसने मुझे भरवां कुसा (तोरी) और पुलाव खिलाया था। ऊपर दीवार पर उसके पिता की तस्वीर थी, जिस पर लिखा था : "अवर फ़ादर हू आर्ट इन हेवन (हमारे पिता जो जन्नत में हैं)!" हम कभी भी अपने बचपन के पालने से निकल नहीं पाये और अब मैं अपनी पालने की ओर लौट रहा था...

मैं अपनी फ़लस्तीन डायरी को फ़लस्तीन में अपने पहले दिन की याद के साथ ख़त्म करना चाहूँगा। मेरी गली के बच्चों ने मुझे तुरन्त 'अपना' बना लिया। उन्होंने मुझे गलिली सागर की पिकनिक में शामिल होने के लिए बुलाया, जिसके लिए उन्होंने एक टैक्सी किराये पर ली थी। मैं उनका मेहमान था। मुझे अरबी नहीं आती थी, और हम टूटी-फूटी ज़ुबान में बात करते थे।

सारा दिन मैं समुद्र तट पर अपने कपड़ों में ही बैठा रहा, क्योंकि मैं तैराकी की पैन्ट लाना भूल गया था। लड़के तैरते, खेलते और मछलियाँ पकड़ते। उनको मछली पकड़ने की एक चालाक तरक़ीब आती थी। वे पानी में अफ़ीम (मुखद्दर) छिड़कते थे, जिससे मछलियाँ मदहोश हो जाती थीं, और फिर वे उन्हें खाली हाथों से पकड़ लेते थे। इस हलचल के बीच मैं अजीब-सा अकेलापन महसूस कर रहा था, क्योंकि मेरे पास न भाषा थी, न उस नयी जगह से कोई जुड़ाव। अपनी ख़ामोशी में मैंने लहरों को किनारे पर थपथपाते सुना, अपनी धड़कनों को महसूस किया और रेत पर मछलियों को फड़फड़ाते देखा। मुझे कायनात से एक ज़ुड़ाव महसूस हुआ। जब हम रात में लौट रहे थे, तो सागर पर एक पूरा चाँद उग आया, जो पानी को रोशन कर रहा था। हल्की हवा में पानी की बौछारें उठ रही थीं। हवा में मुझे लगा कि मैंने ईसा को लहरों पर चलते हुए देखा।

जिस्म बँधा हुआ है
ईसा रूह बनकर लहरों पर सफ़र करते हैं।

–रूमी (अर्बेरी अनुवाद)

एक और याद है जब फ़ैज़ और मैं स्कूली पिकनिक पर सीरिया के गोलन हाइट्स के पैन्स ग्रोटो गये थे। हाइट्स इज़रायली क़ब्ज़े में है। युवा लिटानी नदी वहाँ बड़ी तेज़ी से बहती थी, जिसकी आवाज़ चट्टानी वादी में गूँजती थी। इसलिए, इसे पैन्स ग्रोटो कहते हैं। फ़ैज़ की आदत थी कि वह बाग़ीचे का सबसे बड़ा फूल अपनी महबूबा के लिए तोड़ लेता। पूरे दिन मैं अकेले बैठा रहा, उसे उसकी अमीर महबूबा के साथ चलते हुए देखता रहा; उसके हाथ में एक बड़ा बैंगनी गुलाब था। नदी की गगनभेदी गूँज ने मेरी बेचैनी बढ़ा दी। पिकनिक के अन्त में, फ़ैज़ ने वह गुलाब मुझे दे दिया। मैंने उसे पानी में फेंक दिया।

फैरुज़ के सुरों में 'लेबनान'
फिर पाँच साल बाद
और मैं सुनता हूँ अपने जिस्म के पोरों से
सुनता हूँ उन ज़ख़्मों से
जो मैंने लेबनान को दिये
और जो लेबनान ने मुझे दिये
मैं सुनता हूँ फैरुज़ की आवाज़ से
सुनता हूँ उनके कानों से
और उनकी आँखों से
निर्वासन, अलगाव, दुख की आवाज़
और भी ज़्यादा दुख
मैं तुमसे प्यार करता हूँ
मेरा प्यार मेरा प्यार मेरा प्यार मेरा प्यार
तुमने मुझे अकेला क्यों छोड़ दिया?
तुम्हारी वादियों से मुझे प्यार है
अलविदा लेबनान के बादाम के दरख़्तों
मैं सुनता हूँ उन लड़कों की आवाज़ से
जो जैतून के दरख़्तों से गिरते हैं

जो उसकी धाराओं में मिल जाते हैं
जो लेबनान का हर पत्थर और कंकड़ बन जाते हैं
जो मरते हैं, वे मर जाते हैं
जो मेरे लिए करते हैं अनुवाद
उनका लेबनान
उनका प्यार प्यार प्यार
मैं इसे अकेला कैसे छोड़ दूँ?
इसे याद करना एक ज़ख़्म को कुरेदने जैसा है
इसे छोड़ देना एक ज़ख़्म को कुरेदने जैसा है
फैरुज़ : मैं वही बहता हुआ ज़ख़्म हूँ
इज़रायल फिर घेराबन्दी करता है मेरे दिल के ब्यूफोर्ट पर
मैं हार मानता हूँ : हर कोई शहादत के लिए नहीं बना होता

फ़लस्तीन की मेरी अन्तिम तस्वीर ज्याँ-जूव की है :

मुझसे सुनहरी गुम्बदों की बात मत करो
जेरुसलेम के फ़रिश्तों को चाहने वालो...
मुझे उन दो क़दमों के बारे में बताओ
जो हमने उठाये
अँधेरे में लड़खड़ाते हुए
अपने हाथों को थामे हुए साथ-साथ।

हैदराबाद
2008

सुखों का बाग़

पूर्वकथन

21 फ़रवरी, 1999 (अनाइस निन का जन्मदिन)

यह सब एकाग्र होने की बात है : अगर आप ज्ञान पर एकाग्र होते हैं, तो आप ज्ञानी बनते हैं; पैसे पर एकाग्र हों, तो अमीर बनते हैं; प्रेम पर ध्यान दें, तो वेश्या बनते हैं; लेकिन अगर आप ईश्वर पर ध्यान केन्द्रित करते हैं, तो सन्त बन जाते हैं।

एस. राधाकृष्णन, गीता पर टिप्पणी

हर महान सभ्यता का दस्तावेज़ इसी के साथ भारी बर्बरता का भी दस्तावेज़ होता है। और जब यह दस्तावेज़ एक हाथ से दूसरे हाथ में जाता है, तो ऐसे हर बदलाव पर बड़ी हिंसा की छाप होती है।

वाल्टर बेंजामिन, 'एस्से ऑन द फिलॉसफी ऑफ हिस्ट्री,' इल्युमिनेशन्स

सेक्स सन्तत्व तक पहुँचने का एक रास्ता है।

अनाइस निन, डायरी III

मैं क्यों लिखता हूँ

I

'जैसा कि अब सब जानते हैं, मैं समलैंगिक हूँ।' यह वाक्य लिखने और इसे सरेआम कहने के लिए ही मैं लिखता हूँ, जो एक बड़ी मुक्ति का अहसास दिलाता है। मैंने अपनी पहली कविता कैसे लिखी? 1970 के दशक की गर्मियों में, मिशिगन में एक विश्वविद्यालय वाले छोटे से क़स्बे की सड़कों पर चलते हुए मुझे पीटा गया। वह शख़्स एक चिकानो था, मेक्सिको से आया हुआ प्रवासी मज़दूर, बेशक नामहीन। वह सबकुछ चाहता था : प्यार, पैसा, खाना, सेक्स–जो उन दिनों मैं भी चाहता था, क्योंकि उस समय मैं दुनिया के सबसे अमीर लोकतन्त्र में एक ग़रीब छात्र था। मुझे वह कमरा याद है जहाँ हमने प्यार किया। मैंने रसोई में जाकर चाय बनायी, हल्की लिकर वाली दार्जिलिंग चाय, जो घर की याद दिलाती थी। उसने वह नेपाली खुखरी चुरा ली जिसे मैंने अपने किराये के कमरे की दीवार पर सजावट के लिए लटकाया था। उसने वह चाकू मेरी लिखने की मेज़ पर आज़माया और उस पर एक से दूसरी तरफ़ दरार डाल दी। क्या यही वह आदमी था जिससे मैंने पाँच सेकेण्ड पहले प्यार किया था? वह कोई दरिन्दा था या इन्सान? क्या मैंने उसकी मर्दानगी चुपके से बिस्तर में चुरा नहीं ली थी? क्या मुझे मार डालने की उसकी ख़्वाहिश वाजिब नहीं थी?

'मेरे सीने पर 12 लाल गुलाब बिखरे पड़े थे।'

लोर्का

अगली रात मैं सो नहीं पाया। मेरी नाक पर टाँके लगे थे, जो धीरे-धीरे भर रहे थे। लेकिन मुझे अँधेरे से डर लग रहा था। मैंने अपना रात का ठिकाना बदल लिया। अगली रात मैंने एक अलग कमरे में सोने का फ़ैसला किया। मैं नहीं चाहता था कि मेरा निजी आतंक मेरा पीछा करे। सुबह जब मैं उठा, तो जोसेफिन जैकब्सन को रेडियो पर पढ़ते हुए सुना :

"हर ज़रूरत खुश्क होती है/बारिश एक रूपक है।
सेक्स एक रूपक है। एक कविता एक रूपक है।
प्यार एक कविता है; एक बनायी हुई चीज़।
और एक कविता प्यार है; एक संवाद।
मैं पागल नहीं हूँ। मैं लिखता हूँ ताकि पागल न हो जाऊँ।

"ज़ेन ख़ुदकुशी न करने की कला है, पागल न होने की कला है, अपाहिज न होने की कला है।"

सुजुकी, ज़ेन बौद्ध धर्म

(मैंने बहुत बाद में जाना कि जोसेफिन जैकब्सन, जो कविता के मामलों पर लाइब्रेरी ऑफ़ कांग्रेस में सलाहकार थीं, जन्म से ही अपाहिज थीं।)

पिछले साल के घोंसले में
इस साल कोई पक्षी नहीं हैं
अब मैं होश में हूँ
तब मैं पागल था।

बाशो, 'हाइकु'

II

अब मैं एक अलग कमरे में हूँ। मेरी माँ अचानक अपाहिज हो गयी हैं। वे तब से चल नहीं पा रही हैं जब से पिता उन्हें छोड़कर दूसरी औरत के पास चले गये। मैं सोलह साल का हूँ। मुझे लगता है कि इसमें कहीं न कहीं एक सबक छिपा हुआ है। मैं अपनी यादों की उस हवेली में लौटता हूँ, जिसमें कमरों के

भीतर कमरे हैं। और मैं पाँच साल का बच्चा हूँ। मुझे मलेरिया है। यह 1952 है और कोई भी कुनैन मेरी रूह की इस बीमारी को ठीक नहीं कर सकती।

मैं अपनी माँ से प्यार करता हूँ।

मेरी माँ के पास हल्के हरे रंग का एक सूती मर्सराइज़्ड किमोनो है, जो हमेशा साफ़-सुथरा महकता है, और उनके लम्बे बाल मुलायम हैं। यह यादों की हवेली मेरे अमीर पिता का समुद्र किनारे वाला बम्बई का घर हो सकता है, या मेरी माँ का गर्भ–जो अकेली जगह थी जहाँ मुझे याद है कि मैं सचमुच में सुखी था।

मेरी माँ मुझे अपना स्तन देती हैं। एक भरपूर मुलायम स्तन। वह मुझे देर तक दूध पीने देती हैं क्योंकि मैं उनका इकलौता बेटा हूँ।

कई साल बाद, निकोसिया, साइप्रस में मेरी आँखों के सामने फैनेरोमेनी मदर की तस्वीर उभरी, जब मैं इज़रायल का वीज़ा पाने का इन्तज़ार कर रहा था। मदर ने बालक ईसा को एक भरपूर मुलायम स्तन दिया। फैनेरोमेनी का मतलब है "वह जो प्रकट होती है।"

डिवाइन मदर मेरे सामने प्रकट हुईं और मुझे प्रॉमिस्ड लैंड तक ले गयीं, ठीक उसी तरह जैसे मेरी माँ मुझे बम्बई के बान्द्रा की माउण्ट मैरी की दुख की सीढ़ियों पर ले गयी थीं।

III

अब मैं यादों के एक अलग कमरे में हूँ। मैं तेईस साल का हूँ। मैं पर्डू यूनिवर्सिटी में वर्जिल लोक्के के ऑफ़िस में हूँ और कहता हूँ, "मैं सबकुछ जाने बिना मरना नहीं चाहता।" वर्जिल ने दाँते को नर्क से बाहर निकाला था। बारह साल की उम्र में मैंने अपने जीवन को जैसा उलझा दिया था यक़ीनन उससे बाहर निकलने का कोई तो रास्ता होगा! और अब वर्जिल मर चुके हैं।

वह मेरे लिए उस पिता की तरह थे जो मुझे कभी नहीं मिला। मेरे पिता एक ऐसे पिता थे जो उस बेटे पर हँसते थे जो पैसे कमाने की बजाय कविताएँ लिखता था। वह उन बेटियों को भी नापसन्द करते थे जो शादी नहीं करती थीं, लेकिन वे इसकी तारीफ़ करते थे कि वे पैसे कमाती थीं। मेरी बहनें और मैं आधुनिक भारत में पैदा हुए थे। लेकिन मेरे बेचारे पिता को एक-दूसरे आदमी

ने गोद लेकर पाला, क्योंकि उनके अपने डॉक्टर पिता 1917 की वैश्विक महामारी में चल बसे थे। ये गोद लिए हुए नाना एक अमीर लेकिन अनपढ़ जौहरी थे, जो अवेस्ता के ख़ुदा और विक्टोरियन नैतिकता के डर में जीते थे।

मेरी माँ शादी से पहले एक पारसी स्कूल में गुजराती पढ़ाती थीं, भारतीय राग गाती थीं, गांधी के लिए घर में बुनी खादी पहनतीं और अडयार की थियोसॉफी पर चर्चा करतीं। पिता ने यह सब ख़त्म कर दिया। मुझे अपनी माँ का दुख अपना लगता।

इसलिए, मैंने पहली कविता महिला चित्रकार जॉर्जिया ओ'कीफ़ के फ़ोटोग्राफ़ पर लिखी :

मुरझाये, तने हुए हाथ
और कनपटी पर रोशनी
दुनिया जस की तस नहीं मिलती
बल्कि बनायी जाती है।

यह जीवन के बारे में नहीं, बल्कि कला के बारे में थी। मैं जीवन–में–कला पर यक़ीन करता था। फिर अनाइस निन आयीं और उन्होंने लगभग यही बात कही। यह मदर, महिला-कलाकार थीं, जिन्होंने मुझे गिरफ़्त में लिया और मुक्त कर दिया।

IV

जब वेनिस एक गाँव था, इस्फ़हान दुनिया की सल्तनत था।

इस्फ़हान, निस्फ़-ए-जहान।
इस्फ़हान आधी दुनिया है।

अब मैं सोफी के महल में हूँ। मैं संगीत घर में भटक रहा हूँ। राजा को 'सोफी' क्यों कहा जाता था? क्योंकि वह सूफ़ी था। उसके पास कुछ भी नहीं था। वह सारी चीज़ों को ख़ुदा की अमानत समझकर रखता था।

जब मैंने अपने पिता की जायदाद छोड़ दी, क्योंकि समलैंगिक बेटों को विरासत में कुछ नहीं मिलता, तो मैंने दुनिया को पा लिया।

जलालुद्दीन रूमी और शम्स-ए-तबरिज़ी। आशिकों के रूप में शिक्षक और छात्र। शम्स मक्का जाते समय मार दिये गये, और रूमी ने अपनी कविताओं में अपना दिल उडेल दिया। "जुदाई का अंजाम दुख है," यही तो ज़ेन बौद्ध धर्म, सूफ़ीवाद, और ईसाई धर्म का पहला सबक है, जो जन्नत से इन्सान के पतन की बात करता है। रूमी पर ख़ुदा की खुमारी थी। वे नाचे और उन्होंने मुकम्मल में वापस मिल जाने के गीत गाये, और घूम घूम कर ख़ला में अपने जिस्म से बड़े घेरे बनाये।

मैंने अमेरिका, ईरान, भारत, तिब्बत, अरब, फ़लस्तीन, इज़रायल, इटली, ब्रिटेन, जर्मनी का सफ़र किया–ख़ला में बड़े-बड़े घेरे। मैंने राम की तरह चौदह साल तक यात्रा की।

मैंने अपनी मासूमियत ईरान में खो दी। मेरे बाल लगभग रातों-रात सफ़ेद हो गये। अपनी आँखों से सड़कों पर क़त्ल होते देखे। एक लड़के ने पत्थर फेंकने के लिए अपना हाथ उठाया। उसको सैनिकों की आग उगलती मशीनगनों ने जवाब दिया। उसका हाथ उड़ गया। उसे जांघों के बीच बुरी तरह बहते हुए ख़ून के साथ कालीन की दुकान में लाया गया, जहाँ मैं छिपा हुआ था। ताज़े नौजवान ख़ून की बू उन बेशक़ीमती कालीनों पर बेमक़सद रिस रही थी! ईरान, कुर्दिस्तान, फ़लस्तीन–हर जगह यही ख़ून बसन्त में खेतों में खिले गुल-ओ-लालेह के रूप में उग आता है।

मैंने अपने छात्रों को उसी तरह प्यार करना सीखा, जैसे शम्स ने रूमी से प्यार किया था।

V

19 फ़रवरी, 1999 को बम्बई में मेरी टीचर की हत्या कर दी गयी। शहर के एक प्रमुख क़ानूनी परिवार से आने वाली मेहरू जस्सावाला अकेली रहती थीं। उन्होंने हमें स्पेंसर की कविताओं में नैतिक मूल्य सिखाये। नींद में उन्हें एक दरिन्दे ने मार डाला।

मैंने उनके लिए एक कविता लिखी :

मेरी अविवाहित टीचर का अकेलापन

तुम्हारे बोझ को सहते हुए
सीढ़ियाँ चीखतीं तो हँसी आती
और तुम ज़ोर से हँस देतीं
लकड़ी की इस शिकायत पर

ओ़ह, काश ये बेहद ठोस माँस गल जाये!
यह कोई ख़ुदाई मज़ाक़ नहीं था!
और वह मेज़ कराह उठती
खाने के अम्बार के नीचे
और भरे पेट की हँसी गूँजती दोपहर में

दूसरे आसमानों के नीचे कुछ और बातें थीं,
ऑक्सफोर्ड की लड़की पढ़ रही थी मारवेल या डन
ये हाथ मेहनत या शिकार के लिए नहीं बने थे
बल्कि सिर्फ़ किसी रचना के मायने निकालने के लिए
अपने पिता की पेनलोपी

और जाले और वह गलीचा,
पारिवारिक प्यार का ताना-बाना
(माँ मर चुकी थीं)
दफ़्तर में कूड़ेदान में छुपा कीड़ा
किताबों की चमड़े की जिल्द में बैठी दीमक

रस्किन, वेनिस और प्यार का मधुर सूरज
जो मालाबार हिल के ऊपर डूब रहा था
शामें लम्बी होती जातीं,
हँसी और तीखी होती जाती
और फिर रात

(नक्शे पर
बम्बई एक हाथ है

पर असल में यह एक खुला मुँह है)

अन्त:

वह एक तन्दुरुस्त औरत थी
अपनी बीमारी में इतनी अकेली
जो बढ़ती ही चली गयी
और वह मेहनतकश चोर,
जो रात को मारने आया था,
असल में एक उद्धारक था...

पेड़ की शाखा तभी झुकती है, जब वह हरी होती है,
और अगर नहीं, तो–

तो मैं लिखता हूँ, मौत के मायने समझने के लिए।

मेहरू जस्सावाला का जुर्म क्या था? उन्होंने किसी को चोट नहीं पहुँचायी। वे फ़र्ज़ अदा करने वाली एक बेटी थीं, एक ईमानदार टीचर थीं। उन्होंने अपने दर्जे की महिलाओं की तरह सामाजिक सेवा की थी। मिस जस्सावाला का अपराध यह था कि वह अपनी पहाड़ी बालकनी से नीचे झुग्गियों को नहीं देख पाती थीं। मुमकिन है कि किसी माफ़िया ज़मीन मालिक ने उनकी जायदाद हड़पने के लिए एक झुग्गी निवासी को उन्हें मारने के लिए भेजा हो। वाल्टर बेंजामिन कहते हैं कि जो समाज सामाजिक वर्गों के बीच सम्पत्ति सम्बन्धों को नहीं बदलता, वह फ़ासीवादी होता है। नाज़िम हिकमत, जिनको मैंने उद्धृत किया है, लिखते हैं :

शाखा हरी होने पर ही झुकती है।
और अगर नहीं, तो–

इसलिए मैं एक शिक्षक हूँ।

जब रामकृष्ण भारत भर में घूमकर उपदेश दे रहे थे, तो भीड़ में से किसी ने चिल्लाकर कहा :

भारत के पीड़ित लोगों के लिए कुछ करो!
मैं कुछ नहीं कर सकता, गुरु ने कहा।

"यह कलाकार की स्थिति है," इस घटना पर टिप्पणी करते हुए अनाइस निन कहती हैं।
'मैंने इस चेतावनी को अपने दिल से लगा लिया है। मैं कुछ नहीं कर सकता, लेकिन मेरे छात्र इंक़लाब लायेंगे।
'जब इंक़लाब आयेगा मैं पहली शख़्स होऊँगी जिसको मारा जायेगा।' (निन)

मैं कैसे लिखता हूँ

मैं अपने बेडरूम का दरवाज़ा बन्द करता हूँ, फ़ोन और रेडियो के प्लग निकाल देता हूँ, बिस्तर के बीच में योगी की तरह पालथी मारकर बैठता हूँ और लिखता हूँ। मैं कहता हूँ :

ज्ञान वह है जो बिस्तर पर ऑस्मोसिस के ज़रिये आता है
या
मेरी कविताएँ बिस्तर पर लिखी जाती हैं
वे दूसरों के दिमाग़ के लिए होती हैं

लेकिन यह तो अन्तिम चरण भर है। मैं अपनी कविताएँ सड़कों पर, बसों में, ख़रीदारी करते हुए या पढ़ाते हुए अपने दिमाग़ में लिखता हूँ। जैसे एक मेडिकल छात्र के रूप में ज़ुबिन मेहता ने कहा था कि जब वे एक डॉगफ़िश को काट रहे होते थे, ब्राह्म्स का एक कंसर्टो हमेशा उनके दिमाग़ में चलता रहता था।

प्रूस्त के कमरे की दीवारों में कॉर्क का अस्तर था; अनाइस निन के पास उनका फ़ायरप्रूफ़ बंकर था। यह कहना एक विलासिता है कि कवि प्रकृति के बारे में लिखते हैं। कवि प्रकृति के बारे में नहीं लिखते, वे संस्कृति के बारे में लिखते हैं। 1950 के दशक की फ़िल्म स्टार किम नोवाक के लिए यह एक

विलासिता थी कि वे बिग सर में समुद्र के ऐन सामने अपने घर के बाथरूम में नहातीं, उनके साथ ध्रुवीय भालू होते।

लेकिन मुझे यक़ीन है कि उनके पड़ोसी हेनरी मिलर, भालू को देखकर भाग जाते होंगे। असल में उन्होंने कोर्फू से निन को लिखा कि उन्हें ओपेरा जाने की ख़्वाहिश थी। आधुनिकतावादी कवि एक शहरी जीव है। जैसा कि मैंने लिखा :

एक शहर में जहाँ
भारी-भरकम जीव जगह के लिए बसों के साथ होड़ करते हैं
कविता का अभाव भी एक कविता है।

कविता नेचर (प्रकृति) के बारे में नहीं, होमर के बारे में है। कवि परम्पराओं को छान मारता है। अगर मैं ईरान में हूँ, तो मैं अवेस्ता के बजाय सूफ़ी कविता पढ़ता हूँ, क्योंकि मुझे 'दूसरे' को समझने की ज़रूरत है। एक पारसी के बतौर मुझे मुसलमान को जानने की ज़रूरत है।

'दुश्मन, मेरे दुश्मन, मैं तुम्हें दोस्त कहता हूँ।' (नेरुदा)

हार्ट क्रेन अपने न्यूयॉर्क शहर के बैचलर अपार्टमेंट में इधर-उधर भागते हुए चिल्लाते थे : "मैं बॉदलेयर हूँ; मैं रिम्बॉ हूँ; मैं क्राइस्ट हूँ।" तो प्रतीकवाद की फ्रांसीसी कविता स्वाभाविक रूप से उस शख़्स के पास आती है जो संवेदनाओं में क्रान्ति लाना चाहता है। लोर्का, क्रेन, निन, और गीन्सबर्ग के साथ ऐसा ही हुआ था।

मेरी पहली प्रकाशित कविता, 'सर्कल्स', डोव्ज़ेंको की मूक सोवियत फ़िल्म अर्थ (धरती) पर आधारित थी।

वह नाचते-नाचते मर गया
फलों की फ़सल के बीच
उसकी बेवा ने शोक में अपने कपड़े फाड़ डाले
और तब तक बारिश हुई
जब तक खरबूजे सड़ नहीं गये
और वह ज़मींदार

जिसने उसे ज़मीन के टुकड़े के लिए गोली मारी थी
ख़ुशी से इतना सराबोर हो गया
कि उसने अपना सिर
कीचड़ में डाल दिया
और नाचता रहा गोल-गोल
जब तक मर नहीं गया।

मेरी तालीम पश्चिम की है। मेरी परवरिश फ़ारसी महाकाव्य शाहनामा, या हिन्दू महाभारत पर नहीं हुई है। मैंने स्कूल में होमर और यूनानी युद्धों के बारे में पढ़ा। मैंने अपने झगड़ालू पारसी परिवार को एट्रियस के घराने की तरह शापग्रस्त समझा। कॉलेज में मैंने पाया कि अ स्ट्रीटकार नेम्ड डिज़ायर या अ लॉन्ग डे 'ज़ जर्नी इनटू नाइट में मेरे हालात की गूँज मिलती थी। यही हाल पहले फेड्रा में और बहुत बाद में बेचारे सियावोश के महाकाव्य को लेकर था, जिस पर उसकी सौतेली माँ ने झूठे इल्ज़ाम लगाये थे।

जब हम अपने जीवन को मिथक में बदलते हैं, तभी हमें अपने सच्चे मायने मिलते हैं। यक़ीनन यह निन के विचारों पर आधारित है, जो शायद युंग को दोहरा रही थीं।

इसलिए हमारा लेखन मिली-जुली चीज़ों और प्रतिबिम्बों से भरा हुआ है : गूँज के भीतर गूँज, चीनी बक्से की तरह बक्से के भीतर बक्सा, जादू घरों की तरह आईनों में आईनों का प्रतिबिम्ब।

लियोनार्ड कोहेन की तर्ज पर कहूँ तो :

किराए के बिस्तर में
दो जगहों के बीच सिर घुसाया,
जब सड़क पर टैक्सी आपको बुला रही हो

उन लड़कों को मैं कैसे समझूँ जिनके साथ मैं रहा हूँ? नहीं, मैं उन्हें सुन्दर बनाने के लिए नहीं लिखता; मैं उनके करीब जाने के लिए लिखता हूँ, जैसा कि पसोलिनी ने किया था। तो सेक्स और मौत का एक महान लोकतन्त्र वजूद

में है, जैसा कि व्हिटमैन जानते थे, लोर्का, और बेचारे वाइल्ड, और यक़ीनन पसोलिनी भी। और जिन लड़कों के हम सपने देखते हैं, वे पुराने शहर की झुग्गी बस्तियों से या हाल ही में बुर्जुआ बने सर्वहारा वर्ग से आते हैं। वे सभी बॉलीवुड पर हुक्मरानी करने वाले चार खानों शाहरुख़, सलमान, सैफ़ या आमिर की नक़ल करते हैं। और जब मैं कुबला ख़ान पढ़ाता हूँ, तो मैं उसे सपने में देखता हूँ और अपनी कविताओं में उसका रूप ले लेता हूँ।

जिस तरह मेरी माँ अपने आँसुओं के साथ 1940 के दशक की त्रासदीपूर्ण अभिनेत्रियाँ मीना कुमारी या नरगिस हुआ करती थीं, उसी तरह मैं 1960 के दशक की सादगीपूर्ण नायिकाएँ साधना या सायरा था, जब मैं सोलह साल का था और बम्बई की भीड़भरी उपनगरीय ट्रेनों में मुझे लुभाया जा रहा था। अगर यह अजीब लगता है, तो यह बात मुझे मालूम है। कला जीवन की नक़ल नहीं करती, जैसा कि आर्नोल्ड का भोला यक़ीन था, बल्कि जीवन कला की नक़ल करता है, जैसा कि वाइल्ड ने द डिके ऑफ़ लाइंग में देखा था।

एक समलैंगिक कलाकार का अपने शरीर के साथ क्या रिश्ता है? कविताएँ बदन पर लिखी जाती हैं। अंग्रेज़ चित्रकार फ्रांसिस बेकन या जापानी समलैंगिक ज़ेन कवि ताकाहाशी से पूछिये। मेरे छात्र ने 1994 में डेक्कन क्रॉनिकल में मेरे काम के बारे में लिखा : "होशांग मर्चेंट का जिस्म सुन्दर है।" (अब आप उस 'है' को 'था' में बदल सकते हैं।) निन साठ की उम्र में भी सुन्दर थीं। गीन्सबर्ग का एक न्यूड फ़ोटो रिचर्ड एवेडॉन ने खींचा था, जिसमें उनके ख़ूबसूरत प्रेमी को गीन्सबर्ग के पीछे इस तरह रखा गया कि हम हिप्पी कवि का बड़ा पेट देख सकें और जिसमें बड़ी नज़ाकत से उनके बड़े से लिंग को फ्रेम से बाहर रखा गया था। या समलैंगिक मेपलथॉर्प के शरीर के फ़ोटोग्राफ़ों को लें। ग्रीनिच विलेज की एक गैलरी में मैंने एक समलैंगिक कलाकार को नंगे बदन एक सलीब पर देखा, ताकि उनकी वास्तविक जीवन का एक मूर्तिशिल्प 'द क्रूसीफिक्सन' मुकम्मल हो। ज़ैन बौद्ध धर्म में मौन और बोले गये मन्त्र के बीच रिश्ते पर एक जापानी फ़िल्म में पूरे सूत्र को एक जीवित भिक्षु के शरीर पर घण्टों (गोंग्स) की धमक, आग की रोशनी, ज़ोर से किये जाने वाले जाप और निश्चित रूप से भिक्षु की चीखों के बीच टैटू के रूप में गोदा गया। लेकिन ये सब तो चरम उदाहरण हैं। फिर भी, स्कूल में पढ़ते

हुए किसी को हैरानी नहीं होती है कि वो एक सुबह शहर की सबसे व्यस्त सड़क पर नंगे बदन मरे हुए पाये गये, उनके शरीर की बलि उस कुत्सित देवी को चढ़ाई गयी, जिसने उन्हें चाँद की देवियों के गुणगान के लिए निगल लिया।

समलैंगिक पारसी कवि के जिस्म और ज़ुबान को सबसे पहले पारसी संस्कृति अपना उपनिवेश बनाती है और फिर वह उस प्रभुत्वशाली संस्कृति के तहत आता है जिसमें वह भारत, ईरान या पश्चिम में रहता है—जहाँ विपरीतलिंगी सम्बन्धों की धारणाएँ और औपनिवेशिक इतिहास हावी होते हैं। ज़रथुष्ट्री, हिन्दू धर्म, इस्लाम और ईसाई धर्म सभी समलैंगिकता की मनाही करते हैं। बचपन में जिन मर्दों के साथ हम सोते हैं, वे शादीशुदा होते हैं जो विपरीतलिंगी सम्बन्धों वाले या उभयलिंगी होते हैं।

घर में हम जो ज़ुबान बोलते हैं, वह पारसी और गुजराती का मिला-जुला रूप है। यह हमारे गुजराती पड़ोसियों के साथ लम्बे समय से चले आ रहे रिश्ते का नतीजा है। हमने अंग्रेज़ी को ऐसे अपनाया जैसे पानी को बत्तख अपनाती है। लेकिन इस प्रक्रिया में हमने अपनी भाषा दूसरी बार खो दी और हम पर अंग्रेज़ों की 'चमचागीरी' करने का आरोप लगा। यहाँ काफ्का का मामला याद आता है। एक ऑस्ट्रियाई यहूदी होने के नाते, वे यिड्डिश बोलते थे लेकिन लिखते जर्मन में थे, जो उसके लिए शर्म और गौरव दोनों की वजह बना।

अनुवाद मेरे लिए भारत से फिर से जुड़ने का एक तरीक़ा बन गया। मैंने उर्दू को हिन्दी, फ़ारसी और अरबी के ज़रिये सीखा, ये ज़ुबानें मैंने अपनी यात्राओं के दौरान सीखी थीं।

कला को सिर्फ़ पढ़ा नहीं जाना चाहिए, उसे जीया भी जाना चाहिए। यह एक ख़तरनाक सोच है, जो पागलखाने या मौत तक ले जा सकती है।

तो, कोई कैसे लिखता है?

मैं बहुत तेज़ी से लिखता हूँ। अगर यह अच्छा निकले तो बढ़िया, और अगर नहीं, तो कोई बात नहीं। गीन्सबर्ग का मानना था, 'पहली बात ही सबसे अच्छी बात होती है।' मैं एक दर्दनाक अनुभव को बार-बार, कई सालों तक लिखता रहता हूँ, जब तक कि वह पूरी तरह साफ़ न हो जाये। इसी तरह मैं अपने माता-पिता के तलाक़ या अपनी बहन के गर्भपात के बारे में लिख

पाया। किसी भी चीज़ को ज़बरदस्ती लिखने की कोशिश नहीं करता, जो भी लिखता हूँ, वह सहज और अपने आप निकले। “कविताएँ ऐसे आती हैं जैसे पेड़ों पर पत्ते।”

मैं पचास साल का हूँ और मुल्क भी पचास साल का है। हमें एक-दूसरे को समझने की ज़रूरत है। एक समलैंगिक कवि एक ऐसे अधभूखे देश से क्या कह रहा है, जहाँ हर दस मिनट में बलात्कार होता है और हर मिनट एक बच्चा जन्म लेता है? शायद यह कि सेक्स जाति और वर्ग की सीमाओं को नहीं मानता? आप समलैंगिकता के बारे में कैसे लिखेंगे, जब कोई समलैंगिक संस्कृति ही नहीं है? आप शहरी भारत के लिए समलैंगिक सौन्दर्यबोध कैसे बनायेंगे?

मुझे इसका जवाब एज़रा पाउण्ड में मिला, जो एक कवियों के कवि थे। पाउण्ड ने कहा कि अगर आप उच्च कला पर भरोसा कर सकते हैं कि वह सचमुच उच्च होगी, तो लोकप्रिय संस्कृति का स्तर भी इतना नीचे नहीं रह सकेगा। फिर हमें भड़कीले टीवी रामायण का सामना नहीं करना पड़ेगा, जो यों भी हिन्दू गौरव का सन्देश देता है। इसके बजाये, हम अपने आधुनिक समलैंगिक जीवन को उस भरीपूरी आज़ादी के साथ दिखा सकेंगे जो किसी भी सच्चे महाकाव्य की ख़ूबी है।

मैंने हमेशा तुकबन्दियों में बात की है। आज भी मैं अपने ख़ून की लय पर भरोसा करता हूँ, जो हमारी भारतीय अंग्रेज़ी की बोली की लय है, मेरी पैदाइशों की समुद्री लय है, ज्वार और चाँद के रूपों की लय है...वह लय जिसे मैंने सबसे पहले अपनी माँ के पेट में सुना था।

उपसंहार

'अपनी माँओं की समझदारी को मत भूलना,' मुल्क राज आनन्द ने तेहरान में एक नौजवान होशांग को लिखा था। अब लोग पूछते हैं, "क्या होशांग एक समलैंगिक कवि है या एक सूफ़ी कवि?"

उस समलैंगिक जेसुइट के बारे में सोचो जिसने 'विंडहोवर' लिखा, सोचो दीवान-ए-शम्स-ए-तबरिज़ी के बारे में, सोचो पागल सरमद के बारे में जो अपने लड़के के साथ सिन्ध से गोलकुण्डा और फिर दिल्ली तक गया, सोचो अमीर ख़ुसरो के बारे में जिसने मुग़ल राजकुमार दारा शिकोह को इतना दीवाना बना दिया कि औरंगज़ेब को दारा का क़त्ल करना पड़ा, सोचो सेंट जॉन ऑफ़ द क्रॉस के बारे में, जब अँधेरी और अकेली रात में उसके घर की सँकरी सीढ़ियों पर एक अजनबी उसका पीछा करता है, सोचो ताकाहाशी के बारे में जो आधुनिक और सम्पन्न जापान में भूख से मर गया, सोचो गीन्सबर्ग की आख़िरी कविताओं के बारे में जो एलिज़ाबेथ के दौर के प्रेम-गीतों और प्यार भगवान बुद्ध के करीब चली गयीं।

इस तरह उर्दू ग़ज़ल चुपके से मेरी भारतीय अंग्रेज़ी कविताओं में आ गयी है। अपनी ज़िन्दगी के आख़िरी दौर में ग़ालिब लिखते हैं :

अल्लाह के सिवा सब अस्पष्ट और अस्तित्वहीन है। न कोई कविता है, न कोई कवि, न कोई क़सीदा है, न कोई क़सीदाकार। अल्लाह के अलावा कुछ भी नहीं है।

मुझे लगता है कि मेरी किताबों और कविताओं में सिर्फ़ एक ही भगवान है—कविता, यानी ख़ुद कविता ही सबकुछ है।

ग़ालिब यह भी लिखते हैं : जो सूफ़ी के साथ होता है, वह उसकी रूह के लिए अच्छा होता है।

इस पर एक टिप्पणी यह है कि पागलपन आरज़ू का आख़िरी चरण है, चाहे वह इन्साफ़ के लिए हो (जो इसके जुनून को हिंसा में बदल देता है) या प्यार के लिए, जैसे कि आशिक़ और मुबारक़ सूफ़ी, मजनूँ के साथ हुआ।

हिन्दू भक्ति साहित्य में एक शब्द है, 'राधा-भाव।' जैसे कि हर रहस्यवाद में माना जाता है, इसका मतलब है कि ईश्वर पुरुष है और बाक़ी सब आत्माएँ स्त्री हैं, जो ईश्वर से मिलने के लिए तड़पती हैं। यह भाव आधुनिक समलैंगिक लेखक के लिए भी उपयुक्त है, ख़ासकर जिनका झुकाव आध्यात्मिकता की ओर है। यह इत्तेफ़ाक़ नहीं है कि सैन फ्रांसिस्को की गे प्रेस के विंस्टन लेलैंड ईरानी रहस्यवादी जलालुद्दीन रूमी में दिलचस्पी रखते हैं, जिनकी कविताएँ कोलमैन बार्क के अनुवा़द (या कहें ग़लत अनुवाद) में अमेरिका में आजकल बहुत लोकप्रिय हैं। यह स्त्रीवाद नहीं है : मीरा बाई की कहानी याद आती है। वृन्दावन में गोस्वामी तुलसी ने यह कहकर उनसे मिलने से मना कर दिया कि वे एक स्त्री हैं। मीरा ने तुरन्त सन्देश भेजा कि उन्होंने तो सोचा था कि वृन्दावन में केवल श्रीकृष्ण ही पुरुष हैं, बाक़ी सब तो स्त्रियाँ हैं। इसके बाद उन्हें तुरन्त दर्शन का मौका मिल गया।

एक प्रसिद्ध ठुमरी है :
तुम राधा बनो/ मैं बनूँ श्याम

जब भीमसेन जोशी जैसे मर्द गायक इसे गाते हैं, तो बात ठीक लगती है। लेकिन जब परवीन सुल्ताना या बेग़म अख़्तर इसे गाती हैं, तो एक अलग ही आनन्द और रोमाँच होता है। वही रोमाँच जो तब होता है जब हम पिचवाई चित्रकला में राधा को कृष्ण का मुकुट पहने देखते हैं और कृष्ण को राधा की साड़ी में। यह मेरे दोस्त भूपेन खखर की पेंटिंग में किन्नर की तरह है–हमेशा नग्न, हमेशा बहिष्कृत, लेकिन आसमानी साड़ी में, जिसमें चमकीले सितारे सिले हुए हैं। कृष्ण 'भोगी' नहीं हैं, वे भारत के सबसे बड़े 'योगी' हैं। शुरुआत में कविता विद्रोही होती है, लेकिन आख़िरकार वह आध्यात्मिक हो जाती है।

बैरम ख़ान को अकबर ने ज़ियारत पर भेजा,
फिर हमला हुआ उन पर/जैसे रूमी के बेटे ने शम्स पर किया
इसीलिए वे कभी लौटे नहीं
लेकिन पागलों के बारे में बनते हैं मिथक, राजाओं के बारे में नहीं
कहते हैं कि वे भगवान में मिल जाते हैं
उनका ख़ून शहीद के दरख़्त को सींचता है
उसके पत्ते किताबें बन जाते हैं
लड़के कवि बनते हैं/प्रेमी बनते हैं संन्यासी

फिर भी लोग कहते हैं :
प्यार से कुछ हासिल नहीं होता
बलिदान से कुछ नहीं मिलता
सबकुछ राजनीति है/सबकुछ महत्त्वाकांक्षा है

दुआ बन्दूक को नहीं रोकती
लेकिन वह क़ातिल को सदियों तक शर्मिंदा रखती है
हथियारों से जो हासिल होता है वह फ़ौरी होता है
लेकिन राख पूरी दुनिया के लिए युगों-युगों तक होती है
पेलिकन अपने बच्चों को अपना ख़ून पिलाती है
कुछ उसे मसीह कहते हैं, कुछ मदर
जब हिन्दू ने मुसलमान को मारा, तो मैंने एक मुसलमान से प्यार किया
मेरी बात सुनो। मुझे गालियाँ मत दो
अब मैंने बोलना बन्द कर दिया है।
सुनने को कुछ नहीं बचा।

मैं यहाँ नहीं रहता हूँ

I

वीर्यव्यर्थ है यदि प्राणी देकर एकाकार,
काम का फल कहाँ? किसका कार्य हो सत्कार?
झूठा, हिंसक, हत्या का आभास,
निन्दा-रक्त से भरपूर, जीवन हो निराश।
हिंसा, तीर, अग्नि, शस्त्र का व्यापार,
अनास्था में डूबा, सत्य का अपकार।
तुम सुकून के एक पल को खोजते रहो,
दुख के तले, और क्या-क्या सहो।
किसका छूटा हुआ कुछ, और किसका है पास,
बन्धन में कसे हों जैसे जीवन के साँस।
जन्मों के गर्व में उलझे जो जायें,
यदि पागल न बनें, तो और क्या पायें?
मिलेगा, पाओगे, पा चुके बार-बार,
तीन तीर बनकर, हर जीवन का भार।
यह है सत्य का संकेत, शान्त अनिवार,
आशा की परछाई, सपनों का संसार।
भावनाओं का यह रहस्य सब जानते हैं,
फिर भी स्वर्ग और नरक की डोर बाँधते हैं।
यह स्वर्ग की राह, वह नरक का द्वार,
अन्धकार में खोया, जीवन का सार।

विलियम शेक्सपियर, सॉनेट 129

याद रखो, तुम करामाज़ोव हो–
अपने पिता की ओर से, तुम सब वासना के शिकार हो;
और अपनी माँ की ओर से, क्राइस्ट के लिए बेवकूफ़ी में सराबोर

एलयोशा से फ़ादर जोसिमा, ब्रदर्स करामाजोव

सेक्स सन्तत्व का एक रास्ता है।

अनाइस निन

अपनी आत्मकथा में खाली रह गयी जगहों को भरने का यही वक़्त है : ख़ासकर वह जो मैंने फ़लस्तीन से लौटने के बाद और हैदराबाद में पढ़ाने की नौकरी मिलने के बीच (1982-89) किया। ये सात साल शनि की दशा जैसे थे।

मैं पाली हिल लौटा। यह तकलीफ़देह था। लेकिन मुझे इसके बारे में बताना होगा। पाली हिल बिखर रहा था। मेरी मँझली बहन ने दूसरी बार ख़ुदकुशी की कोशिश की थी (मुझे मालूम नहीं था)। सभी फ़र्शों को खोद दिया गया था। मधुमक्खी के छत्तों की तरह छह कोणों वाली लाल टाइलें जा चुकी थीं। अहंकार के अपने एक दौरे में मेरी बहन ने सोचा कि बँगले को संगमरमर से सजाया जाये। मेरे मन में उठा, "एक मकबरा!" एक ऐसा मकबरा जो एक मर चुके परिवार का स्मारक होगा। हमारा परिवार। मैं रेक्सीन के सोफ़े पर सोता था, जो उसके पुराने चमड़े की जगह लगाया गया था। झूमर कब के हट चुके थे और उनकी जगह आधुनिक बत्तियाँ लगा दी गयी थीं। एक बड़े बँगले की टपकती हुई छत को मेरी बहन ने पैसे उधार लेकर ठीक करवाया था। मैंने इज़रायल से बचे आख़िरी 1000 डॉलर (तब के 40,000 रुपये) से उसका क़र्ज़ चुकाया। खाने के लिए भी पैसे नहीं थे। बहन और पिता के बीच बँगले पर अधिकार की लड़ाई चल रही थी। मैं, इन सबके बीच फँसा हुआ था।

मैं अपना समय अपने बचपन के साधारण खाने बनाने में बिताता था : तली हुई भिण्डी पर फैलाये हुए अण्डे, आलू या खट्टे-मीठे टमाटर। एक दिन पिता आये और बोले, "यह औरतों का काम है। फ़ैक्टरी चलो!" मुझे फ़ैक्टरी से नफ़रत थी। लोग मेरी वफ़ादारी और मेरी आत्मा के लिए लड़ रहे थे।

बहन पूरे दिन घर से बाहर रहती। वह मुझ पर भरोसा नहीं करती और घर की चाबियाँ नहीं देती। एक बार मुझे घर में घुसने के लिए ताला तोड़ना पड़ा। उसके वकील ने मुझे फ़ोन किया और चेतावनी दी कि मुझ पर 'अवैध प्रवेश' का मुक़दमा होगा। उसने पिता के ख़िलाफ़ अदालत में केस किया था। मैंने उसके साथ जाने से मना कर दिया। एक बार वह घर आयी और मैं सो रहा था, उसने मुझ पर बचा हुआ खाना फेंका। एक और रात, वह बाथरूम तक मेरा पीछा करती आयी, उसने हाथ में धातु का भारी ताला छिपाया हुआ था। वह मुझे मारकर घर छोड़ने पर मजबूर करना चाहती थी। वही चालें जो पिता ने माँ के ख़िलाफ़ इस्तेमाल की थीं। पिता ने भी उसे पीटा। मैं भाई दूज के दिन घर छोड़कर चला गया, जो भाई-बहन के रिश्ते का दिन होता है।

मैं पिता के समुन्दर किनारे वाले अपार्टमेंट में गया। मेरे पहुँचते ही सौतेली माँ की शिकायतें शुरू हो गयीं।

तुम अपने पिता के पैसे पर जीना चाहते हो!

मैं, जो अपनी माँ से एक भी ग़लत शब्द बर्दाश्त नहीं कर सकता था, 8 महीनों तक सौतेली माँ की फटकारें सुनता रहा।

हालाँकि, वह मेरे लिए खाना बनाती थी।

'उसे एक नौकरानी समझो!' मेरी बुआ ने कहा, जो अपने भाई की दूसरी पत्नी से पहली वाली से भी ज़्यादा नफ़रत करती थी। लेकिन मैं सौतेली माँ के साथ शालीन और कभी-कभी दोस्ताना व्यवहार रखता था।

अब नौकरी करने का समय आ गया था।

ग्रेट इंडियन जॉब हंट...नौकरी की महान भारतीय तलाश :

दर्जनों दिखावटी लोगों के साथ प्रतीक्षा कक्ष में इन्तज़ार।

कोई तो एक सूटकेस भरकर अपनी प्रकाशित किताबें लेकर आया था।

दूसरे ने इशारों में कहा कि यहाँ हाइडेलबर्ग से भी एक उम्मीदवार है! (यानी मैं।)

तीसरा मेरा ख़त पढ़ने की कोशिश कर रहा था जो मैं यासमीन को लिख रहा था : 'लम्बी, साँप जैसी ट्रेन अँधेरी सुरंग में दाख़िल हो रही थी...' आदि।

वेस्टर्न घाट्स होकर बम्बई से हैदराबाद की यात्रा को जितना हो सके उतने सेक्सी अन्दाज़ में लिखने की कोशिश कर रहा था।

एक घमण्डी प्रोफ़ेसर ने मुझे झिड़क दिया। एक महिला प्रोफ़ेसर ने (ब्रिटिश, जिसकी शादी एक बंगाली से हुई थी), जो भर्ती समिति में थीं, मुझसे पूछा कि क्या मैं उनके विश्वविद्यालय में कलकत्ता आ सकता हूँ। मैंने कहा, 'नहीं।' मुझे बम्बई के पास रहना था, अपने मरते हुए पिता के पास (उनसे अपने रिश्ते सुधारने के लिए कुछ साल बचे थे)। बेशक न तो मुझे नौकरी मिली, और न ही अपने पिता को वापस पा सका!

वापसी के सफ़र में मेरे सामने की बर्थ पर ताक-झाँक करने वाले के अलावा और किसे होना था! इससे बचने का कोई उपाय नहीं था। उसका नाम राज था। वह विश्वविद्यालय में अस्थायी वैकेन्सी के बारे में पता करने पुणे जा रहा था। उसने मुझसे पूछा कि क्या मैं उसके साथ चलूँगा? मैंने कहा, 'बिल्कुल!' पुणे में अंग्रेज़ी विभाग के प्रमुख ने राज की जगह मुझे बिना माँगे वह नौकरी दे दी। हमारी होड़ वहीं से शुरू हुई।

उसने मुझ पर सनकी होने का आरोप लगाया और इसे मेरी समलैंगिकता से जोड़ दिया! (तब उसने ख़ुद अपनी पहचान छुपा रखी थी।)

टॉयलेट्स में क्रूज़ करने के लिए वह मुझे बम्बई के विक्टोरिया टर्मिनस ले गया। वहाँ ज़्यादातर कुली मिलते थे। मैंने सौतेली माँ को यह बात बतायी। उन्होंने पिता को बता दिया।

'फ़ौरन उसका साथ छोड़ो!' पिता ने राज के बारे में कहा।

मैंने ऐसा ही किया।

अगली बार जब राज ने फ़ोन किया, तो पिता ने रिसीवर पटक दिया।

(बाद में हम साहित्यिक दोस्त बन गये।)

मैंने अपनी बहन व्हाबिज़ के अप्रकाशित पेपर पढ़े, जो पिता के साथ माँ के पहले गर्भपात के बारे में थे। पिता ने माँ के गर्भ में पल रहे बच्चे को लात मार कर उसकी जान ले ली थी, क्योंकि तब तक उनकी शादी नहीं हुई थी। पिता ने उसे कहा था कि वह इसे प्रकाशित न कराये। लेख बहुत अच्छा लिखा था। उसे पढ़कर मैं रो पड़ा। तभी से मैंने यह तय किया कि अपनी बहन की किसी

भी ग़लती को माफ़ कर दूँगा, चाहे वह मेरे साथ हो या दुनिया में किसी और के साथ। मैंने इस वादे को आज तक निभाया है।

पुणे विश्वविद्यालय में मुझे फिर से अपनी समलैंगिक पहचान छुपानी पड़ी। इसका नतीजा खौफ़नाक सपनों के रूप में निकला। रेनकोट और फेडोरा पहने हुए एक जासूस मेरे सपनों में हर जगह मेरा पीछा करता। जब भी पिता के घर का फ़ोन बजता, वह जासूस पहले उसे उठाता और मुझे अपने दोस्तों से सच बोलने से रोकता।

मुक्ति एक शादीशुदा औरत थी, जो अपनी शादी के दस साल बाद मास्टर्स करने के लिए वापस आयी थी। (उसका एक फ्रांसीसी दोस्त था जिससे बाद में उसने शादी कर ली।) मुक्ति ने मुझे अपनी एक महिला क्लासमेट से दोस्ती करने के लिए कहा। (मैं यासमीन को मिस कर रहा था, जिससे मैं ख़तों के ज़रिये से सम्पर्क में था। जब मैं बहन के साथ पाली हिल में रहता था, तो वह फ़ैज़ के किसी भी कॉल को मुझ तक पहुँचने नहीं देती थी।)

जिस दिन हमने मिलने का फ़ैसला किया, वह खेल दिवस था। खेल का मैदान वह जगह थी, जहाँ प्रेमी जोड़े थोड़ा अकेलापन पाते थे, लेकिन उस दिन ऐसा नहीं था। मैं उस लड़की को अपने आधिकारिक गेस्टहाउस के कमरे में नहीं ले जा सकता था, क्योंकि पकड़े जाने का डर था। जब हम चम्पा के एक झुरमुट से बाहर निकल रहे थे, कुछ मर्द छात्रों ने हमें देख लिया। लड़की भागकर घर चली गयी।

आप दोनों ने क्या किया, सर?

मैं शरारती मिज़ाज में था। इसलिए मैंने कहा, "हम एक पेड़ के नीचे बैठे और मैंने उसके पूरे बदन को छुआ!"

बात जम गयी। पूरे विश्वविद्यालय में मेरी मज़ाक़ में कही गयी बात फैल गयी। मैंने अपनी नौकरी खो दी। पिता मुझे वापस घर लेने के मूड में नहीं थे।

मुक्ति के माता-पिता ने अपने एक दोस्त के साथ मेरे लिए एक कमरा खोजा और मुझे नौकरी मिलने तक दिन में एक वक़्त का खाना भी देते। मुक्ति और मैं आज भी दोस्त हैं, वह रिटायर होकर गोवा में रहती है।

पुणे में कभी मुझे सम्मान नहीं मिला। उत्तर भारतीय प्रोफ़ेसर आपस में मुझे 'नौटंकी' कहा करते थे। एक सहकर्मी ने विभागाध्यक्ष को जाकर लगाया

कि मैंने कहा था कि औरतों के बीच मेरी कामयाबी से विभागाध्यक्ष जलता है। और सच यही था कि वह जलता था। अब दिवंगत विभागाध्यक्ष नौजवान मर्दों की भावनाओं से खेलता था। पहले वह आपको बेहद प्यार करता और फिर इतनी नफ़रत करता कि आप मर ही जायें। उसके बड़े बेटे ने ख़ुदकुशी कर ली थी। एक प्रतिभाशाली छोटा बेटा था, जिसे लेकर अफ़वाह थी कि वह समलैंगिक है।

एक और सहकर्मी ने मेरे लिए जाल बिछाया, जो मेरी जगह अपना पीएचडी छात्र लाना चाहता था। उसने मुझे अपने घर बुलाया। पहली बार मैं नहीं गया, क्योंकि मुझे फंदे की आशंका थी। दूसरी बार मुझे जाना पड़ा। जब वह बियर लाने बाहर गया, तो उसने मुझसे कहा कि मैं तब तक पढ़ने के लिए कुछ चुन सकता हूँ :

प्लेबॉय या प्लेगर्ल? (प्लेगर्ल में नंगे मर्दों के पोस्टर थे।)

"प्लेगर्ल! प्लेगर्ल!" मैंने ज़ोर देकर कहा। (बम्बई के एक अख़बार विक्रेता ने कहा था, "मैं प्लेबॉय ला नहीं सकता, तुम्हारे लिए प्लेगर्ल कहाँ से लाऊँ?!")

नौकरी खोने के बाद, हर कोई मेरा दोस्त बनना चाहता था।

बाद में हैदराबाद में जैसा हुआ, उसकी ही तरह जब मेरे ऊपर सबको प्रमोशन मिला, तो वे सभी मेरे दोस्त बनना चाहते थे। कुछ पेशेवर कारणों से, कुछ सामाजिक कारणों से, और कुछ मुझसे आध्यात्मिक लगाव के कारण।

II

मिसेज वी एक अलग ही तरह की शख़्सियत थीं। वे पाठारे प्रभु जाति की एक हिन्दू औरत थीं, जो कभी बेहद ख़ूबसूरत हुआ करती थीं। उन्होंने एक ही दिन में अपने पति और बेटे को खो दिया था। बरसों बाद भी, उस घटना के बारे में बात करते हुए वे दुखी होकर रो पड़ती थीं। उनका परिवार एक रईस परिवार था। उन्होंने बताया कि उनके पति ने अपनी पूरी ज़िन्दगी में एक भी दिन काम नहीं किया था। वे इंजीनियर थे और मैसूर के दीवान सर विश्वेश्वरैया के दोस्त थे। दीवान की चाय की दावत का पत्र उनकी निशानियों के शोकेस

में सजा हुआ था। मैं उनके घर में रहता था। वे मेरे पुणे के दोस्तों के लिए एक बहुत ही शालीन मेज़बान थीं। अगर वे किसी को भी एक बार चाय बनाकर देती थीं, तो उन्हें याद रह जाता कि वह शख़्स कैसी चाय पसन्द करता है। अपनी एक सख़्तमिज़ाज अविवाहित पारसी दोस्त के दबाव में आकर उन्होंने मेरा किराया बढ़ा दिया। इसके बाद मुझे उनके कुछ दूसरे पारसी दोस्तों की पनाह लेनी पड़ी। लेकिन मिसेज वी एक रहमदिल औरत थीं, भले ही वे कभी माफ़ न करने वाली हों। उन्होंने मुझे हिन्दू गणेश आरती सिखायी : वे पानी से गणेश की मूर्ति को स्नान करातीं, यहाँ तक कि जल्दी से भगवान का पिछला हिस्सा भी साफ़ कर देतीं, जैसे कोई माँ अपने बच्चे को नहलाते हुए करती है। फिर वे दीपक जलातीं, घण्टियाँ बजातीं, और भगवान गणेश और उनकी दो पत्नियों, ऋद्धि और सिद्धि को मिठाई चढ़ातीं। चूँकि मिसेज वी डायटिंग पर थीं, इसलिए मुझे वह मिठाई खाने को मिलती। मैं हाल ही में उनसे मिला : उन्होंने मुझे घर के अन्दर नहीं आने दिया, लेकिन लोहे के दरवाज़े की ग्रिल के पीछे से मुझसे बात की। उन्होंने बताया कि वे अब पचासी साल की हो चुकी हैं और उनकी पाँच साल की एक परपोती है। मैंने जब उनके घर से निकाले जाने पर उन्हें भला-बुरा कहने के लिए माफ़ी माँगी, तो उन्होंने माफ़ नहीं किया। लेकिन वे सच में ख़ुश थीं कि मैं रिटायर होने से चार साल पहले प्रोफ़ेसर के पद तक पहुँच गया था। और यह सुनकर वह सच में दुखी हो गयीं कि पिता ने मुझे अपनी वसीयत से बाहर कर दिया था।

दिनयार का परिवार डरता था कि मैं उसे समलैंगिक बना दूँगा। दिनयार जालना के एक कपास-सेठ का वारिस था। उसका दिल बड़ा और दिमाग़ कमज़ोर था, और मेरी वह विद्वत्ता से प्रभावित था। स्वभाव से शर्मीला होने के कारण, वह मेरे विचित्र व्यवहार से चौंकने वाले अपने उबाऊ रिश्तेदारों को देखकर आनन्दित होता, जिनसे वह नफ़रत करता था। उसके रिश्तेदार निज़ाम की सरकार में काम कर चुके थे और उनका पारसी परिवार (हैदराबाद के विकाजी परिवार की तरह) दावा करता था कि उन्होंने निज़ाम को क़र्ज़ से उबारा था। जालना में सुल्तान शाहजहाँ के समय का एक तालाब था, जिस पर एक पट्टिका लगी थी जो बताती थी कि उसे दिनयार के पुरखों ने बनवाया

था। उसके चचेरे भाइयों को मुझसे मज़ा आता। एक कमअक्ल भाई फ़िल्म अनाड़ी का गाना गाता :

समझने वाले समझ गये हैं,
ना समझे वो अनाड़ी है!

आर्म्ड फोर्सेज़ मेडिकल कॉलेज में पढ़ने वाला एक होशियार चचेरा भाई मुझसे कहता :

"समलैंगिक होना और कुछ नहीं, बस दिमाग़ के कम्प्यूटर की ग़लत वायरिंग का नतीजा है!" मिसेज वी चाहती थीं कि मैं दिनयार के लिए खाना बनाऊँ, लेकिन मैंने मना कर दिया क्योंकि मैं पहले से ही पुणे विश्वविद्यालय के साइंस ग्रेजुएट शरद के प्यार में था। जब दिनयार का अपेंडिसाइटिस का ऑपरेशन हुआ, तो उसकी माँ जालना से पुणे तक रोते हुए आयीं। जल्दी ही दिल का दौरा पड़ने से उनका निधन हो गया। उन पर उनके ससुराल वालों का दबाव था कि वे दिनयार को मुझसे अलग कर दें। मुझे दिनयार की दोस्ती छोड़नी पड़ी। उसके परिवार ने पुणे में लिखी गयी सारी रचनाओं को (जो पुणे के पारसियों पर व्यंग्य थीं) नष्ट कर दिया, क्योंकि मिसेज वी ने बेवकूफ़ी में उनके पास छोड़ी गयी मेरी पाण्डुलिपियों को उन लोगों को पार्सल कर दिया।

दिनयार ने एक गुजराती पारसी, देहाती लड़की से शादी की, उसके एक बेटा हुआ, और अब वह स्थायी रूप से पुणे में रहने लगा, जहाँ उसके विधुर पिता ने ओशो आश्रम के पास उसके लिए एक बड़ा विला बनवा दिया था, यह मिसेज वी ने मुझे बताया। लेकिन उन्होंने और जानकारी देने से मना कर दिया ताकि मैं उस दोस्ती को दोबारा न शुरू कर दूँ, जिसे कोई पसन्द नहीं करता था।

आख़िरी सीन : मुझे हैदराबाद जाना है। मैं मिसेज वी से विदा लेने जाता हूँ। वे दिनयार और उसके माता-पिता के स्वागत में नाश्ते के बन्दोबस्त में लगी हुई थीं, जो उसके अपेंडिसाइटिस ऑपरेशन के बाद पहली बार आये थे। मिसेज़ वी मुझे रुकने के लिए कहती हैं। मैं रुक जाता हूँ। दिनयार की माँ मुझ पर बरसती हैं :

भगवान के लिए, तुम पुणे से हैदराबाद कब जाओगे?

मैंने पलटकर पूछा, 'क्या मैं आप पर बोझ हूँ?'

तब उसके पिता ने भी सुर मिलाया :

'तुम्हें शर्म नहीं आती, औरतों पर चिल्लाते हो!'

मैंने जवाब दिया, "तुम दोनों के घरों पर महामारी फटे!" और वहाँ से चला गया।

सारा झगड़ा सुनने वाला शोफर मेरे जाते हुए हँस पड़ा।

जब दिनयार का बेटा कॉलेज जाने लायक हुआ, तो दिनयार ने मुझे फ़ोन किया। मैंने कहा, "दिनयार, मैं तुम्हें अपना दोस्त नहीं मानता।"

"क्यों?" उसने बस इतना ही कहा।

हर बार जब उसकी माँ मेरे साथ बदतमीज़ी करतीं, दिनयार उनका बचाव करता।

"कौन-सी माँ चाहेगी कि उसका इकलौता बेटा गे बन जाये?"

असल में, उसकी माँ साझे परिवार में अपने ससुराल वालों से बहुत परेशान थीं।

एक आन्ध्र लड़के ने मुझे पुणे यूनिवर्सिटी के होस्टल के अपने कमरे में फ़र्श पर सोने की जगह दी। उसने कहा, "मुझे कांट बुलाना।" वह कोई दार्शनिक नहीं था, लेकिन दिल का अच्छा और भोला था। दलित क्रिश्चियन होने के चलते वह ख़ुद जानता था कि बेरहमी क्या होती है। वह होस्टल का खाना लाकर मुझे खिलाता था। मैं एक बैंकिंग इंस्टीट्यूट में काम करता था, जहाँ मैं मैनेजमेंट में थोड़ी ह्यूमैनिटीज़ को लाने की कोशिश कर रहा था। मेरे लिए इयागो कॉर्पोरेट साजिशों का एक प्रतीक था, और लियर एक रहमदिल लेकिन भटका हुआ मैनेजर। मेरी तनख़्वाह बहुत कम थी। दूसरे आन्ध्र लड़कों ने कांट का सामना किया और कहा, "मर्चेंट को बाहर निकालो! वह हमारे टॉयलेट इस्तेमाल करता है। हमें एड्स हो सकता है!"

मुझे पुणे वायरोलॉजी इंस्टीट्यूट जाकर वहाँ की डायरेक्टर से, जो एक पारसी महिला थीं, गुज़ारिश करनी पड़ी कि वे मेरा एलिसा टेस्ट मुफ़्त में करा दें। (मैं 100 रुपये की फीस नहीं चुका सकता था।) उन्होंने मुझसे पूछा कि मुझे टेस्ट की क्यों ज़रूरत है। मैंने बहाना बनाया कि मैं मिडिल ईस्ट से आया हूँ। (एड्स का पहला एशियाई मामला दुबई में दर्ज हुआ था।) जिस पैथोलॉजिस्ट

ने मेरा ख़ून लिया, उस आदमी ने अन्दाज़ा लगा लिया कि मैं समलैंगिक हूँ। उसने मुझसे बहुत बेहूदगी से पूछा कि मैं एक्टिव हू या पैसिव। उसे डराने के लिए मैंने कहा, 'मैं हरफ़नमौला (वर्सटाइल) हूँ।' यह सुनकर वह डर गया। लेकिन जब मैं अपने टेस्ट का नतीजा लेने लौटा, तो पूरा स्टाफ़ ऊपर वाली मंज़िल की सीढ़ियों पर खड़ा था–एक तरफ़ डॉक्टर, दूसरी तरफ़ नर्सें–एक जीता-जागता, अच्छे खानदान वाला, ख़ुद कबूल करने वाला, पैसिव गे को देखने के लिए जो पुणे में एक दुर्लभ बात थी। नेगेटिव रिपोर्ट के साथ जब मैं निकला तो वे सभी खिसक लिए।

मैंने सोचा कि अपना नेगेटिव एड्स रिपोर्ट होस्टल के नोटिस बोर्ड पर चिपका दूँ। लेकिन कांट ने कहा कि मुझे उन नादान देहाती आन्ध्र लड़कों को माफ़ कर देना चाहिए। जल्द ही कांट ने मुझसे सेक्स की माँग की। मैंने मना कर दिया। उसके बाद कांट को मुझे माफ़ करना ही पड़ा। बाद में उसने एक मुस्लिम लड़की से प्रेम विवाह किया, लेकिन उनका रिश्ता बिगड़ गया और उसने मुझसे सुलह कराने को कहा। मैंने मना कर दिया।

मुझे हैदराबाद में पूल ऑफ़िसर की एक साल की अस्थायी नौकरी का ऑफ़र मिला। लेकिन मैंने जाने से इनकार कर दिया क्योंकि पुणे में फिर से नियुक्ति का अनुभव अच्छा नहीं था। और मैं शरद के प्यार में डूबा हुआ था, जो मुझसे लगभग हर शाम मिलता था। मैं पिता के पास वापस नहीं जा सकता था।

पिता के घर का आख़िरी सीन : पुणे में नौकरी गँवाने के बाद पिता ने यह उम्मीद करते हुए मुझे अपने पास रखा कि मैं उनके बिजनेस में शामिल हो जाऊँगा। मैं उनकी दूसरी पत्नी की आँखों में खटकता था। उसने मुझे मुँह पर 'दुश्मन' कहा था। जब पिता अमेरिका में आँखों की सर्जरी के लिए गये, तो उन्होंने मुझे सौतेली माँ के पास छोड़ दिया था। उसने मेरे ख़िलाफ़ चालें चलनी शुरू कर दीं। (पिता ने कारखाने का पावर-ऑफ़-अटार्नी उसको सौंप दिया था।) पिता ने मुझे फ़ोन करके फ़ैक्टरी में मदद करने को कहा। लेकिन मेरे सहज बोध ने मना किया। बाद में पता चला कि उनके पीछे उनके सहायक ने न केवल उनका बिजनेस बल्कि काफ़ी सामान भी चुरा लिया। तो मुझे लेकर

पिता का रवैया ख़राब हो गया। घात में लगी हुई सौतेली माँ ने मुझ पर 40,000 रुपये चोरी करने का इल्ज़ाम लगाया। तीन दिनों तक मैं पुलिस बुलाने की उसकी धमकियों को सुनता रहा। आख़िरी दिन मैंने ग़ुस्से में जाते वक़्त मुझे जो पैसे दिये थे, सौ-सौ रुपये को नोटों में वे 2000 रुपये उसके मुँह पर फेंक दिये और उसकी आँखों में थूक दिया।

मैंने कहा, 'मैंने तुमसे कभी नहीं पूछा कि तुम हमारे घर में कैसे आयीं, और न ही मैंने तुमसे कभी पूछा कि तुमने कितना लिया। अगर मैंने 40,000 रुपये लिए भी हैं–जो मैंने नहीं लिए–तो वह मेरे पिता का पैसा है, तुम्हारा नहीं।'

उसने पिता को फ़ोन किया और रोयी।

आपके बच्चे मेरे साथ बेरहमी करते हैं।

बाद में उसने कहा कि कार के ग्लव कम्पार्टमेंट में उसे खोया हुआ पैसा मिल गया था।

लेकिन उसका खेल कामयाब रहा। जिस दिन पिता अमेरिका से लौटे, उन्होंने मुझे घर से निकल जाने का हुक्म दिया। मैंने कपड़ों का एक छोटा बैग लिया, अपनी किताबें और अपनी लिखी हुई चीज़ें वहीं छोड़ दीं और फ़ौरन अपने दोस्तों के पास पुणे चला आया।

सौतेली माँ ने हिन्दी फ़िल्मों से नाटक सीखा था, अनपढ़ भारतीय औरतों की यही शिक्षा होती है। बाद में, जब मैं दीवाली पर पिता की फ़ैक्टरी में गया, तो उन्होंने मुझे वहाँ से निकाल दिया। मैंने फिर कभी उनके घर में क़दम नहीं रखा।

III

छह महीने तक शरद के पास और पुणे में जमे रहने के बाद मुझे हैदराबाद जाना पड़ा। मकरन्द परांजपे मुझसे बहुत जलता था। सुधाकर मराठे 'अपने' विभाग में एक खुलेआम समलैंगिक शिक्षक नहीं चाहता था। प्रोफ़ेसर भ. कृष्णमूर्ति, उपकुलपति, ने मेरा पूरा समर्थन किया। प्रोफ़ेसर एस. विश्वनाथन ने, जो उस समय विभागाध्यक्ष थे, मुझे कहा कि मुझे अपनी सेक्सुअलिटी को लेकर ज़्यादा चिन्ता करने की ज़रूरत नहीं है।

उन्होंने कहा, 'देअर बट फॉर द ग्रेस ऑफ गॉड गो आयी! (मैं भी तो ईश्वर की कृपा से ही यहाँ हूँ!' यह एक विक्टोरियन मुहावरा था जिसे मैं समझ नहीं पाया)। उन्होंने मुझे भविष्य में शोषण से सतर्क भी किया।

मीनाक्षी मुखर्जी और उसकी एलीट फेमिनिस्ट दोस्त मुझसे ख़फ़ा हो गयीं क्योंकि मैंने उनके फेमिनिज़्म या 'एक्टिविज़्म' को कबूल नहीं किया। वे अन्त तक मेरी गहरी दुश्मन बनी रहीं। फिर भी, शिष्टाचार के तहत मैं उनके पति के अन्तिम संस्कार में शामिल हुआ, जबकि मैं अपने पिता के संस्कार में भी नहीं गया था।

मैं विश्वनाथन का दोस्त बन गया, हम कविता और शैव पन्थ पर बातें करते थे। (उन्होंने मेरे लिए मेरी कुण्डली भी बनायी)। चित्रकार लक्ष्मा गौड़ और मैं कला के ज़रिये दोस्त बने। नादान लोगों को यह बात समझ नहीं आ सकी थी कि इन दोनों आदमियों का मेरे साथ क्या मेल हो सकता था। मैं अब भी नियमित रूप से विश्वनाथन से मद्रास में मिलता हूँ और उसे शिव कविताएँ भेजता हूँ। अपनी सनक में लक्ष्मा ने अपने ईर्ष्यालु सहयोगियों की बात मानते हुए मुझसे दूरी बना ली, हालाँकि उसने हाल ही में अपने मद्रास के संश्रयदाता से, जो मेरा दोस्त है, कहा, "होशांग एक महान इन्सान है। हैदराबाद इतना छोटा है कि उसे समझ नहीं सकता।"

मेरे ख़िलाफ़ साजिशें चल रही थीं और मौके पर उन्होंने मुझ पर हमला किया। अफ़वाहें फैलाने वाले एक आदमी ने एक रात मुझे एक छात्र के बिस्तर पर पाया। जब शहर दंगों या बारिश की चपेट में होता था तो मेरे छात्र कभी-कभी मुझे अपने साथ रात बिताने के लिए आमन्त्रित करते थे। वे अपना कमरा छोड़ देते, पढ़ाई करने चले जाते और दूसरे कमरे में सो जाते; छात्रों के बिस्तर में सोते हुए मैं दरवाज़ा खुला छोड़ देता ताकि वे अपनी चीज़ें ले सकें और मैं बिना कपड़ों के सोता, जैसा कि मेरी आदत थी।

'मैंने होशांग को साईबाबा के बिस्तर में नंगे सोते हुए पाया,' लिखित शिकायत यह थी। इसमें वे बताना भूल गये कि साईबाबा कमरे में नहीं थे और मैं अकेला सो रहा था। सभी लोग बड़ी हसरत से फ़ौरन मेरी बर्खास्तगी की आस लगाये हुए थे, लेकिन मुझे सिर्फ़ चेतावनी देकर छोड़ दिया गया।

अपनी नियुक्ति के वक़्त मैंने अपने रहमदिल बॉस को चार पन्नों का एक 'क़ुबूलनामा' लिखा था–मुझे नियुक्ति पाने के लिए झूठ बोलना पड़ा था–लेकिन मैंने यह बात नहीं लिखी थी कि मैं अपने ही छात्रों से दूर रहूँगा।

"दूसरी यूनिवर्सिटी में दोस्त तलाशो!" रहमदिल बॉस ने सलाह दी।

हरेक जो चाहता था उसको वह मिला, मुझे भी, और सभी सबके दोस्त हैं।

मुझे अब भी लगता है कि अगर यूनिवर्सिटी का एक समलैंगिक छात्र एक समलैंगिक शिक्षक के साथ सोना चाहता है, तो इससे किसी का लेना-देना नहीं होना चाहिए। साथ ही, सभी शिक्षक किसी भी उम्र के आकर्षक छात्रों के प्रलोभन में पड़ सकते हैं : यह ऐसी चीज़ है जिस पर क़ानून की नहीं चल सकती है। अमेरिकी शुद्धतावाद पर आधारित राजनीतिक शुद्धता यहाँ लागू नहीं होती। वरना, तो प्लेटो को भी जेल भेज दिया जाता! शिक्षक इन्सान होते हैं और असुरक्षित भी। बाल यौनिकता को अभी तक ठीक से समझा नहीं गया है।

उसी साईबाबा का एक दोस्त था, जिसके समलैंगिक पिता ने उसके साथ मौखिक सेक्स किया था। माँ ने बेटे की डायरी पढ़ी और फिर उससे भी सेक्स की माँग की। लड़का मेडिकल स्कूल भाग गया।

ज़्यादातर छात्र मददगार होते हैं। कैथी मलोने ने अपनी मदर होशांग (मेरे बारे में) न्यूयॉर्क के मोमा में दिखायी।

IV

मेरे पिता को एक दिन मरना ही था।

पूरी बम्बई ने अमेरिका में रहने वाली मेरी बहन को उनकी मौत की ख़बर देने के लिए फ़ोन किया, लेकिन मैं भारत में ही था और किसी ने मुझे फ़ोन नहीं किया। बहन ने मेरे एक दोस्त को ख़बर दी और उसने मुझे बताया।

तुम क्या करोगे? उसने पूछा।

कुछ नहीं, मैंने जवाब दिया।

मैंने एक भी आँसू नहीं बहाया।

मेरे पास अन्तिम संस्कार में शामिल होने के लिए फ्लाइट का किराया नहीं था (पारसी रिवाज़ के मुताबिक मौत के सात घण्टे के भीतर अन्तिम संस्कार

किया जाता है)। मैं अपनी बम्बई वाली बहन से मिलना नहीं चाहता था, जिसने मुझे घर से निकाल दिया था, और न ही सौतेली माँ के भिखमंगे रिश्तेदारों की भीड़ से। (बाद में पता चला कि उनके चौदह सौतेले भाई-बहन थे, तीन अलग-अलग पिताओं से, और वे सब अपनी माँ से पहले ही गुज़र चुके थे।)

गिद्धों ने मेरे पिता का शरीर कुछ ही मिनटों में साफ़ कर दिया। (जिस तरह उनकी पाँच करोड़ पचास लाख की जायदाद सौतेली माँ के रिश्तेदारों ने साफ़ कर दी।)

चूँकि ऐसी कोई रस्म नहीं थी कि जिसके ज़रिये मैं मातम कर सकूँ, तो मैं दलाई लामा से मिलने गया, जिन्होंने मुझे आशीर्वाद दिया। (माँ की मौत पर मैंने तीन साल तक शोक मनाया था।)

मेरे दोस्त यूनुस ने मेरे परिवार में एक मौत का सपना देखा था। उसने ज़ोर देकर कहा कि हमें बम्बई जाना चाहिए। मैं अपने पिता के यहाँ जाने को तैयार नहीं था और हम ग्राण्ट रोड के सस्ते पारसी होटल में आधे दिन तक सोते रहे, जहाँ बम्बई आने पर मुझे रुकना पड़ता है।

मैंने एक सपना देखा जिसमें एक काला घोड़ा मेरी ओर तेज़ी से दौड़ता हुआ आ रहा था। मैंने ख़ुद को बचाने के लिए कच्ची सड़क के किनारे लुढ़ककर रास्ता बदल लिया। घोड़ा मुझे टक्कर मारने की बजाय वहीं रुक गया जहाँ मैं खड़ा था और फिर पीछे चला गया।

मुझे पता था कि पिता की मौत का मुझे कुछ नुकसान नहीं होगा।

हमने उनके ऑफ़िस और घर दोनों जगह फ़ोन किया, लेकिन कोई जवाब नहीं मिला। हमने हैदराबाद लौटने का फ़ैसला किया ही था कि मैंने बम्बई के विक्टोरिया टर्मिनस पर अपने पिता को देखा। वे अन्धे और लँगड़ाते हुए अपनी कार की तरफ़ भाग रहे थे, इससे पहले कि एक पुलिसवाला उन्हें चालान कर दे। मैं उनके पीछे दौड़ा और चिल्लाया, डैडी!

कौन हो तुम?

आपका बच्चा! मैंने कहा।

कौन-सा? उन्होंने पूछा। (मेरी आवाज़ मेरी बहन से मिलती-जुलती है और वे आंशिक रूप से अन्धे थे।)

उन्होंने मेरा हाथ पकड़कर मुझे ट्रैफ़िक से दूर सड़क के किनारे ले जाकर मेरी आँखों और मेरी मुस्कान को उदासी से देखा, जो मेरी माँ से मिलती है!

तुम अपने बाल कटवा लो! रिप वान विंकल जैसे दिखते हो।

यही उनके आख़िरी शब्द थे मेरे लिए। एक हफ़्ते बाद उनकी मौत हो गयी। चालीस लाख लोगों की आबादी वाले शहर में मैं अपने पिता से इस तरह इत्तेफ़ाक़ से मिला था, उनकी मौत से एक हफ्ता पहले।

छह महीने बाद मैं सौतेली माँ से मिलने गया। "कितना प्यारा!" कहानी की चुड़ैल कहती है। पिता को छह महीने पहले दिल का दौरा पड़ा था। मुझे इसकी जानकारी नहीं दी गयी। उन्होंने ऑफ़िस में मुझे फ़ोन करके पढ़ाने की अपनी नौकरी छोड़ने के लिए कहा था, लेकिन मैंने मना कर दिया। उनकी पत्नी ने मुझे उस फ़ोटो का मेरा आधा हिस्सा दिया जिसे मैंने कॉलेज ग्रेजुएशन के वक़्त पिता के साथ स्टूडियो में खिंचाया था। पिता वाला आधा हिस्सा उसने अपने पास रखा।

मैं बिना कुछ कहे चला गया।

पहले वे हैदराबाद मुझसे मिलने आये थे और पैसे (मेरी विरासत) का लालच देकर मुझे खरीदने की कोशिश की थी। मैंने उनकी पेशकश ठुकरा दी। उन्होंने मेरे कमरे को देखने की माँग की। वह एक नया अटारी वाला कमरा था, जो मैंने 700 रुपये मासिक किराए पर लिया था। फ़र्श पर एक गद्दा था, जिस पर एक हथकरघे की चादर बिछी थी जो लक्ष्मा गौड़ ने मुझे दी थी, एक पानी का घड़ा, एक वॉकमैन (जो मैंने पुणे की नौकरी से मिले सेवेरेंस भुगतान से ख़रीदा था), कपड़ों से भरा एक बैग और मेरी टेक्स्टबुक्स। बाद में उन्होंने मेरी ग़रीबी का बहुत मज़ाक़ उड़ाया। मेरी बहन ने इसमें उनका पूरा साथ दिया। (वह आज भी अमेरिका में मेरे हर दौरे पर यह कहानी दोहराती है।)

असल में, उन्हें इस बात की कड़वाहट थी कि लोगों को ख़रीदने में बितायी इस ज़िन्दगी में वे अपने इकलौते बेटे को नहीं ख़रीद सके।

यूनुस की मौत दो साल बाद हुई, सत्ताईस साल की उम्र में, एक बस के पहियों के नीचे। वह नशे में था। मैंने उसके लिए लिखी कविता की अपनी चार किताबों में हमारे प्यार को उकेरा है। उसके पिता अहसासों को लेकर नादान थे, हालाँकि उसकी टीचर माँ मुझे लेकर रहमदिल थीं। यूनुस ने घर-

गृहस्थी को पीने में उड़ा दिया। वह एक अशिक्षित, अनैतिक शातिर इन्सान, नशेड़ी और रण्डीबाज़ आदमी था। सरकारी अस्पताल ने उसके शरीर के सभी आन्तरिक अंगों को निकाल लिया और चार दिन बाद उसका शरीर घर भेज दिया। उसकी माँ यह देखकर पागल हो गयीं। उसके शरीर पर पेट से गले तक टाँके लगे थे, और उसके सिर के बायें हिस्से पर, जहाँ अपनी बाइक से गिरने पर उसे चोट लगी थी, एक गहरा ख़ूनी निशान था। मुझे बताया गया कि ऐसा लग रहा था मानो वह सो रहा हो। मैं उस समय दक्षिण अफ़्रीका में था, एक अँधेरी रात में बेहद तूफ़ानी सफ़र से लौट रहा था। टूरिस्ट टैक्सी फिसली तो मैंने ख़ुद से कहा था, "आज रात कोई मरेगा!" वह यूनुस था, मेरी ज़िन्दगी का प्यार, जिसे उस दिन मरना लिखा था। (शिव की तरह, वह चुकने के बाद भी सेक्स जारी रख सकता था। वह सबका सेक्स टारगेट था।) उसके पिता ने पी-पीकर अपनी जान ले ली और चार साल बाद चल बसे।

शिव का ताण्डव : वे खोपड़ियाँ और अपने बालों में चाँद धारण किये हुए हैं। वे अमावस्या की रात श्मशान में नृत्य करते हैं, जो उनके प्रेमियों के सूने और बंजर दिल का प्रतीक है। हर चक्कर के साथ वे रात और रोशनी, को एक नये युग को, जन्म देते हैं।

मेरी बहन ने मुझे फ़ोन कर बताया कि वह एमफेसीमा से मर रही है। मौत की लम्बी फ़ेहरिस्त।

माँ

पिता

यूनुस

मेरे टीचर्स। वर्जिल लोक्के/मिस्टर बेच (मेरे शेक्सपियर के शिक्षक), अनाइस निन

और अब मेरी बहन...

हर वह शख़्स जिसे मैंने कभी प्यार किया, वे सब अब नहीं रहे। जो मुझे प्यार नहीं करते, वे फल-फूल रहे हैं! ज़िन्दगी का सबसे बड़ा छल।

मेरी बहन अरसे से मर रही है। तेरह साल से ऑक्सीजन मशीन पर है। उसके फेफड़े तीन बार टीबी के हमलों के बाद ज़ख़्मी टिशू बन गये हैं। हर बार उसके फेफड़ों का एक-तिहाई हिस्सा ख़त्म हो जाता है। अब उसके बायें फेफड़े में हवा के रास्ते होने वाले संक्रमण ने क़ब्ज़ा कर लिया है। वह इसे हरा नहीं सकती क्योंकि उसे पेन्सिलिन की एलर्जी है। (बचपन में पिता ने हमें ज़रूरत से ज़्यादा दवाएँ दी थीं।) बचपन में उस पर पहला हमला बोर्डिंग स्कूल में हुआ था, जहाँ वह एक बूढ़ी महिला केयरटेकर से संक्रमित हुई थी। मेरी माँ ने, जिसके पेट में उस समय मेरी मँझली बहन थी, सपना देखा था कि नन एक बच्चे का ताबूत पंचगनी के क़ब्रिस्तान में ले जा रही हैं। पिता ने बहन को घर लाने से इनकार कर दिया। माँ ने राज्य परिवहन की बस से पहाड़ों की यात्रा की और उसे घर ले आयीं। दूसरा हमला शिकागो में हुआ, जब वह मिशिगन एवेन्यू पर बर्फ़ में दुकानों की खिड़कियाँ धो रही थी। वह पिता से बदला लेना चाहती थी, जिन्होंने उसकी पहले 'शादी' (जो असल में एक लम्बा लिव-इन रिश्ता था) को कबूल नहीं किया था और उसका ख़र्च बन्द कर दिया था। शिकागो यूनिवर्सिटी की स्कॉलरशिप चुकाने के लिए वह सर्दियों में चालीस मील दूर गाड़ी चला कर पैराप्लेजिक लोगों को पढ़ाने के लिए जाती। उसे सम्भावित बयालिस चीज़ों में से छत्तीस से एलर्जी थी। इंडियाना स्टील मिल्स, ग़ैरी, हर दोपहर चार बजे उसके ख़ूबसूरत झील किनारे वाले घर में धुआँ झोंकता था। जब मैं उससे मिलने गया, तो मेरी आँखों में जलन होती और हम उसके एयर-कंडीशन्ड कमरे में दुबक जाते। मेरी बहन का कारोबार था—वह सस्ते में घेट्टो घर ख़रीदती, उनकी मरम्मत करती और तब तक किराये पर देती रहती जब तक उसकी बिक्री मुनाफ़े के लायक न हो। उसकी ज़िन्दगी के दोनों आदमी उसके काम में अपनी शारीरिक मेहनत लगाते। वह ख़ुद पुरानी दीवारों पर से पेंट उतारती, औद्योगिक पेंट-स्ट्रिपर्स की जहरीली भाप को साँसों में खींचती हुई। आख़िरी हमला तब हुआ, जब उसका दूसरा प्यार उसे छोड़कर बीस साल की एक चीनी छात्रा के साथ चला गया। वह ख़ुद साठ साल का एक प्रोफ़ेसर था। एक नौजवान मेक्सिकन माली के साथ उसकी देर से हुई मोहब्बत भी फीकी पड़ गयी। वह थक गयी और बिस्तर से लग गयी, तब वह एक मिलियनेयर थी।

मौत के जवाब में मैंने अपनी प्यारी हर चीज़ को छोड़ दिया।

मेरी किताबें, जो अमेरिका में बहन के पास थीं (400 किताबें), मैंने उससे कहा कि वो उन्हें ब्लैक शिकागो जूनियर कॉलेज में दान कर दे, जहाँ वह पढ़ाती थी।

इसी तरह, मेरे 400 वेस्टर्न क्लासिकल रेकॉर्ड्स को उसने अपनी गेराज सेल में एक-एक डॉलर में बेच दिया। मैंने विलासिताएँ छोड़ दीं। न बड़ा घर, न नौकर, न कार, न महँगी छुट्टियाँ।

अपनी किताबें मैं अब पढ़ने के बाद दूसरों को दे देता हूँ।

अपने पुराने कपड़े ज़रूरतमन्द लड़कों को दे देता हूँ। मेरे अपने कपड़े मुझे तोहफ़े में मिलते हैं। मैं ख़रीदारी नहीं करता। मुझे लिखे अनाइस निन के ख़तों को मैंने हैदराबाद की अमेरिकन लाइब्रेरी को दे दिया।

मेरी बहन को लिखे गये, और उसके पास सहेजकर रखे गये अपने ख़तों को मैंने माइकल फाइनी को दे दिया, जो मेरे पूर्व छात्र और मेरे भावी सम्पादक हैं।

मैंने प्यार का त्याग कर दिया। सेक्स अब भी मेरी ज़िन्दगी में है, और बहुत है। सेक्स ही है जो मुझे पूरी तरह ज़िन्दा महसूस कराता है।

जब सौतेली माँ ने मुझे फ़ोन किया, तो मैंने उससे कहा :

तुम मेरे लिए कुछ नहीं हो। प्लीज़ दोबारा फ़ोन मत करना। अगली बार मैं तुम्हारी बेइज़्ज़ती करूँगा। मैं अपनी कमाई का सब ख़र्च भी नहीं कर सकता। मुझे पिता से कुछ नहीं चाहिए।

और मैंने कॉल काट दी। उसने मेरे शब्दों को एक जज के सामने दोहराया और उसमें पूर्वाग्रह भरने के लिए यह भी बता दिया कि मैं समलैंगिक हूँ। जज ने फ़ैसला दिया कि वह मेरे पिता से मिले सारे तोहफ़े रख सकती है, लेकिन पिता की मौत के समय उनके मालिकाने वाली सारी सम्पत्ति हमारे साथ बाँटनी पड़ेगी।

बम्बई में मेरी बहन ने दस साल तक उसे कोर्ट में घसीटा, और अब मेरी बहन लगभग ग़रीब हो गयी है। मैंने बीस सालों में बीस किताबें लिखी थीं। मैंने दर्द को कविता में भरा। मेरा सपना सच हुआ कि पिता की मौत मुझे नुकसान नहीं पहुँचायेगी। मैंने भारत में रहने वाली अपनी बहन को सारी सम्पत्ति लिख दी।

साठ की उम्र में मैंने रुटलेज, लन्दन के लिए 266 पन्नों की फॉरबिडन सेक्स/टेक्स्ट लिखी।

अर्धनारीश्वर और कुछ नहीं बल्कि शिव और विष्णु का मेल हैं। एक अवतार अर्धनारीश्वर होता है। मैं मर्द और औरत दोनों हूँ। शिव और विष्णु का मेल ही दक्षिणामूर्ति रूपम है।

अवतार बीच में होता है क्योंकि उसे तुम्हें बाहर (मन) और अन्दर (शरीर) से जानना होता है। मैं अन्दर से औरत और बाहर से आदमी हूँ। मैं आदमी और औरत दोनों को तभी समझ सकता हूँ और उनसे संवाद कर सकता हूँ, जब मैं दोनों से दूर और दोनों से परे हो जाऊँ।

चालीस साल के लेखन के बाद मुझे बम्बई के नेशनल सेंटर फॉर परफॉर्मिंग आर्ट्स में अपनी रचनाएँ पढ़ने के लिए आमन्त्रित किया गया (जो न्यूयॉर्क स्थित संस्थान की तर्ज़ पर चलता है)। बम्बई के कवि वहाँ नहीं आये, जिनमें से कुछ दुनिया को बताये बिना समलैंगिक थे। लेकिन मेरी हाई स्कूल की इंग्लिश टीचर आयीं, जो अब बूढ़ी, अन्धी, बिना दाँतों वाली और विधवा थीं, और मुझे हमेशा की तरह 'रोमांटिक' और 'सेंटिमेंटल' कहा। (उन्होंने आख़िरी शब्द को बदलकर 'सेन्सिटिव' बना दिया और मुझे डिनर के लिए ब्रिटिश बॉम्बे जिमखाना ले गयीं।) मेरी कॉलेज की क्लासमेट भी आयी, जिसे मैंने चालीस सालों से नहीं देखा था और जिसने अकेले में मेरा परिचय दिया : 'कॉलेज में भी होशांग की एक फॉलोइंग थी,' उसने कहा। मुझे यह नयी बात पता चली। एक और क्लासमेट की बहन भी आयी, जिसने मुझे बताया कि उसकी बहन, जो मेरी दोस्त थी, दस साल पहले कैंसर से मर गयी थी, और जिसने समझदार सवाल किये। आलोचक होमी भाभा की माँ ने भी ऐसे ही सवाल किये, जिन्होंने ख़ुद को बयासी का बताया और मुझे 'आकर्षक' कहा। साउण्ड सिस्टम बेहतरीन था, और वह छोटा-सा कमरा पूरा भर गया था, और मदद करने वाले लोगों को आधे घण्टे का ओवरटाइम करना पड़ा, क्योंकि मुझे तयशुदा समय से ज़्यादा देर पढ़ना पड़ा। मेरे एक छात्र ने मेरी टीचर के पास बैठकर मुझे देखा। तो, चालीस सालों की यात्रा चालीस मिनटों में बख़ूबी पूरी हुई। लोग मेरी कविता को क्या कहते हैं? पोस्टकोलोनियल और पोस्टमॉडर्न (उत्तरऔपनिवेशिक और उत्तर आधुनिक)। या, वर्ल्ड पोएट्री

(विश्व कविता) या न्यू एज पोएट्री (यह नाम मुझे सबसे अच्छा लगता है)। मैं घर लौट आया था।

प्लासिड फिर से मेरी ज़िन्दगी में लौटा : बैसाखी के साथ! उसे इस हाल में देखकर मैं रो पड़ा। बेहद भोग-विलास ने उसे इस हालत में पहुँचा दिया था। उसने भारत में कलपक्कम न्यूक्लियर पावर प्लांट बनाया था। हमने फिर से जुड़ने के लिए क्रिसमस के दिन एक डेट तय की। मैंने उस छुट्टी में अपने प्यार से जुड़े हुए अतीत के मोह को लिखा (बॉम्बे माई बॉम्बे!) मेरे जानने वालों में वह सबसे सुन्दर आदमी था। 65 साल की उम्र में दिल की सर्जरी के बाद जटिलताओं की वजह से उसकी मौत हो गयी।

आख़िरी होलोकॉस्ट : शोहरत का। मेरे लिए भविष्यवाणी की गयी थी कि मुझे मरने के बाद शोहरत मिलेगी। याराना ने मुझे एक सेलिब्रिटी बना दिया : समीक्षाएँ, साक्षात्कार, बोलने के लिए बुलावे, किताबों का विमोचन, मुझ पर डॉक्यूमेंटरी फ़िल्में। कुछ समय तक मैं इस बहाव में बहता रहा। डेक्कन क्रॉनिकल ने मुझे पेज-3 की शख़्सियत बना दिया। ख़ौफ़नाक! मैंने अपना टीवी हटा दिया, अपना फ़ोन डिस्कनेक्ट कर दिया। मेरे पास मोबाइल फ़ोन नहीं है। मैं डोरबेल बजने पर जवाब नहीं देता। जो थोड़े से लोग जानते हैं, मेरे ईमेल पते के ज़रिये मुझ तक पहुँच पाते हैं। मुझे प्रचार और शोहरत की फ़िक्र नहीं है। मैं हर साल अपनी बहन से अमेरिका में मिलता हूँ। मुझे अपने कुछ दोस्तों से प्यार है। ऐन्द्रिक प्यार मेरी क़िस्मत में नहीं था।

जब कवि लॉरा राइडिंग के पास बिन बुलाये मेहमान आते थे, तो वे ऊपर की खिड़की से चिल्लाकर कहती थीं : "मैं घर पर नहीं हूँ।"

अनाइस निन भी अब यहाँ नहीं रहतीं।

न ही 'होशांग मर्चेंट'।